기독교문서선교회(Christian Literature Center: 약칭 CLC)는 1941년 영국 콜체스터에서 켄 아담스에 의해 시작되었으며 국제 본부는 미국 필라델피아에 있습니다.
국제 CLC는 59개 나라에서 180개의 본부를 두고, 약 650여 명의 선교사들이 이동 도서차량 40대를 이용하여 문서 보급에 힘쓰고 있으며 이메일 주문을 통해 130여 국으로 책을 공급하고 있습니다. 한국 CLC는 청교도적 복음주의 신학과 신앙 서적을 출판하는 문서선교기관으로서, 한 영혼이라도 구원되길 소망하면서 주님이 오시는 그날까지 최선을 다할 것입니다.

추천사

이 창 규 박사
장로회신학대학교 목회상담학 교수

고통은 피할 수 없는 운명처럼 우리 곁에 가까이 다가와 있다. 고통 앞에서 사람들은 힘들어하고 아픔을 호소한다. 예수님을 믿는 크리스천도 예외는 아니다. 문제는 삶 속에 불청객처럼 찾아오는 고통을 어떻게 받아들이고 반응하는가에 있다. 미국의 복음주의 신학자 켈리 M. 카픽(Kelly M. Kapic)은 이 책에서 고통의 문제, 특히 육체적 고통(physical pain)에 대해 깊이 있는 신학적 묵상과 목회적 성찰을 제공한다. 그는 오랫동안 신학을 전공하고 연구한 전문적인 신학자다. 그러나 그가 펼치는 신학은 결코 현학적이거나 추상적인 신학이 아니다. 질병에 걸린 아내가 겪는 육체적 고통에 깊이 공감하면서 마음으로 써 내려간 현실에 뿌리박은 체현적이며 목회적인 신학이다.

이 책은 육체적 고통이 우리의 삶에 가져다 주는 신체적, 정신적 그리고 영적 실상을 적나라하게 보여 준다. 저자는 육체적 고통이 단지 신체적 아픔만 던져 주는 것이 아니라 정신적이고 영적인 영역에까지 절대적인 영향을 미친다고 말한다. 육체적 아픔을 겪는 사람들은 자신이 하나님으로부터 처벌받고 있다고 느끼며, 깊은 죄책감과 수치심을 호소한다는 것이다. 저자는 주변 사람들의 생생한 증언과 신학적인 논증을 통해 우리에게 고통의 심연을 보여 준다. 그리고 이러한 고통에서 벗어나기 위해 연대성

(solidarity)을 강조한다. 즉, 기독교 신앙에 바탕을 둔 공동체성이 육체적 아픔을 호소하는 사람들에게 절대적인 도움을 제공할 수 있다는 것이다.

현재 극심한 고통을 호소하고 있는 이들에게 이 책은 두 가지 실제적인 도움을 제공한다.

첫째, 제3장의 탄식(lament)에 관한 묵상과 통찰이다.
둘째, 제10장의 고백(confession)의 필요성과 당위성이다.

육체적 고통을 당한 이들에게 탄식은 필수불가결하다. 저자는 탄식과 기독교적 소망을 연결시키면서, 현재 고통을 당하는 이들이 성경의 탄식 이야기를 통해 큰 도움을 얻을 수 있다고 역설한다. 또한, 고백의 중요성을 언급한다. 이는 지독한 육체적 고통 앞에서 사람들은 죄의식을 느끼고 자신을 처벌하며, 병을 자신의 잘못으로 여기는 경향이 있기 때문이다. 고백, 특히 신뢰할 만한 사람에게 털어놓는 정직하고 진실한 고백을 통해 고통 중에 있는 사람들은 용서와 치유, 회복을 경험하며, 진정한 샬롬을 맛볼 수 있다.

이 책은 육체적 고통 중에 있는 이들에게 고통을 새롭게 이해하고 받아들일 수 있는 영적 시각을 제공해 주며, 고통당한 사람들을 곁에서 돌보고 있는 가족, 친지, 이웃 그리고 목회자들에게는 실제적인 도움을 줄 수 있는 깊은 통찰과 지혜를 제시한다. 고통의 문제에 관한 책은 많다. 그러나 이 책처럼 깊은 신학적 묵상과 목회적 통찰을 제공한 책은 드물다. 책을 읽는 내내 큰 도전과 기쁨을 함께 경험했다. 두 전문 신학자의 사려 깊은 번역도 책을 읽고 이해하는 데 큰 도움을 준다. 고통에 대해 깊이 묵상하고 도움을 받기 원하는 모든 분에게 이 책을 적극적으로 추천한다.

최성훈 박사
한세대학교 신학부 교수

고통을 다룬 수많은 책이 신정론(theodocy)에 입각해서 고난의 불가해성을 다루는 데 비해 이 책은 인간의 고통을 기독론적 입장에서 그리스도의 성육신, 십자가, 부활 등을 통해 묘사하였다. 저자는 탄식과 애통을 삶과 죽음이라는 인간 실존의 차원에서 조명하며, 하나님께서 인간과 하나가 됨으로써 죄는 물론 고통의 문제를 책임지신다고 지적하였다.

그리스도의 성육신과 십자가의 고통, 육신의 부활이 바로 그러한 고통을 짊어지시는 하나님의 응답인데, 창조주가 경험할 수 없는 피조물의 육체 감각과 고통을 성육하신 그리스도가 경험하셨다는 사실이 우리에게 위로가 된다는 것이다. 하나님 자신이 고통 중에 있는 우리를 위로하시기 때문에, 우리 또한 다른 이들에게 하나님의 위로를 베풀 수 있음은 하나님과 인간의 관계성의 본질과 모든 율법을 요약한 두 가지의 계명(마 22:37-40)을 상기시킨다.

더욱이 그리스도의 육체를 통한 부활은 새로운 소망의 기반이다. 현세의 고통이라는 실존에도 불구하고 성육하신 그리스도께서 육체로 부활하시고, 승천하셨으며, 다시 오시리라는 사실이 그리스도인의 믿음의 기반이요, 고통을 이기는 힘인 것이다.

우는 자들과 함께 울라 (롬 12:15).

이 책은 이 권면의 의미를 일깨운다. 인간 고통의 실존을 경험한 그리스도인은 단순히 고통이 장차 다가올 장밋빛 미래의 기반이라고 어설프게 위로하지 않으며, 그리스도께서 하셨던 것처럼 그저 말없이 고통당하는 이의 손을 꼭 잡고 함께 고통에 동참할 것이다.

이 책은 포스트모던 사회의 개인주의와 코로나19 바이러스 시대의 비대면이라는 뉴노멀을 통한 인간 소외에 지친 오늘날 그리스도인에게 깊은 울림으로 다가온다. 그러한 이들에게 이 책의 차분한 일독을 추천한다.

J. 토드 빌링스(J. Todd Billings)
웨스트민스터신학교(Westminster Theological Seminary)
『슬픔 중에 기뻐하다』(*Rejoicing in Lament*)의 저자

우아하고 이해하기 쉽게, 저자는 기독교적이라 생각되는 상투적이고 진부한 것 대신에 고통, 만성적 질병, 상실감의 어둠 속에서 삼위일체 하나님의 빛이 비치는 방식을 입증한다.

조니 에릭슨 타다(Joni Eareckson Tada)
조니와친구들국제장애센터(Joni and Friends International Disability Center)

나는 거의 50년 동안 사지 마비 환자로 매일 만성 통증에 대처하며 살아왔기 때문에 이 책의 주제가 너무 익숙하다. 『고통의 신학』은 진정한 안식과 치유를 발견할 수 있는 유일한 장소는 바로 십자가 아래임을 알려 준다. 나는 이 책을 너무 좋아한다.

샤양 탄(Siang-Yang Tan)
풀러신학교(Fuller Theological Seminary)
『만성통증 극복하기』(*Managing Chronic Pain*)의 저자

켈리 M. 카픽의 『고통의 신학』은 그리스도와 그의 성육신, 고통, 죽음, 부활, 승천, 재림을 중심으로 투쟁, 혼돈, 갈망, 애통을 인정하는 성경적 실재주의로 가득 차 있다.

웨슬리 힐(Wesley Hill)
트리니티신학교(Trinity School for Ministry)

유명한 어떤 그리스도인은 설교를 '인격을 통한 진리'라고 한 적이 있다. 그의 정의에 따르면, 켈리 카픽의 책은 정말로 강력한 설교이다. 켈리 M. 카픽은 그의 아내와 친구들의 만성 통증과 깊은 개인적 투쟁을 통해 다양한 성경적 해석을 제공한다. 여기 여러분을 위로하고 믿음을 강하게 하는 설교신학이 있다.

고통의 신학

인간의 고통에 대한 신학적 성찰

Embodied Hope
Written by Kelly M. Kapic
Translated by Sung-Tae Kim, Hyun-Jin Cho

Originally published by Inter Varsity Press as
Embodied Hope by Kelly M. Kapic.
© 2017 by Kelly M. Kapic.
Translated and printed by permission of Inter Varsity Press,
P.O. Box 1440, Downers Grove, IL 60515, USA.
www.ivpress.com.
All rights reserved.

Translated and printed by permission of Inter Varsity Press.
Korean Edition Copyright © 2021 by Christian Literature Center, Seoul, Korea.

고통의 신학
인간의 고통에 대한 신학적 성찰

2021년 9월 30일 초판 발행

지 은 이	|	켈리 M. 카픽
옮 긴 이	|	김성태, 조현진
편　　집	|	황평화
디 자 인	|	박성숙, 서민정
펴 낸 곳	|	(사)기독교문서선교회
등　　록	|	제16-25호(1980.1.18.)
주　　소	|	서울특별시 서초구 방배로 68
전　　화	|	02-586-8761~3(본사) 031-942-8761(영업부)
팩　　스	|	02-523-0131(본사) 031-942-8763(영업부)
이 메 일	|	clckor@gmail.com
홈페이지	|	www.clcbook.com
송금계좌	|	기업은행 073-000308-04-020 (사)기독교문서선교회
일련번호	|	2021-95

ISBN 978-89-341-2343-9 (93230)

이 한국어판 저작권은 Inter Varsity Press와 독점 계약한 (사)기독교문서선교회가 소유합니다.
신저작권법에 의하여 한국 내에서 보호를 받는 저작물이므로 무단 전재와 무단 복제를 금합니다.

Embodied Hope

켈리 M. 카픽 지음
김성태, 조현진 옮김

고통의 신학
인간의 고통에 대한 신학적 성찰

CLC

목차

추천사   1
  이 창 규 박사 | 장로회신학대학교 목회상담학 교수
  최 성 훈 박사 | 한세대학교 신학부 교수
  J. 토드 빌링스 외 3인

저자 서문   12
역자 서문   17

제1부 투쟁(The Struggle)   **19**
제1장 하나님에 대한 왜곡된 생각(Hard Thoughts About God)   20
제2장 고통의 이유에 답하지 마라(Don't Answer Why)   34
제3장 갈망과 탄식(Longing and Lament)   50
제4장 몸으로 구현하기(Embracing our Embodiment)   72
제5장 고통과 함께 드는 의문(Questions that Come with Pain)   94

Embodied Hope

제2부 낯선 하나님(The Strangeness of God)   114

제6장 우리와 하나가 되신 하나님(One with Us)   115

제7장 우리를 위해 하나가 되신 하나님(One for Us)   135

제8장 부활하신 하나님(Risen and Remaining)   155

제3부 함께 살아가는 하나님(Life Together)   183

제9장 믿음, 소망, 사랑(Faith, Hope, and Love)   184

제10장 타인에게 죄 고백하기(Confession and the Other)   204

제11장 신실하신 하나님(Faithful)   228

감사의 말   252

저자 서문

켈리 M. 카픽
커버넌트대학교 신학과 교수

아내 다비다(Tabitha)는 내게 말하지 않았다. 나는 아이들과 집에 있었고, 아내는 장을 보러 마트에 갔다. 아이들은 집에서 재미있게 놀고 있었다. 한가롭게 시간을 보내며 저녁을 준비하고 있었던 나는 갑자기 원인 모를 엄청난 공황 상태에 빠지고 말았다. 무언가 크게 잘못되었다고 생각했다. 아내가 외출한 지 상당히 지나고 나서 이전에는 느끼지 못했던 염려가 엄습해 왔다.

며칠 전 아내는 의사에게 검진을 받았는데 무슨 이유였든 그때는 이 사실을 인지하지 못하고 있었다. 불안한 마음에 아내에게 전화를 걸었지만, 아내는 받지 않았다. 문자를 보내도 응답이 없었다. 다시 전화를 걸었지만 역시 신호만 갈 뿐이었다. 이전에 경험하지 못했던 두려움에 휩싸인 나는 자세한 설명도 없이 놀고 있던 세 살짜리 딸과 다섯 살인 아들에게 "빨리 차에 타라"라고 말했다.

룩아웃마운틴(Lookout Mountain) 아래 방향으로 운전하면서 불길한 생각이 들었다. 부서진 채 전복된 차 안에 생명이 위급한 아내의 모습과 함께 다가오는 구급차의 사이렌 소리를 들으며 사고 현장에서 연기 냄새를 맡으리라는 상상이었다. 하지만 감사하게도 조금 더 갔을 때, 아내의 차를 발견할 수 있었다. 아내는 여유롭게 손을 흔들며 다가오고 있었다. 그제야

나는 깊은 안도감을 느꼈다. 염려했던 사고는 일어나지 않았고 아내는 괜찮았다. 차를 돌려서 집으로 왔다.

잠시 두려움에 휩싸였던 나는 아내의 평온한 모습에 놀라면서 한편으로 안도했다. 저녁 식사를 즐겁게 마치고 나서 아내는 아이들을 자기들 방으로 올려보냈다. 그리고 나를 자리에 앉게 한 후에 자신이 암에 걸렸다는 사실을 의사에게서 전화로 들었다고 차분히 이야기했다. 마트 주차장에서 의사의 전화를 받았을 때 하나님이 홀로 있는 자신을 위해 눈물을 흘리시는 것처럼 비가 조금씩 내리고 있었다고 했다.

이어서 아내는 자주 하던 말을 했다.

"힘든 문제는 식사 후에 나누는 게 좋아요."

아내는 가족들을 돌보며 함께 그 자리를 지켜왔지만, 이제는 암이라는 현실의 문제와 마주해야 했다. 인생은 끊임없이 변화한다. 이제 암이 우리 가족을 찾아왔고, 아내는 큰 충격을 받았다. 우리 부부는 침묵 가운데 앉아 있었는데 사실 이 문제에 대해 더 어떤 의문을 가질 기력도 가지고 있지 못했다. 암에 걸렸다는 사실이 무엇을 뜻하는지를 잘 알고 있기에 큰 슬픔과 아픔을 느꼈다.

2008년 6월 9일에 일어난 일이었다. 염려했던 교통사고는 일어나지 않았지만, 우리를 무너뜨릴 수 있는 인생의 위기로 떨어지는 절망을 겪을 수밖에 없었다. 이후 아내는 검진, 수술, 치료를 받았고 나는 그녀를 정성을 다해 돌보았다. 당사자인 아내도 암에 대한 준비가 되어 있지 않았지만, 나 또한 고통당하는 아내를 돌보면서도 그녀 옆에서 함께 고통을 나눌 준비가 제대로 되어 있지 않았다.

현재 아내는 암에서 완치되었다. 물론 아내가 회복되었다고 해서 우리가 받은 모든 상처가 아물었다는 뜻은 아니다. 하지만 우리는 감사하다. 이제 아내는 국제인도주의협회(International Humanitarian Organization)에서 사역하고 자녀들과 함께 조깅과 하이킹을 하면서 일상으로 돌아와 주었다. 하나님은 고통의 시간에 항상 우리를 돌보셨다. 이렇게 인생의 어려운 위기 가운데서 우리를 지켜주셨던 하나님께 감사드릴 뿐이다.

2010년 5월의 어느 날 아내는 갓길에 차를 세우고 내게 전화를 했다. 아이티(Haiti)의 교회 개척 문제로 목회자들과 만나고 오는 길이라고 했다 (2010년 1월 아이티에 지진이 일어난 후에 발생한 일이다). 아내는 떨리는 목소리로 말했다.

"운전해서 집으로 가지 못할 것 같아요. 클러치나 브레이크 페달을 밟을 때 발에 통증이 있는데 무슨 일이 일어날지 모르겠어요."

그녀의 목소리를 들으며 나는 아내가 뇌종양이나 다발성경화증(multiple sclerosis)에 걸린 것은 아닌지, 몸에 무슨 큰일이 일어난 것은 아닌지 하는 염려로 당시에는 아내에게 아무 말도 할 수 없었다.

이 일이 있은 지 6년이 지나서야 아내가 결합조직병(connective tissue disease)에 걸렸다는 진단을 메이오클리닉(Mayo Clinic)에서 받았다. 그녀의 팔과 다리, 손과 발을 무력하게 만드는 아주 무서운 병이었다. 아내는 이로 인해 힘든 시간을 보내야만 했다. 그녀의 팔과 다리는 느려졌고 몇 시간 잘 지내다가도 피부홍통증(erythromelalgia)으로 인해 자주 고통을 호소했다. 피부홍통증은 뜨거운 불에 덴 것과 같은 극심한 통증을 동반했다. 이 병을 진단했던 병원의 의사가 집을 방문해서 아내를 계속 돌보며 치료했다.

아내를 알고 있는 지인 대부분은 그녀와 같이 활동적이고 유능한 여성이 자주 누워 있어야 하고 극심한 고통이나 일시적 기능 마비로 인해 마음대로 움직이지 못하는 모습을 상상조차 하지 못할 것이다.

이 책을 쓰면서 우리는 서로 고심하며 논의했다. 그녀는 사람들의 관심 대상이 되기를 원치 않았다. 아내의 고통은 그녀 인생 전체에 커다란 변화를 가져왔다. 이는 가족에서, 교회와 직장에서, 여가생활에 이르는 그녀의 인생 전반에 미치는 엄청난 변화였다. 사람들이 암과 만성 통증 가운데 어떤 것이 더 힘들었는지를 묻는다면 아내는 만성 통증이 훨씬 견디기 힘들다고 말하곤 했다. 밤과 낮을 가리지 않고 불청객으로 아내를 괴롭히는 통증, 이 고통은 쉽게 떠나지도 않았다. 고통은 항상 같은 자리에서 항상 지속되었다.

항상!!!

나는 전문적인 훈련을 받은 신학자로서 테네시주 채터누가(Chattanooga, 남북전쟁의 옛 전장-역자 주)가 바라보이는 조지아주 룩아웃마운틴(Lookout Mountain)에 아름답게 자리 잡은 교양대학(liberal arts college)에서 가르치고 있다. 박사 학위(Ph.D.)를 가지고 있지만, 이 책을 쓰기 전에는 내가 무엇을 고민해야 할지를 잘 알지 못했다. 성경을 묵상하고 다른 사람들의 말에 귀를 기울이고, 과거 수 세기 동안 위인들이 남긴 묵상집을 읽으며 여러 의문 가운데서 내가 과연 무엇을 믿고 있으며, 그 의미가 무엇인지를 발견하고 이에 대해 반대되는 의견을 예상하면서 비로소 이제 무엇을 생각하고 어떻게 느끼는지를 알게 되었다. 그리고 책을 저술할 수 있었다.

이 일이 있은 지 몇 년 후 아내와 지인들의 격려를 받으며 더 공개적으로 이 문제들에 대해 씨름하게 되었다. 이 책은 나뿐만 아니라 다른 이들에게도 도움이 되리라 확신한다. 진실을 위해 우리 가족의 은밀한 부분까지도 드러내야 했다. 독자들이 우리의 개인적인 고민과 어려움을 어느 정도 아는 것이 도움이 되리라는 선에서 이 책은 기술되었다. 물론 이 책은 자서전이 아니다. 하지만 매우 개인적인 문제까지도 다루고 있다.

이 책을 기술하면서 다양한 방식으로 여러 고통, 슬픔, 상실의 아픔을 체험했다. 그 가운데 하나님, 하나님의 뜻, 우리, [인간] 관계에 대한 어려운 질문들을 던져야 했다. 우리 자신이 누구인지에 대한 정체성과 무엇을 위해 살아야 하는지 인생의 목적과도 씨름해야 했다. 이는 매우 힘들고 고된 시간이었으며 간단히 답할 수 있는 문제도 아니었다. 그러나 삶의 여정 가운데 우리의 이야기가 결국 이 책으로 완성되었다.

우리는 하나님과 함께 그리고 하나님 앞에서 살아가는 존재이다.

이 책은 우리 삶의 단편적인 기억들로부터 시작하고 있다. 우리 가족의 꾸며진 이야기가 아니라 정직하게 사실 그대로의 모습을 인정하면서 이 책을 기술하고자 했다. 이 책을 읽는 독자들도 우리와 비슷하거나 같은 상황에 놓여 있을 수 있다. 이어지는 묵상들은 어떻게든 육체적인 고통이 가

겪어온 파괴와 상실감 가운데 씨름해야 했던 우리 가족의 모습을 있는 그대로 보여 주고 있다. 이와 함께 이 책에는 나에게 자신의 경험을 나누어 준 여러 사람의 이야기가 함께 수록되어 있다. 따라서 우리 가족의 이야기만은 아니다. 그리고 이 책은 객관적인 입장에서 기술되지 않았다. 내 가족과 나에 대해서는 다소 주관적으로 기술할 수밖에 없었음을 밝힌다.

하지만 이 책의 목적은 자서전이나 고통당하는 개인에 대한 감동적인 이야기를 기술하려는 것에 있지 않다. 이 책은 신학적이고 목회적인 묵상을 담고 있다. 하나님과 우리에 대한 진실이 무엇인지에 대한 깊은 성찰과 고민이 담겨 있다. 이 과정을 통해 우리는 여러 가지 어려운 문제까지 함께 검토하고 고민하게 될 것이다. 그럴만한 충분한 가치가 있다고 믿는다. 이 책에 나오는 하나님과 그분이 하신 일에 대한 묵상은 분명히 목회적이고 개인적인 함의를 가지고 있다.

마지막으로 이 책을 읽는 여러분에게 감사드린다.

역자 서문

조 현 진 교수
한국성서대학교 역사신학, 역자 대표

　이 책은 미국 조지아주에 위치한 커버넌트대학(Covenant College)에서 교수로 섬기는 켈리 M. 카픽(Kelly M. Kapic)의 작품 *Embodied Hope: A Theological Meditation on Pain and Suffering* (IVP, 2017)을 번역한 것이다. 저자는 부제에서 보여 주는 것처럼 육체적 고통을 당하는 자신의 아내와 이웃들을 통해 고통의 문제를 신학적으로 성찰하며, 성경과 기독교 역사를 통해 신앙의 선배들이 이를 어떻게 대처해 왔으며 오늘의 우리 그리스도인은 고통의 문제를 어떻게 보고 대처해야 하는지를 말하고 있다.
　누구나 고통의 문제를 안고 살아간다. 이 세상을 살아가는 누구에게나 고통의 문제는 그리 멀리 있지 않다.
　저자는 자신의 아내가 걸린 질병으로부터 고통에 관한 이야기를 시작해서 다양한 고통의 문제를 다루고 있다. 이 과정에서 저자는 인간의 육체와 몸이 우리 생활 전체에 얼마나 중요한지를 잘 보여 준다. 그리스도의 구원을 성육신과 십자가에서의 육체적 고통을 배제한 채로 생각할 수 없듯이 그리스도인들에게도 육체와 몸을 통한 고통의 문제가 우리 인생에서 얼마나 중요한지를 잘 보여 주고 있다. 이 가운데 우리 몸의 중요성을 지나치게 간과하고 영적으로만 해석하려는 일부 그리스도인의 모습을 비판하면서 몸에 초점을 두고 고통의 문제에 집중한다. 결국, 저자는 진리인 복음만이, 우리의 구원자가 되시는 그리스도의 성육신만이, 신앙의 공동체만이 우리가 당하는 고통의 문제에 대한 하나님의 답변임을 역설하고 있다.

이 책을 번역할 수 있었음에 감사하다. 현재 전 세계가 코로나19 바이러스로 인한 팬데믹(Pandemic, 범유행) 상황 속에서 **고통의 문제에 대한 신학적 성찰**을 다루는 이 책의 번역은 시기적으로 매우 적절하다고 생각된다. 또한, 사랑하는 사람이 육체적인 고통을 받는 상황에 있기에 본인에게도 큰 위로를 주는 귀한 책이다.

마지막으로 이 책을 김성태 박사와 공역할 수 있었음에 감사하다. 그가 학자로서 보여 준 뛰어나고 성실한 모습은 큰 도전이 되었으며, 그와 함께 번역하며 나누었던 교제는 학자로서 큰 자산이었다. 아무쪼록 이 책이 저자의 바람처럼 육체적 질병과 고통 가운데 있는 한국의 그리스도인에게도 많은 도움과 소망이 되기를 바란다.

2021년 8월 어느 날
불암산 자락이 보이는 연구실에서

제1부

투쟁
(The Struggle)

제1장 하나님에 대한 왜곡된 생각(Hard Thoughts About God)

제2장 고통의 이유에 답하지 마라(Don't Answer Why)

제3장 갈망과 탄식(Longing and Lament)

제4장 몸으로 구현하기(Embracing our Embodiment)

제5장 고통과 함께 드는 의문(Questions that Come with Pain)

제1장

하나님에 대한 왜곡된 생각
(Hard Thoughts About God)

> 진정한 위험은 하나님 믿기를 중단하는 것이 아니라
> 하나님에 대한 왜곡된 생각들을 믿는 것이다.
> 내가 우려하는 결론은 "결국 하나님이 없다"라는 것이 아니라
> "이것이 하나님의 참모습이니
> 더 이상 당신 자신을 속이지 말라"라는 것이다.
> - C. S. 루이스(C. S. Lewis), 『헤아려본 슬픔』(*A Grief Observed*).

> 여호와는 마음이 상한 자를 가까이 하시고
> 충심으로 통회하는 자를 구원하시는도다
> (시 34:18).

> 마치 청년이 처녀와 결혼함 같이 네 아들들이 너를 취하겠고
> 신랑이 신부를 기뻐함 같이 네 하나님이 너를 기뻐하시리라
> (사 62:5).

이 책은 하나님을 변호하거나 이 세상에 있는 육체적 고통의 문제를 해명하려 하지 않는다.

그 대신 인생과 삶의 목적, 문제들에 관해 다음과 같은 여러 의문과 씨름하고자 한다.

우리는 고통이 가득한 이 세상에서 어떻게 살아야 하는가?

하나님의 존재와 고통 많은 이 세상을 어떻게 연관시킬 수 있는가?

이 책은 우리 마음을 빼앗는 삶의 문제들을 극복할 수 있게 하거나 그 문제들을 명료하게 해결할 수 있는 객관적이고 철학적인 분석을 제시하지 않는다. 그 대신 당신을 더 넓은 대화의 세계로 이끌어 갈 것이다. 이 대화를 통해 우리 가족과 당신이 가진 아픔이나 의문들보다 훨씬 더 커다란 문제들을 함께 고민할 수 있기를 바란다.

비록 우리는 자신과 사랑하는 사람들이 당하는 고통으로 인해 이 세상에서 떨어져 소외되었다고 생각하지만, 이 책이 던지는 도전은 우리가 상상하는 것보다 훨씬 더 넓은 세상에서 우리가 그 일부로 살아가고 있음을 확인시켜 줄 것이다.

1. 고통의 복합성 인정하기

아내의 고통과 씨름하며 알게 된 철학자이자 정치운동가인 시몬 베유(Simone Weil, 1909-1943)는 고통의 경험에는 세 가지의 주요한 차원이 있다고 하면서 신체적, 심리적, 사회적 차원을 주장한다.[1] 베유는 안정감(Solidity)의 중요성, 소외의 위험성, 고통당하는 이들이 가지는 절망감이 초래하는 불행한 결과를 강조한다. 베유가 고통을 이해하는 방식은 이처럼 삶

---

1   시몬 베유(Simone Weil)는 최근 다음에 나오는 자신의 작품에서 한 장을 할애하여 "The Love of God and Affliction"에서 이 내용을 다룬다. Simon Weil, *Waiting for God*, trans. Emma Craufurd (New York: Harper Perennial Modern Classics, 2009), 67-82.

의 다양한 차원을 함께 고려하는 것이다. 나도 이 견해에 동의한다.[2]

  육체의 고통은 우리가 연결된 하나님과 다른 사람들과의 관계에까지 영향을 미친다. 예를 들어, 우리 몸이 육체적 고통으로 인해 회복 불가능한 상태가 되어버리면 우리는 하나님을 무정하고 무자비한 존재로 생각할 것이다. 그런데 이때 누군가가 하나님을 사랑이 많고 자비로운 분이라고 말한다면 그 소리가 무의미하거나 농담 정도로 들릴 것이다.

  이처럼 우리 몸의 상태는 하나님과 그분이 일하는 방식을 어떻게 이해하느냐에 영향을 미친다. 만약 밝은 빛이나 큰 소리로 인해 만성 편두통에 시달리는 사람이 있다면, 이 사람은 화려한 조명을 비추거나 볼륨이 큰 음악을 사용하는 예배에 참석하는 것을 망설일 것이다. 밝은 빛이나 큰 소리가 나는 음악을 좋아하지 않는다고 해서 이 사람이 믿음이 부족한 사람이라고 판단해서는 안 될 것이다. 이는 단지 본능적인 회피이기 때문이다.

  오르간의 장엄한 소리를 들으면 어떤 사람은 하나님에 대한 경외심을 느끼지만 이와 달리 어떤 사람은 본능적으로 그 소리에 고통을 느낄 수도 있다. 이처럼 육체적 고통은 다른 사람들과의 관계에도 상당한 영향을 미친다. 예배를 즐기는 사람은 통증과 같은 육체적 반응으로 예배를 회피하는 사람을 믿음이 없는 사람으로 판단하기도 한다. 통증으로 예배를 제대로 드리지 못하는 사람이 지닌 불안감이 얼마나 큰 것인지를 잘 이해하지 못하기 때문이다. 만성 통증을 앓는 사람이 주일 아침마다 교회에서 자신이 당하는 고통에 대해 말한다.

---

[2] 이런 종류의 문헌에서는 도로시 쵤레(Dorothee Sölle)의 인상적인 주장을 자주 발견하게 되는데, 문제는 해결되기보다 만들어지는 것이라는 견해이다(쵤레의 책, *Suffering* [Philadelphia: Fortress, 1975]을 참조하라). 여기에서 우려하는 문제는 너무 쉬운 방식으로 쵤레와 심지어 베유까지도 인간 행동주의(human activism)에 대한 기독교적 믿음의 도전을 축소하면서 종말론적 소망을 과소평가한다는 것이다. 또한, 고통의 문제에 대해 공감하며 하나님이 임재하신다는 약속에도 불구하고 하나님 부재의 난해함을 대체해 버린다는 점이다. 이에 대해서는 Kelly M. Kapic, "Faith, Hope, and Love" in *Sanctification: Explorations in Theology and Practice*, ed. Kelly M. Kapic (Downers Grove, IL: IVP Academic, 2014), 212-231을 참조하라.

저는 찬양 시간에 앉아 있노라면 죄의식에 시달려야 합니다. 다른 사람들이 저를 어떻게 바라보는지를 잘 알고 있기 때문이지요. 예배를 보면서 그들은 제가 얼마나 아픈지 모르지만 저는 고통을 참고 있어야만 합니다. 사람들이 저를 보고 믿음이 없는 사람이라고 판단하지 않기를 바랄 뿐입니다.

이렇게 누군가에게는 불신앙적인 모습으로 보이는 행동들이 실제로는 자기를 보호하고자 하는 행동이며 한편으로는 절망의 표시이기도 한 것이다. 하지만 우리는 시몬 베유의 충고처럼 사회적, 심리적, 신체적 차원이 어떻게 연관되어 있는지를 기억하며, 이러한 상황들이 하나님과의 관계에서도 어떤 영향을 미치는지를 특별히 주의해야 한다. 이러한 어려움은 바다의 파도와 같이 우리를 덮쳐 신자와 교회에 특별하고 당혹스러운 과제를 안겨 준다.

만성 통증에 시달리는 사람들은 매일 자신의 한계 상황과 마주한다. 그들은 친구의 약혼 파티와 쇼핑하는 일 중에서 하나만을 선택해야 한다. 두 가지 모두를 함께 하기에는 체력이 부족하기 때문이다.[3] 그들을 사교적이지 않다거나 사랑이 없다고 단정해서는 안 될 것이다. 그들은 자신들의 육체적 고통으로 인해 일상에서 엄격한 제약을 두고 살아가기 때문이다. 그들은 사람들에게서 떨어져 소외되어 있으며 심적으로 상당히 지쳐 있다.

따라서 우리는 고통의 문제를 전인적 관점(holistic perspective)에서 이해하도록 해야 한다. 육체와 영혼, 심장과 마음, 개인과 공동체를 서로 충돌하거나 상반되는 개념으로 보아서는 안 될 것이다. 고통의 한쪽 면만 보지 말고 고통이 우리에게 전반적으로 어떤 영향을 미치고 있는지를 함께 고민해야 한다.

---

[3] 일상에서 고통받는 사람의 관점에서 이 고통이 어떤 것인지에 대해 설명하는 자료는 Christine Miserandino's "Spoon Theory", Butyoudonlooksick.com, accessed July 13, 2016, www.butyoudontlooksick.com/article/written-by-christine/the-spoon-theory를 참조하라(크리스틴은 피부결핵의 일종인 루푸스병을 앓고 있다).

따라서 우리의 전인적인 모습들, 인간관계에서 믿음까지, 육체에서 소망까지, 슬픔에서 사랑에 이르기까지 인생의 모든 복잡한 요소를 함께 검토해야 한다. 고통의 문제에서 핵심은 고통이 우리가 가지는 하나님에 대한 시각에도 상당한 영향을 미친다는 점이다.

2. 하나님을 왜곡하려는 유혹

고통을 경험하면 인격적이고 사랑이 풍성하신 하나님에 대한 믿음을 가진 그리스도인들이 불신자들보다 훨씬 더 자신이 소외와 버림을 당했다고 느낄 수 있다. 고통당하는 사람들은 스테픈 크레인(Stephen Crane)이 지은 다음의 감동적인 구절에 공감하며 미지의 초월자에게 호소할 것이다.

> 한 사람이 우주를 향해 말한다.
> "신이시여, 제가 여기 있습니다."
> "그러나."
> 우주는 응답한다.
> "그 사실은 나에게 어떤 책임감도 느끼게 하지 않는다."[4]

아브라함, 이삭, 야곱의 하나님에 대해 인격적인 신앙을 고백하는 그리스도인이 고통과 절망의 순간에는 오히려 하나님의 무관심, 거절, 또는 심판에 대해 염려하게 된다.

고통을 겪는 그리스도인이 직면하는 가장 강한 유혹 중 하나는 존 오웬(John Owen)의 표현을 빌리자면, **"하나님에 대한 왜곡된 생각"**(Hard thoughts

---

4 Stephen Crane, "A Man Said to the Universe", 1899.

about God)을 가지게 되는 것이다.[5] 청교도 신학자인 오웬은 "왜곡된 생각"을 사람들이 고통 가운데 자연스럽게 할 수 있는 정직한 의구심으로 보지 않는다. 하나님 앞에서 살아가고 있음을 믿기에 그리스도인들은 다음과 같은 의문들을 가질 수 있다.

"왜요?"
"어떻게 이런 일이?"
"이 고통에는 어떤 의미가 있는 것일까?"
"언제 이 고통이 끝날까?"

누구나 이해하고 가질 수 있는 정당한 의구심과 의문들이다. 오해할 여지가 있는 말이지만, 기독교 영성(Christian Spirituality)은 금욕주의(Stoicism)가 아니다. 인생의 아픔과 이로 인한 존재론적 의문들이 바른 신학(healthy theology)에서는 핵심적인 주제들이 된다. 이러한 아픔과 의문들을 억제하는 게 오히려 더 큰 문제일 수 있다.

우리는 다음 장에서 소망과 슬픔의 역할에 대해 다루면서 이 문제에 대해 더욱 상세하게 검토할 기회가 있을 것이다.

하지만 오웬은 왜 이러한 의문들을 가지는 게 정직하다고 하지 않고 "유혹"(temptation)이라고 한 것일까?

먼저 우리는 인생에서 고통을 당하게 되면 어떤 경험이든 하나님을 자주 모호하게 생각하는 경향이 있다.[6] 육체적 고통이 지속되면 우리는 하나님을 왜곡하여 폭군이나 심지어 악한 존재로까지 생각하곤 한다. 이러한

---

[5] John Owen, *The Works of John Owen*, ed. William H. Goold (London: Banner of Truth Trust, 1965), 2:34-35; 6:570; 7:21; 11:390-391, 581.

[6] 사람들이 하나님에 대한 잘못된 인식을 어떻게 발전시켜 가는지는 다음의 작품을 참조하라. Ana-Maria Rizzutto, *The Birth of the Living God: A Psycho-Analytic Study* (Chicago: University of Chicago Press, 1981). 저자는 객관적 관계 이론(objective relations theory)을 소개하고 있다.

"왜곡된 생각"이 사랑의 하나님과의 교제를 단절시켜 버리고 우리를 절망에 빠지게 하기에 일종의 유혹으로 보는 것이다. 우리는 고통을 당하면 하나님을 사랑이 없는 존재로 생각한다.

오웬의 말처럼, 우리는 하나님을 항상 분노하거나 무자비한 분으로 보면서 하나님에 대한 "왜곡된 생각"을 가진다.[7] 이런 하나님은 창조물을 자기 옆에 두고 보호하지 않으며 고통 가운데 불쌍하게 내버려 두는 분이다. 왜곡된 생각은 성부 하나님이 자기 자녀들을 실제로 어떻게 돌보는지를 곡해하게 만들어 참된 하나님의 모습을 감추어버리기 때문에 매우 해로운 결과를 낳고 만다.

> 주님은 자기 자녀의 손에서 어떤 나쁜 것을 취하는 분이 아니다. 우리가 그분과 동행한다고 하면서도 우리의 쓴 뿌리에서 나오는 열매들은 마음의 고독, 소외, 불신앙, 변절 등이다.
> 어떻게 어린아이가 화를 내는 아버지에게 가까이 나아올 수 있겠는가![8]

아내의 생각에 하나님은 한 여인의 통증 정도가 아니라 더욱 중요한 것을 다루는 분이시다. 고통이 만연한 이 세상은 하나님의 돌봄이 필요하며 이를 통해 더욱 강해져야 한다. 아내의 말로는, 하나님에 대한 왜곡된 생각이 나쁜 이유는 고통받는 사람들을 하나님에게서 멀어지게 해서 소외시켜 버리기 때문이다. 고통받는 사람들은 하나님에 대한 이미지를 곡해하여 왜곡된 생각을 가지기 쉽다.

하나님은 이렇게 우리의 왜곡된 생각을 우려하시는데 그 이유는 하나님이 인생의 여러 의문에 대해 답변하지 못하시기 때문이 아니라 왜곡된 생각으로 인해 고통받는 사람들이 하나님과 멀어져 소외되어 버리기 때문이다.

---

7 Owen, *Works*, 2:34.
8 Owen, *Works*, 35.

왜곡된 생각은 창조주에 대한 이미지를 굴절시켜서 하나님의 사랑과 자비를 의심하게 하고 결국 우리 자신을 그분에게서 소외시켜 버린다. 이런 생각은 우리를 향한 사랑과 자비, 자녀들과 교제하는 성향을 지닌 하나님 아버지의 원래 모습이 아니라 결코 만족하거나 행복하지 못하고 화가 나서 냉담하고 엄격한 하나님의 거짓 이미지를 만들어낸다.[9]

이런 하나님의 모습은 그분을 향한 사랑과 즐거움을 빼앗고 약화시킨다. 하나님에 대한 잘못된 인식은 우리가 가진 그분을 향한 사랑의 작은 불씨에 찬물을 끼얹어 버리는 결과를 가져오고 만다.

어떻게 성도들은 인생의 폭풍우로 인한 흔들림과 충격 속에서 하나님에 대한 거짓 이미지에 굴복하지 않을 수 있을까?

이는 우리가 하나님이 실제로 어떤 분인지를 깊이 묵상하여 우리 자신이 가진 두려움과 하나님에 대한 일상적인 인식들을 넘어설 때 가능하다. 오웬에 따르면, 하나님은 하늘에서 우리에게 무리한 요구를 하고, 자신을 충족시키지 못하는 모습에 실망하여 우리의 잘못이 무엇인지를 상세히 따지는 분이 아니다. 실제로는 따뜻하게 사랑과 기쁨으로 우리와 함께하시는 아버지, 그분이 바로 하나님이다.

> 하나님의 견고한 사랑과 탁월하심에 대해 기록한 스바냐 3:17 말씀처럼 창조물을 이보다 사랑하는 분이 어디에 있을까?
> "너의 하나님 여호와가 너의 가운데에 계시니 그는 구원을 베푸실 전능자이시라. 그가 너로 말미암아 기쁨을 이기지 못하시며 너를 잠잠히 사랑하시며 너로 말미암아 즐거이 부르며 기뻐하시리라 하리라."
> 하나님의 사랑이 그를 사랑하는 성도들의 영혼을 고치신다.[10]

---

9   Owen, *Works*, 11:390.
10   Owen, *Works*, 11:390.

하나님에 대한 오해는 자기 백성들을 기뻐하며 노래하시는 하나님의 비전을 의심하도록 한다. 스바냐 3:17은 단순히 우리의 안부를 물으며 인사하거나 사람들에게 기쁨을 구하는 목회자가 기록한 것이 아니라 선지자 스바냐가 기록한 구절임을 기억할 필요가 있다. 스바냐는 이스라엘의 타락으로 시작된 하나님의 심판과 백성의 불의와 불성실로 인한 하나님의 염려를 이미 알고 있었다. 또한, 그는 하나님이 자기 백성을 얼마나 신실하게 사랑하셔서 그들을 회복하고 구원하고자 하시는지도 잘 알고 있다.

우리가 이 구절에서 우리를 향해 노래를 부르시는 하나님의 이미지를 그분의 무의미한 감정적 행위 정도로 치부해 버리는 것은 잘못된 것이다. 이는 텔레비전이나 형편없는 대중 설교와 같은 비성경적 선동이 만들어놓은 하나님에 대한 왜곡된 선입견에서 비롯된다.

하나님에 대한 성경의 묘사 중에 우리를 불편하게 하는 구절들이 있다면 이를 주의해서 기록해 보라. 그리고 왜 그런지 질문해 보라. 이러한 자기 성찰을 통해 하나님에 대한 우리 생각과 태도가 얼마나 왜곡되고 잘못되었는지를 깨닫게 되며 이것들이 바로 깊게 파헤쳐서 재구성해야 하는 우리의 문제인 것이다.

스바냐 말씀은 우리가 하나님의 모습에 대해 다시 생각하도록 한다. 우리는 이 말씀을 통해 하나님이 노래하면서 우리를 즐거워하시는 모습이 어떻게 가능한지에 대해 의문시한다.

테일러(Taylor)는 어릴 때부터 공감 능력이 뛰어나 12살에는 다른 사람의 고통과 슬픔에 공감하고 민감하게 반응하는 아이였다. 어느 주일, 테일러는 소설 『반지의 제왕』(The Fellowship of the Ring)의 첫 부분을 읽고 나서 잠자리에 들었는데 그림자처럼 희미하게 보이는 말 탄 기사와 뒤틀린 괴물들의 무서운 모습을 상상하며 자정 즈음에 잠에서 깼다. 소설에 나오는 프레도(Fredo)의 두려움과 어두움을 공감했다. 테일러는 울고 말았다. 그는 용기를 내어 그런 일이 자신에게는 일어나지 않을 것이라고 자신을 위로했지만 쉽게 잠들 수는 없었다.

그 울음소리를 들은 아버지 마이클(Michael)은 한밤중에 아들의 방이 있는 위층으로 올라와 아들을 위해 기도해 주었다. 등을 어루만지며 진정시킨 후에 아버지가 방을 나가려고 하자 테일러는 다시 엄습해 오는 공포로 인해 잠자리에 들 수가 없었다. 아버지는 다시 돌아와 이번에는 아들 옆에 조용히 앉아 노래를 불러 주었다. 이 노래를 들으며 소년은 그때에야 잠을 청할 수 있었다. 하지만 노래가 끝나자 소년은 다시 잠에서 깼다. 결국, 아버지는 아이 곁을 지키며 그 밤을 함께 지새워야 했다. 그날 밤 아버지는 잠을 자지 못했지만, 테일러는 자기 옆에 있는 아버지를 의지하고 편안한 가운데 깊은 잠을 잘 수 있었다.

자기 자녀들을 풍성한 사랑으로 대하시는 하늘에 계신 하나님 아버지를 어떻게 겨우 이 정도로 비유할 수 있겠는가?

왜 우리는 스바냐에 나타난 온화한 하나님에 대한 이미지를 가지고 있지 못한 걸까?

이사야 선지자도 스바냐와 비슷한 하나님에 대한 이미지를 보여 주고 있다. 스바냐가 하나님을 자기 자녀로 인해 기뻐하며 노래하는 아버지로 묘사하고 있다면, 이사야는 아내를 즐거워하는 남편의 약속에 관해 기술한다.

> 마치 청년이 처녀와 결혼함 같이 네 아들이 너를 취하겠고 신랑이 신부를 기뻐함 같이 네 하나님이 너를 기뻐하시리라 (사 62:5).

그런데 이 말씀이 우리를 불편하게 만드는 이유는 무엇인가?
하나님은 약함과 죄 가운데 있는 우리를 어떻게 보고 계실까?
하나님은 자신의 자녀인 우리에게 화를 내거나 분노하시는 분인가?
그분의 신부에게는 어떠한가?
성경에 나타난 하나님의 실제 모습은 어떠한가?
스바냐 3:17과 이사야 62:5과 같은 말씀들이 우리의 생활이나 경험과 어떻게 병행할 수 있는가?

특히 우리가 고통 가운데 빠져버리는 "왜곡된 생각들"을 어떻게 다루어야 할까?

우리는 어떻게 소외감보다 하나님에 대한 사랑으로 그분을 깊이 신뢰할 수 있을까?

이제 우리의 목표는 하나님에 대한 왜곡된 생각이 결코 그분의 참된 모습을 반영하지 못하고 있다는 점을 깨닫는 것이다.

우리의 소망은 하나님이 우리로 인해 부르시는 노래를 들으며 우리의 고통과 함께하시는 그분의 임재에 대한 믿음을 가지는 것이다. 이에 대해 어떤 사람들은 하나님의 이러한 모습이 성경 전체에서 몇 구절 안 된다고 반박하기도 한다.

하지만 우리는 그들의 주장처럼 몇 구절 안 되는 성경 구절에 대해 말하고 있는 것이 아니다. 이는 바로 메시아 안에서 발견할 수 있는 **복음의 핵심**으로 들어가는 것이다. **복음 안에서만** 우리는 하나님의 마음이 무엇인지를 발견할 수 있다.

하나님과 우리가 당하는 고통의 관계에 대해 바로 이해하기 위해서는 **나사렛 예수**를 살펴보아야 한다. 예수님은 이천 년 전에 인간으로 이 땅에 오셔서 갈릴리 지방의 먼지가 자욱한 길을 걸으셨다. 예수님의 말씀에 집중하며 그분의 삶, 죽음, 부활, 승천을 따라가다 보면 우리와 같은 인간으로서 그분이 가졌던 인간적 고뇌를 다른 시각으로 보게 된다.

예수님은 인간을 위한 하나님의 계시 그 자체였다. 이러한 노력을 통해 하늘과 땅에 계신 하나님에 대한 우리의 이해는 더욱 깊어진다. 하지만 예수님을 정확하게 보기 위해서는 먼저 우리가 하나님에 대해 가지고 있는 잘못된 선입견부터 버려야만 한다. 만약 당신이 하나님에 대한 "왜곡된 생각"을 가지고 있다면, 포기하지 마라. 너무 쉽게 답을 구하지도 마라. 어떤 치료 약도 짧은 시간에 모든 병을 고칠 수는 없다. 여전히 우리가 용기를 내어 하나님의 참된 모습에 대해 지속해서 다가갈 수 있기를 소망한다. 이 과정에서 우리가 얼마나 하나님뿐 아니라 그의 백성들도 필요로 하는지를 깨닫게 될 것이다. 앞으로 살펴보겠지만, 이것이 우리가 고통에 대한 문제들에 대해 어떻게 이야기를 시작할 수 있는지를 알려 준다.

3. 우리가 가는 곳: 책의 나머지 개관

이 책의 목표는 인간의 고통이나 하나님의 선하심을 해명하려는 데 있지 않다. 이 책에서 우리는 믿음의 여정을 계속해 나갈 것이다. 이 여정은 창조주이자 구원자이신 살아계신 하나님과 만나는 여정이 될 것이다. 이는 우리 생각보다 훨씬 더 거룩하고 가까이에 계신 하나님에 관한 이야기이다.

하나님의 완전하심은 그분에 대해 경외심을 가지도록 하지만 그분의 겸허한 행동은 우리를 놀라게 한다. 이는 임마누엘과 복음에 관한 이야기로 주님을 아는 이들이 어떻게 돌밭과 같은 거친 세상에서 암담한 의문들을 던지며 두려움 가운데서도 살아갈 수 있는지에 관한 이야기이다.

이 이야기는 부서지고 깨어진 세상에서 소망을 지닌 창조물로 살아가는 것이 어떤 의미가 있는지를 보여 준다. 부서지고 깨어진 세상은 결코 우리의 상상 속에 존재하는 세계가 아니라 아름다움과 눈물이, 웃음과 고통이 함께하는, 우리가 현재 살고 있는 세상이다.

나는 두 가지로 논의의 범위를 좁히고자 한다.

첫째, 이 책은 구체적으로 고통받는 일반인이 아니라 고통받는 그리스도인들을 위한 이야기로 풀어갈 것이다.

하지만 그리스도인들이 당하는 고통은 이 세상을 살아가는 모든 사람과 연관되어 있음도 사실이다. 이 세상에서 모든 사람을 괴롭히는 고통이 지닌 보편적인 성격은 훌륭한 이퀄라이저(equalizer, 균형 장치) 역할을 한다.

우리는 모두 고통의 경험을 공유하고 있다. 하지만 나는 이 책에서 고통의 문제를 해결하려는 것이 아니라 그리스도인이 고통 가운데서 어떻게 이 세상을 살아가야 하는지에 관해 이야기할 것이다. 따라서 이 이야기를 듣게 되는 주된 청중은 그리스도인들이다.

둘째, 이 책에서 다루는 고통은 심각한 질병이나 육체적 고통과 관련된다.[11]

우리는 고통으로 인해 여러 상처와 어려움을 겪는다. 육체의 고통은 우리의 삶 전반에 영향을 미친다. 즉 감정적 영역으로부터 사회적 관계에 이르기까지, 직장생활에서 여가생활에 이르기까지, 사적인 영역에서 공적인 영역에 이르기까지 광범위한 영역에 걸쳐 영향을 미친다. 이 모두에서 우리는 고통을 육체적 고통과 적절히 연관 지어 다룰 수 있다. 이어 우리는 다음과 같은 질문을 던질 수 있다.

그리스도인들은 무엇을 통해 굴곡진 인생에서 고생과 고통의 계곡을 넘어갈 수 있는가?

이 책의 내용이 모든 종류의 고통에 적용되기를 바라고 또 그럴 수 있다고도 생각한다. 이 책에서는 비록 육체적 고통에 초점을 맞추긴 하지만, 이것에만 국한하지 않고 여러 다른 고통의 상황(가정 폭력 등)에 부닥친 그리스도인들에게도 실제로 그 연관성을 통해 도움이 되기를 바란다.

이 책이 많은 사람에게 그들이 겪는 고통이 어떤 것이든 잘 견뎌내도록 도움이 되기를 바란다. 하지만 이 책의 주제에 초점을 맞추고자 대화의 범위를 제한하고자 한다. 다양한 모습의 고통과 연관된 폭넓은 주제들은 이 책에서 다루지 않을 것이다. 육체적 고통과 연관된 문제들에만 초점을 맞출 것이다. 이와 함께 육체적 고통이라는 특정 렌즈를 통해 고통의 문제에

---

11 기독교 전통에서 치유와 고통에 대한 질문들에 대한 놀라운 견해에 관해서는 다음의 책을 참조하라. Amanda Porter field, *Healing in the History of Christianity* (New York: Oxford University Press, 2005).

접근함으로, 인간이 지닌 육체성을 강조하면서 기독교 신앙에 대한 이해에 있어 새로운 시야를 제공해 줄 것으로 기대한다.

다음 장에서 우리는 고통의 문제에 대해 쉽게 결론 내는 답변이 지닌 한계와 함께 마음의 평화를 추구하는 갈망과 무엇인가 잘못되었다는 염려 사이에 놓인 긴장 상태에 대해 살펴볼 것이다. 다음으로 우리는 **몸으로 구현된(embodied)** 창조물의 의미와 이것이 우리 자신, 우리의 기대, 심지어 창조주와 어떤 관계를 맺는지에 대해 알려 주는지를 검토할 것이다. 우리 몸이 지닌 가치에 대한 의문은 참된 기독교적 영성을 몸으로 구현하는 데 심각한 걸림돌이 되어 왔다. 그리고 이러한 오해는 고통의 문제를 약화함으로 더욱 강해진다. 우리는 나사렛 예수에게서 드러난 하나님의 놀라운 모습으로 방향을 돌릴 것이다. 이를 통해 우리가 지닌 고통의 경험을 참된 기독교적인 방식에 따라 새로운 방향으로 이해하게 될 것이다.

우리는 그리스도의 몸 일부를 구성하는 사람들이 함께 살아가는 인생에 대해 살펴볼 것이다. 그리스도인은 믿음, 소망, 사랑으로 구성된 삶을 살고 있다. 여기서 우리는 기독교 제자도의 패턴을 발견하게 된다. 기독교 제자도는 진정한 투쟁(genuine struggle), 공동체적 지원(communal support), 변형적 애정(transformational affection)을 수반한다.

우리는 기독교 공동체 안에서 분투하고 휴식을 취할 수 있다. 다음으로 나는 고통과 고백의 장소에 대해 살펴볼 것이다. 놀랍게도 고백은 특히 육체적인 고통을 겪고 있는 이들에게는 생명을 제공하는 필수요소이다. 여기에서 고백과 공동체는 함께 우리를 그리스도에게로 인도한다. 결론적으로 목회적 성찰(pastoral reflection)은 고통받는 사람이나 그들을 돌보는 사람들에게 실제적인 도움이 된다는 점이다.

이 모든 요소가 어떻게 함께 작용하는지를 이해하기 위해서 우리는 다양한 영역을 살펴볼 것이다. 산 정상에 설 때야 비로소 산 전체가 지닌 아름다움을 볼 수 있기에 우리는 길을 따라 올라가야 하고 결국 정상에 올라 그 신비한 아름다움을 마주하며 감탄하게 될 것이다.

제2장

고통의 이유에 답하지 마라
(Don't Answer Why)

> 대부분 사람은 병이 아니라 잘못된 치료 때문에 죽는다.
> - 몰리에르(Molière), 『수전노』(*The Miser and Other Plays*).

> 나의 유리함을 주께서 계수하셨사오니
> 나의 눈물을 주의 병에 담으소서
> 이것이 주의 책에 기록되지 아니하였나이까
> (시 56:8).

> 세상은 실재하는 모든 것이다. …
> 말할 수 없는 것에 관해서는 침묵해야 한다.
> - 루드비히 비트겐슈타인(Ludwig Wittgenstein),
> 『논리-철학논고』(*Tractatus Logico-Philosophicus*).

나는 이 세상에 악과 고통이 실재하는지에 대한 문제를 논의할 필요를 느끼지 못한다.

과연 누가 악과 고통의 실재를 부인할 수 있겠는가?

악과 고통의 실재를 인정하기에 우리는 하나님의 존재에 대해서도 증명하지 않을 것이다. 하나님의 실재를 확증하는 것과 인간의 고통을 인정하는 것, 이 두 문제가 서로 충돌된다고 생각하지 않기 때문이다. 우리는 이 두 문제가 모두 실재한다는 관점에서 논의를 진행할 것이다.

우리는 하늘과 땅을 창조하신 여호와를 믿는 자들로서 비극적이며 가슴 아픈 고통에 직면할 때 겪게 되는 아픔의 실재를 인정한다. 여기서부터 시작하는 이유에 대해 일부 설명하고자 우리는 먼저 고통이 실재하는 상황에서 신정론(theodicy, 하나님의 선하심을 변호)이 필요하지 않은 이유를 검토할 것이다. 이를 통해 고통받는 사람들을 섬기는 사역이 개선되고 발전되기를 바란다.

1. 철학자들이 침묵해야 할 때

고트프리트 빌헬름 폰 라이프니츠(Gottfried Wilhelm von Leibniz, 1646-1716)는 "신정론"(Theodicy)이라는 유명한 논문을 작성했다. 이 연구에서 그는 하나님의 완전하심과 악의 문제 사이에서 조화를 시도한다. 신정론은 일반적으로 인간의 불행과 전능하고 선하며 지혜로우신 하나님 사이에 존재하는 긴장 관계를 해결하고자 한다.

완전하신 하나님이 살아계시는데 어떻게 이 세상에는 이토록 수많은 고통이 만연하는가?

1755년 사흘 만에 수만 명이 죽은 리스본 지진(Lisbon earthquake)이 발생하고 나서 몇 년 후 볼테르(Voltaire)는 고통의 문제를 철학적으로 풍자하는 『깡디드』(Candide)를 저술했다. 이 책에 등장하는 판글로스 박사(Dr. Pangloss)는 라이프니츠의 철학을 묵상한다. 주변에서 일어나는 끝없는 불의와 비참한 상황 속에서 팡글로스가 계속 반복하는 내용은 이것이 **"어떤 세상에서든 최선"**(best of all possible worlds)이라는 점이다. 이 작품에서 라이프니츠의 "신정론"을 평가하고 있는데 좋게 보면 순진하지만 나쁘게 보면 어리석은 생각이라고 말하고 있다.

라이프니츠는 고통의 문제가 선하신 하나님의 존재를 논리적으로 부정하는 것은 아니라고 설득하기는 하지만, 그렇다고 그의 신정론이 예수 그리스도와 성부 하나님에 대한 기독교 신앙을 잘 설명하고 있다고 할 수는 없다. 예수 그리스도가 십자가에 달리셨던 골고다에서만이 우리가 가진 모든 의문이 변하여 기독교적인 '하나님의 방식'(the ways of God)을 설명할 수 있을 것이다.

우리가 고통의 한가운데를 통과하고 있을 때 신정론의 내용을 모두 이해한다고 해도 그 철학적인 설명은 공허하게 들릴 뿐이다.[1] 철학적으로 고통의 문제를 신중하게 분석할 필요는 있겠지만, 이는 고통받는 사람에게는 또 다른 문제일 수 있다. 임상적 고찰(Clinical Reflection)은 실제로 슬퍼하고 아파하는 사람에게는 오히려 더욱 큰 고통을 가져다줄 수 있다. 이처럼 신정론은 학교에서 이론적으로 신중히 주목하고 탐구할 필요가 있을지는 모르나 실제로 고통받는 사람에게는 아무 의미가 없을 수 있다.

현대 미국의 위대한 철학자 중 한 사람인 앨빈 플랜팅가(Alvin Plantinga)는 그리스도인으로서 믿음, 악, 인간의 문제 등과 관련된 주요 주제들을 광범위하게 다루는 지성적인 글들을 써왔다. 그는 악의 문제로 인해 하나님의 존재를 배제하거나 부인할 수 없다고 하면서도 '인식의 문제'(problem in thought)와 '삶의 문제'(problem in life) 사이에는 분명한 차이가 있음을 지적한다.

---

[1] 누군가 신정론을 의미 있게 생각한다면, 이는 그의 기독교 신앙에 대한 불필요한 장애물을 없애기 위한 것임을 인정해야 한다. 여러 신정론에 대한 간결한 검토로는 Richard Rice, *Suffering and the Search for Meaning: Contemporary Responses to the Problem of Pain* (Downers Grove, IL: IVP Academic, 2014)을 참조하라.

"유신론자에게 고통과 불행은 문제일 수 있지만, 논리적인 문제는 아니다."

대신 유신론자는 고통과 불행으로 인해 실존적이고 신앙적인 어려움과 마주하게 된다.[2]

플랜팅가는 본인이나 사랑하는 사람이 큰 슬픔을 당하게 되었을 때 하나님을 믿는 신자일 때 자신의 믿음을 지키는데 상당한 어려움을 겪게 된다고 주장한다.

"개인적으로 큰 고통이나 불행과 마주친 신자는 하나님을 대적하거나 심하게 항의하거나 심지어 하나님을 믿는 믿음을 포기하라는 유혹을 받을 수 있다."

고통으로 인해 하나님을 부인하게 되면 문제는 주로 지적인 차원이 아니라 다른 차원에서 발생한다. 따라서 이는 철학적인 설명이 아니라 목회적 돌봄(pastoral care)이 필요한 문제가 된다.[3] 고통 가운데 있는 사람들이 던지는 의문은 학문적인 차원에서 다루어져야 할 것 같지만 실제로는 그렇지 않다. 정말 문제가 되는 것은 이론적인 호기심 정도가 아니라 죄책감, 소외, 두려움, 하나님에 대한 왜곡된 시각 등과 같은 현실적이고 실존적인 문제들이다.

'인식의 문제'가 아니라 '삶의 문제'가 발생하면 사람들은 다르게 보고 다르게 생각하게 된다. 존 S. 파인버그(John S. Feinberg)는 수년간 악의 문제를 철학적·신학적으로 연구해온 학자이다.[4] 하지만 그의 아내가 헌팅턴

---

[2] Alvin Plantinga, *God, Freedom, and Evil* (New York: Harper & Row, 1974), 63.
[3] Plantinga, *God, Freedom, and Evil*, 63-64.
[4] John S. Feinberg, "A Journey in Suffering: Personal Reflections on the Religious Problem of Evil", in *Suffering and the Goodness of God*, ed. Christopher W. Morgan and Robert A. Peterson (Wheaton, IL: Crossway, 2008), 213-37. 파인버그의 작품을 통해 플랜팅가를 참조하였다. Feinberg, *Where Is God? A Personal Story of Finding God in Grief and Suffering* (Nashville: Broadman, 2004). 최근의 연구로는 철학자 더글라스 그루투이스(Douglas Groothuis)의 "When Island of Meaning Sink Beneath US", in *Christianity Today* 59, no. 9 (November 2015), 50-55를 참조하라.

무도병(Huntington's Chorea, 뇌 신경 세포의 조기 악화를 가져오는 희귀한 유전병-역자 주)에 걸려 투병하게 되자 그의 생각이 바뀌었다. 그의 아내는 시간이 지날수록 증세가 심해지면서 자기 몸을 제대로 통제하지 못하였고 공황 상태를 경험하고 기억까지 상실해 버렸다. 육체적으로뿐 아니라 정신적으로도 큰 상처를 입어 환각과 편집증, 조현병까지 겪었다. 더욱 염려되는 문제는 자녀들에게도 엄마의 병이 유전될 수 있다는 사실이었다.

악과 고통의 문제에 대해 상세한 답변과 훌륭한 연구를 해 왔던 파인버그 그의 책과 글들은 자신의 아내가 투병하면서 겪어야 했던 고통과 어려움에는 참된 위로가 되지 못했다. 이제까지 다루어왔던 인간과 악의 문제에 관한 그의 연구 결과는 소망이나 참된 안식이 될 수 없었다.

그의 철학적 분석은 물론 잘못된 것은 아니었지만 파인버그 자신과 그 가족이 겪는 고통에는 진정한 안식처가 되어주지 못했다. 그들이 겪어야 했던 측량할 수 없는 깊은 슬픔은 목회적 돌봄이 필요한 문제였다. 이런 고통의 시기에 그들 주위에서 묵묵히 함께해 주는 이웃들의 존재가 큰 힘이 되었다.

이웃들이 보여 준 인격적인 따뜻함과 친절한 마음은 파인버그와 그의 가족이 하나님의 선하심과 사랑을 바라보도록 도와주었다. 결과적으로 그들은 고통 가운데 논리적인 추론을 통한 냉철한 결과보다는 하나님의 임재로 인한 따뜻한 마음과 사랑이 절실히 필요했던 것이다.

2. 교회가 고통에 응답하는 방식

존 스윈튼(John Swinton)은 그의 뛰어난 저서인 『연민과 함께 일어나는 분노』(Raging with Compassion)에서 하나님의 존재와 그분의 입장을 정당화하면서 악과 고통의 문제를 설명하려는 시도는 고통받는 사람들에게는 실제로 도움이 되지 못하고 오히려 문제가 될 수 있음을 잘 보여 준다. 신정론에서 다루는 '하나님을 정당화'(Justification of God)하는 문제는 사실 정통 기독교에서가 아니라 인간의 이성과 과학에 최고의 가치를 부여하는 계몽주의 운동에서 시작되었다. 그 영향으로 인해 그리스도인들조차 하나님을 계몽주의 방식으로 정당화하고 변호하고자 해 왔다.[5] 이런 계몽주의 방식은 어떤 의문도 가능하지만 이에 대한 답변이나 결과는 다음과 같은 몇 가지 필요조건을 충족해야 했다.

(1) 학자들은 비평적이되 중립적인 입장으로 작업하는 것
(2) 서구 학계에서 인정받는 이성과 정의라는 기준으로 명쾌히 이해하는 것
(3) 적용 가능한 보편적인 법칙을 만드는 문제와 연관된 모든 요소를 이해하는 것

이러한 계몽주의 방식은 전통적으로 내려오던 의문과 문제에 대한 접근 방식을 크게 왜곡시켜버렸다. 신구약성경은 우리를 곤경에 처하게 하는 고통, 고난, 악이 승리하고 하나님이 부재하신 것처럼 보이는 삶의 문제들에 대해 깊고 어려운 의문들을 던진다. 특별히 시편에서 이러한 모습을 분명하게 확인할 수 있다. 시편은 탄식(lament)과 고통에 대한 다양한 모범을 보여 주는데 기독교 정통 신학은 바로 이 방식을 따른다.

어거스틴과 같은 신앙의 선조들은 선하고 은혜로운 주권자가 다스리는 이 세상에서 악의 존재에 대해 광범위하게 기술해 왔다. 하지만 그들의 방식은 계몽주의가 요구하는 대로 객관적이거나 중립적이지 않으며 하나님을 인간의 생각에 맞추는 하나의 퍼즐에 불과한 존재로 다루지 않는다. 그들은 믿음을 출발점으로 삼아 인생의 여러 의문에 접근하며 그로 인해 삶

---

5 John Swinton, *Raging with Compassion: Pastoral Responses to the Problem of Evil* (Grand Rapids: Eerdmans, 2007), 32-45.

의 문제는 더욱 깊고 어려워지기도 한다.

예를 들어 알래스데어 맥킨타이어(Alasdair MacIntyre)는 그리스도인들이 악의 문제를 계몽주의 사상가들처럼 분명 심각하게 보았음에도 왜 이런 문제가 이전에는 "믿음의 장애물"로 여겨지지 않았는지에 대해 의구심을 가진다.[6] 어거스틴과 볼테르의 차이는 신자를 쉽게 믿는 사람이나 천박한 사람으로 보고, 한편으로 불신자를 신자보다 논리적인 사상가로 보는 것에 있지 않다.

계몽주의가 발생한 18세기는 4세기에 모르고 있던 지성적 퍼즐의 새로운 조각을 발견한 것이 아니었다. 중요한 차이는 기대(expectation)와 가설(assumption)이 재구성되었다는 점이다. 18세기 사람들은 다른 관찰 대상처럼 하나님을 현미경과 같은 도구로 탐구할 수 있는 존재라고 생각했기에 이성을 통한 합리화를 추구했다. 물론 계몽주의 이전의 방식이 완벽하기에 단점이 없다고 말하는 것은 아니다. 하지만 계몽주의 이후에 일어난 이런 변화의 결과로 이해의 한계를 이제는 솔직히 고백하기가 어려워져 버렸다.

현재 우리가 모르고 있는 무언가가 있다면 이는 찾아야만 하는 해답이나 답변이 반드시 있다는 의미가 된다. 계몽주의 이후 유럽은 초월적 실재들조차 당시의 개념과 인지 가능한 법칙으로 충분히 탐구할 수 있다는 생각을 가지게 되었다. 하지만 고통당하는 인생들로 가득 찬 시편은 우리에게 논리적 답변이나 보편적 법칙을 제공하지 않는다.

그렇다면 시편에서 우리는 과연 소망을 발견할 수 있는가?

그렇다. 시편에서 우리는 소망을 발견한다. 하지만 우리가 당하는 고통에 대한 답변이 있는 것은 아니다. 시편은 우리를 하나님에게로 향하게 하

---

6 Alasdair MacIntyre, "Is Understanding Religion Compatible with Believing?", in *Rationality*, ed. Bryan R. Wilson (Oxford: Basil Blackwell, 1977), 62. Swinton, *Raging with Compassion: Pastoral Responses to the Problem of Evil*, 34에서 재인용. 또한, Kenneth Surin, Theology and the Problem of Evil (Eugene, OR: Wipf & Stock, 2004). Stanley Hauerwas, *Naming the Silences: God, Medicine, and the Problem of Suffering* (Grand Rapids: Eerdmans, 1990), 39-58.

며 소망이 인간의 지적 능력에 있지 않고 하늘과 땅을 만들고 구속하신 하나님에게만 있음을 확인시켜준다.

과거에는 신자들이 악과 고통의 실재에 대한 문제를 충분히 이해할 수 있었다. 하나님의 백성으로서 그들은 할 수 있다면 악에 대항했으며 끝내 극복하지 못하는 문제와 상처로 인해 슬퍼하고 탄식했다. 앞으로 살펴보겠지만 슬픔과 소망은 신자들의 고통에 대한 답변의 일부였다. 악의 문제는 계몽주의 이전의 신자들에게는 그리 어려운 이론적·철학적인 문제가 아니었으며 "기독교 공동체에 대한 실천적인 도전"(practical challenge for the Christian community) 정도로 인식되었다.[7]

우리는 하나님과 떨어져 있는 이 세상에서 과연 어떻게 살아야 하는가?

과거에 그리스도인들은 은혜, 하나 됨, 약속으로 함께 살아가는 여러 실천적인 방법을 통해 고통의 문제에 답변해 왔다. 이러한 방식들은 이론적이지 않았으며 사실 모두 동일한 답변을 하고 있었다. 그렇다면 이제 다른 의문들이 생긴다.

"왜 악이 존재하는가?"

이 의문에 대해 당신은 여러 이론 중 하나를 선택할 수 있을 것이다.

하지만 이 문제 대신에 "어떻게 살아야 하는가?"

이를 질문한다면 이에 대해 만족스러운 답변을 할 수 있는 이론은 찾기 힘들 것이다. 바로 고통의 문제는 이론적인 것이 아니라 실천의 문제이기 때문이다.

예를 들어, 욥기 3장에서 욥은 자신이 당하는 고통의 상황에 대해 마음이 무너지는 탄식으로 답변하고 있다. 하지만 욥은 혼자가 아니라 아내와 친구들과 친밀한 관계 속에서 탄식한다. 아내와 친구들이 보는 앞에서 욥은 창조주이자 구속주에 대한 자신의 믿음을 보여 주는 방식으로 하나님에게 탄식을 쏟아낸다.

---

[7] Hauerwas, *Naming the Silences*, 52.

성경의 다른 구절들에 나와 있는 탄식도 불안, 고통, 복잡한 감정과 함께 오는 두려움, 하나님에 대한 확신과 같은 여러 요소가 결합되어 있는 모습으로 나타난다. 욥기에서 하나님은 현존하고 강하고 지혜롭고 선하신 분으로 묘사된다. 고통의 현실에서는 하나님이 함께 고려되어야 한다.

욥기에 등장하는 인물들은 거룩하고 그 거룩함이 자비와 은혜로 나타나시는 하나님을 향한 믿음을 가지고 있다. 하나님의 자비와 긍휼, 이 두 속성은 서로를 충분히 설명해 주며 결코 충돌되지 않는다. 욥기의 인물들은 이 세상의 삶에서 하나님의 존재를 부인하지 않으며 그들 가까이에서 그들이 처한 상황에 마음을 두고 함께하는 분으로 하나님을 이해한다. 이런 세계관을 가지고 있기에 그들은 탄식을 고통에 대한 답변으로 생각할 수 있었다.

계몽주의의 영향으로 그리스도인들은 하나님을 사랑의 아버지이자 약속을 지키시는 주님이 아닌 인간 정신의 결과물 정도로 보려는 유혹을 받곤 한다. 볼테르와 같은 불신자들의 추상적인 사고방식을 수용한 그리스도인들은 이제 하나님이 역사 안으로 실제로 들어와 개입하신다는 신학적 기반을 상실해 버렸다.

이런 사고방식은 일그러진 렌즈처럼 사람들이 하나님과 악을 바라보는 방식을 바꾸어 버렸다. 하나님에 대한 정당화와 고통에 대한 답변의 필요성으로 인해 하나님의 방식을 설명하려는 그리스도인들의 시도는 특히 목회적 상황에서 더욱 왜곡되곤 한다. 이에 대해 스윈톤은 세 가지를 강조한다.[8]

---

[8] 스윈톤은 자기 방식대로 세 가지를 언급하고 있다. 그의 책 *Raging with Compassion*, 17-29을 참조하라.

첫째, 이러한 설명은 악을 세상 일부로 통합시키려 하기에 악을 고백하고 지적하는 대신에 악을 정당화하거나 합리화시켜 버린다. 그리스도인들이 이런 방식으로 하나님을 변호하게 되면 악이나 고통은 그리 나쁘지 않은 것으로 인식되는 문제가 발생한다.

둘째, 신정론을 목회적 돌봄(pastoral care)을 위한 것으로 잘못 인식하게 되면 고통받는 자는 침묵하며 입을 다물게 된다. 이런 추상적인 관념은 고통받는 자와 함께하며 그의 소리를 들으며 동정하고 위로하기보다는 오히려 쓸모없고 정확하지 못한 설명으로 상처받은 자를 더욱 실망하게 할 수 있다. 이는 의도하든 아니든 상처받은 자에게는 또 다른 폭력이 될 수 있다.

셋째, 악이 왜 발생했는지 그 이유를 정당화하고 설명하려는 시도는 참된 위로를 주기보다는 오히려 고통을 더욱 악화시켜서 악 자체가 되어 버린다.

얼마나 많은 목회자나 친구가 선한 의도를 가지고 자신들도 모르는 하나님의 목적을 입에 담으면서 이웃이나 친구가 당한 사망이나 질병 등 여러 고통의 상황을 설명하려고 하는가?

누가 과연 이런 일들이 왜 일어났는지 그 이유를 정확히 알 수 있겠는가?

많은 사람이 우리가 당하는 고통의 이유에 관해 설명하려고 한다. 즉 우리가 당하는 고통에는 교회를 부흥시키려는 하나님의 선한 뜻이 있다거나 우리를 돌봐주는 간호사나 주변 사람들에게 복음을 전할 기회를 얻어 전도하기 위해서라거나 아니면 개인적으로 겸손을 배우게 하시려는 목적이 있다는 설명을 하곤 한다. 하지만 사실 고통이 왜 우리에게 주어졌는지 잘 알지도 못하면서 우리는 이러한 설명을 너무 쉽게 한다.

하지만 우리는 고통의 미스터리에 대한 하나님의 뜻을 알 수 있는 위치에 있지 않다.

앞에 든 예에서 간호사가 후에 자신의 신앙을 포기하거나 교회의 부흥이 단기간에 끝나 버린다면 우리는 과연 어떻게 이에 관해 설명을 덧붙일 것인가?

우리의 믿음을 이처럼 결과물에 의존하게 된다면 이는 우리가 생각하는 것보다 훨씬 더 위험한 결과를 초래할 수 있다. 이러한 설명은 나중에 좋은 결과로 이어지면 고통을 무효로 하거나 정당화할 수 있다고 강변하지만, 사실은 그렇지 않다. 비록 이런 과정을 통해 조금의 통찰력을 얻게 될 수는 있어도 비극은 여전히 비극이고 아픔과 고통은 여전히 아픔이요, 고통일 뿐이다. 우리는 하나님이 이 세상의 고통을 허용하는 분명한 이유가 있으리라는 소망을 가질 수는 있다. 그러나 우리가 왜 고통을 당하는지에 대한 이유를 찾을 수 있다고 생각해서는 안 될 것이다.

3. 고통의 이유에 답하지 마라, 듣고 사랑하라

목회자와 친구들은 우리가 당하고 있는 고통을 설명하거나 그런 일이 왜 일어났는지 그리고 이로 인해 얻게 되는 도덕적인 교훈이 무엇인지를 알려 주는 사람들이 아니다. 우리는 이에 대한 자세한 정보를 가지고 있지 않다. 하나님이 우리의 고통을 선하게 인도하시지만, 그분이 왜 고통을 주셨는지를 정확히 알 수는 없다. 이는 하나님이 우리의 고통이 선하다고 생각하신다는 고백을 하는 것과도 다른 문제이다.

만약 하나님이 우리가 당하는 육체적 고통을 본래 선한 것으로 생각한다고 믿는다면, 우리는 창조주와 구속주를 오해하고 있는 것이며, 하나님을 사랑의 아버지가 아니라 냉철한 과학자나 무자비한 군주와 같은 존재로 보는 잘못된 생각에 빠지는 것이다. 타락한 이 세상에서 하나님은 우리의 아픔과 고통 가운데 일하시지만, 이 사실이 우리의 고통을 하나님이 기뻐하신다는 의미가 될 수는 없다. 또한, 우리의 탄식을 이론적으로 합리화할 수 있다는 의미도 아니다.

우리는 모두 육체적 고통과 질병, 아픔의 시간을 가진다. 이 고통의 시간에 우리는 왜 이런 일이 일어났는지를 정당화하는 철학적 이론이 필요한 것이 아니다.[9] 우리의 고통을 진정으로 이해해 주는 따뜻한 말과 듣는 귀가 필요할 뿐이다. 이런 말과 귀로 인해 고통과 상처를 가진 사람들은 자신의 연약함과 여러 의문 가운데서도 이를 잘 통제해서 믿음, 소망, 사랑을 가지고 살아가는 것이다.

인생 가운데 행하시는 하나님과 그의 사역을 이해하려면 우리의 연약함, 어리석음, 고통이 지닌 미묘함을 잘 이해하고 다루어야 한다. 이는 계몽주의 이후의 문화가 하나님에 대한 생각을 왜곡시켜버렸다는 점과 우리를 사랑하는 주님과 함께 이 고통스러운 세상에서 살아가는 것이 어떤 의미가 있는지를 재평가하게 한다.

우리는 사람들이 예수님과 그분의 나라를 바라보도록 하는 것이 어떤 의미가 있는지를 새롭게 배울 필요가 있다. 슬로건이나 손쉬운 해결책, 피상적인 답변과 같은 것이 아닌, 병자들을 고치고 십자가에 달려서 인간의 고통과 죽음을 직접 체험하셨던 하나님의 아들인 예수님의 심오한 구속의 사랑을 사람들이 바라보도록 해야 한다. 예수님의 삶, 죽음, 부활은 우리가 사는 세상, 우리가 있는 자리, 우리가 당하는 고통, 신앙의 대상이신 하나님을 바라보는 방식을 계속 재구성하게 한다.

4. 목회적 감수성과 신학적 본능의 개발

이 책이 개인적인 아픔이나 고통과 씨름하고 있는 당사자뿐 아니라 그들을 사랑하며 그들과 함께하는 사람들에게도 도움이 되기를 바란다. 삶의 커다란 시련에 직면한 사람들을 사랑하려면 그리스도인들은 목회적 감

---

[9] 철학적 이론들이 도덕적 감수성을 가지고 함께 듣고 울고 안아주는 사회적인 지혜로 전개되는 지혜의 길과 밀접하게 연결된다면 실제 이 상황에 도움이 될 수 있다. 지혜롭고 따뜻한 상담자들에게는 그들의 인정(humaneness)이 냉철한 철학에 종속되지 않는다. 하지만 이는 생각보다 훨씬 어려운 일이다.

수성(pastoral sensitivity)과 신학적 본능(theological instincts)을 개발해야 한다.

이를 위해서는 두 가지, 공감(empathy)과 정통(orthodox)의 개념이 필요하다. 사랑과 진리는 서로 분리된 별개의 것이 아니다. 다정함과 신념은 함께하면 생명의 역사를 일으키지만 떨어지면 재앙이 될 수 있다. 그렇다고 모든 삶의 도전에 대해 올바른 답변이 가능한 완전히 균형 잡힌 모습을 발견하는 것이 우리의 목표는 아니다.

그리스도인은 선지자와 사도들을 통해 오랜 세월 전해져온 "예수 그리스도 안에 있는 믿음과 사랑"을 체험한 이들이다(딤후 1:12-14). 성경의 진리를 소중하게 생각할 때 우리는 그리스도에 대한 복음 가운데서 안식할 수 있다. 물론 성경의 진리만큼이나 경험도 소중하다.

신학에 대해 올바로 이해하기 위해서는 신학함(doing theology)을 교리로 만들어진 벽돌을 쌓는 건축으로 보기보다는 농부가 작물을 키우는 농사로 볼 필요가 있다. 신학은 생동감 있고 역동적이기에 정체되지 않는다. 오랜 시간 흙을 조사하고 매일 하늘의 구름을 살펴보는 농부처럼 그리스도인은 현명하게 신학적 본능을 개발해서 언제 씨를 뿌리고, 뿌리를 내려, 물을 주고, 성장을 기다리며 놔두어야 할지를 알아야 한다. 계절이 시작될 때마다 농부는 새로운 도전 속에서도 추수의 약속을 기대한다.

오랫동안 익숙해져 버린 신학적 본능을 개발하기는 상당히 어렵다. 당신이 농부라면 흙 속에 직접 손을 넣어보아야 한다. 작물의 성장에 영향을 미치는 요소들이 무엇인지도 찾아야 한다. 전문적 훈련을 받지 못한 아마추어들은 알지 못하는 여러 복잡한 요소가 작물의 성장과 상태를 결정한다.

내리쬐는 태양에 얼마나 작물이 노출되고 보호가 필요한지?
흙 속에는 어떤 것들이 있는지?
질소가 부족하니 비료를 주어야 하지는 않은지?
뿌리가 내리는 곳에 깊게 박힌 돌이 작물의 성장을 막고 있지는 않은지?

비가 너무 많이 내리거나 적게 내리지는 않는지?
모두 자란 작물을 먹어 치우는 굶주린 동물들이 주위에 있지는 않은지?
좋은 환경이든 나쁜 환경이든 여러 환경적 요소들이 식물에 어떤 영향을 미치는지?

계절마다 바뀌는 여러 위험요인이나 기회가 어떤 것들인지를 알고 있어야 하며 취득한 정보가 있다면 이에 따른 적절한 조치를 취해야 한다. 농부가 변화하는 환경에 이처럼 민감하게 대응하지 않고 매번 같은 방식으로 농사를 짓는다면 이는 어리석은 행동일 뿐 아니라 결국에는 열매도 거두지 못하게 될 것이다.

고통의 신학(theology of suffering)을 개발하고자 한다면 우리는 고통에 대해서만 간단히 언급하는 것으로 그쳐서는 안 된다. 심지어 관계없어 보이는 다른 입장에서도 신학적·교리적 내용을 심도 있게 고민하고 검토해 보아야 한다.

고통과 타락의 문제를 고민하고 있는가?
그렇다면 신학적으로 선한 창조의 문제도 함께 고려해야 한다.
개인적인 두려움에 대해 고민하고 있는가?
그렇다면 공동체가 지닌 형이상학도 고려해야 한다.
부활과 소망을 신뢰하고 있는가?
그렇다면 십자가, 비극, 고통도 함께 고려해야 한다.

우리의 신학적 본능을 개발하는 것은 아주 중요한 일이다. 우리가 걷고 있는 인생의 어두운 길을 밝히 비추는 데 도움이 되기 때문이다. 우리는 인생의 길을 걸으면서 이미지를 생각하고, 노래를 부르며, 침묵해야 한다. 하나님은 우리와 동행하시며 들으시고 우리의 삶에 참여하신다. 이로 인해 우리는 목회적 감수성(pastoral sensitivity)의 문제로 다시 돌아가게 된다.

신학은 단지 인생의 의문이나 질문에 대한 답변을 그대로 반복하는 것이 아니다. 신학이 농부가 농사지을 흙을 살피는 것과 같다는 것을 알게 될 때 우리는 다른 사람들을 제대로 돌볼 수 있다. 훌륭한 농부는 책에서 발견하는 이론적 가르침뿐 아니라 그가 직접 만질 수 있는 흙에도 주의를 기울이도록 훈련받는다. 그는 책에서 흙, 필수 영양분, 추가 요소들, 재배 방식에 대한 지식을 얻을 수는 있다. 하지만 책으로 충분하지 않다. 지역마다 흙이 다르기에 농사를 성공적으로 짓기 위해서는 결국 흙의 성분이 무엇인지 직접 조사해야 한다.

이처럼 각 사람은 서로 다른 환경에서 자라왔다. 그 환경마다 각기 다른 도전과 요구가 있었고, 다른 장점과 매력을 지니고 있다. 성공적인 사랑을 하는(loving well) 사람은 자신이 처한 환경에 대해 어떤 답변이 필요하고 적절한지를 발견한다(유 1:22-23). 여기에서 신학적 본능과 목회적 지혜는 하나가 된다.

목회는 교회에서 사역하고 그 대가로 돈을 받는 것으로 그치지 않는다. 기독교 역사에서 목회적 은사를 가진 사람들—여성이든 남성이든, 안수를 받았든 아니든, 어린이든 나이가 들었든, 부유하든 가난하든—은 다른 평범한 그리스도인들을 성공적으로 섬겨 왔다. 이런 의미에서 목회는 현명한 조언과 함께 필요한 지침을 제공함으로 동료 신자가 자기 이웃을 사랑하고 하나님 나라를 섬기도록 하나님의 충만한 은혜와 사랑으로 도와주는 것을 의미한다.

그래서 목회적 지혜(pastoral wisdom)는 단지 신학적 지식만이 아니라 목양하는 능력을 요구한다. 이를 위해서는 먼저 돌보는 양을 알아야 할 필요가 있다. 즉 당신이 상대하는 사람을 알아야 한다. 진부한 소리로 들릴지 모르지만, 천편일률적으로 영혼 없이 기계처럼 반응하는 모습에서 탈피해야 우리는 비로소 진심으로 다른 사람들을 돌보며 목양할 수 있다. 사람들과 그들의 문제, 문제의 복합성과 그 이야기들을 이해하기 위한 신학적인 대체물은 없다.

일반화할 수는 없지만, 농사에 관해 책을 읽는 것과 농사를 실제로 짓는 것에는 엄청난 차이가 있다. 목양에 관한 책을 읽는 것과 목양을 실제로 하는 것 사이에도 큰 차이가 있다. 신학을 잘하기 위해 우리는 무엇보다 사람을 사랑해야 한다. 이 점에서 우리는 신학(하나님 연구)만이 아니라 인간론(인간 연구)에도 관심을 가져야 할 필요가 있다. 목회적 지혜와 신학적 본능은 함께하고 서로 섬기며 공존하는 동반자의 관계인 것이다.

　신학적 본능의 개발이 없는 목회적 지혜는 단지 도덕주의나 심리적 문제로 빠져버린다. 목회적 지혜가 모자란 신학적 사고는 사랑과 은혜에 대해서 구체적인 표현이 모자란 엄격하거나 무자비한 원칙으로 변질되어 버린다. 이 둘 가운데 하나만을 선택하는 어리석음을 범하지 말아야 한다. 우리가 서로를 이해하고 돌보며 성장을 도모하는 것처럼, 하나님에 대한 지식과 사랑 안에서 균형 있게 성장해야 한다. 정통(신학)과 사랑은 항상 함께하는 동반자임을 기억할 필요가 있다.

제3장

갈망과 탄식
(Longing and Lament)

> 나의 영혼이 잠잠히 하나님만 바람이여 …
> 나의 영혼아 잠잠히 하나님만 바라라
> (시 62:1, 5).

시편에서 탄식의 시는 절망의 순간 우리 마음의 가장 어두운 곳에서 나온다.
시를 읊조리며 믿음의 한계를 넘어 우리 안에 소망조차 품을 수 없는 매우 비참한
고통의 순간 우리를 사랑하는 예수 그리스도 안에서 탄식의 시를 우리와 함께
나누시는 하나님에 대한 소망을 확인해 주는 성경의 전통에 서게 된다.
이로 인해 교회는 탄식을 통해 성경에서 말하는 실천의 모습을 회복한다.
- 낸시 J. 더프(Nancy J. Duff),
"교회에서 실천으로 탄식을 회복하기"(Recovering Lamentation As a Practice in the Church).

> 여인에게서 태어난 사람은
> 생애가 짧고 걱정이 가득하며
> 그는 꽃과 같이 자라나서 시들며
> 그림자 같이 지나가며 머물지 아니하거늘
> (욥 14:1-2).

인생사(Human history)는 하나의 이야기로, 한편으로는 커다란 기쁨, 탁월한 업적, 생명을 낳는 관계에 관한 이야기이고 다른 한편으로는 지루한 일상과 파괴적인 질병, 병든 몸에 관한 이야기이기도 하다. 우리는 우주를 탐사하는 시대에 살고 있지만, 자녀가 백혈병에 걸렸다는 소식을 방금 들은 부모를 위해서는 어떤 말로도 쉽게 위로하지 못한다. 인생은 막다른 골목이나 깊은 계곡보다 험난하며 끝이 없는 사막과 같다. 모든 인생은 육체적 한계, 질병, 슬픔과 탄식을 체험하며 결국 죽음에 이르게 된다.

인생은 빛과 어두움, 화려함과 초라함의 양면이 존재하지만, 인간은 시간 속에서 한쪽 면만을 바라보며 살아간다. 성공하게 되면 어두웠던 시기를 기억하지 못하고, 반대로 심한 고통 가운데서는 삶의 어두운 면만을 바라보게 된다. 상대적으로 안정되고 편안한 시간을 보내는 사람은 이웃이 당한 슬픔을 이해하지 못하고, 이와 달리 이웃의 성공은 고통당하는 사람에게는 더욱 쓰라린 아픔으로 다가오기도 한다.

인생을 단지 고통으로만 볼 수는 없겠지만 필연적으로 인생은 고통을 수반하며 그렇지 않다면 우리는 현실이 아닌 환상 속에서 살아가고 있다고 해도 과언이 아닐 것이다.

우리는 모두 고대 이스라엘이 '샬롬'(shalom)으로 기대했던 풍성한 평화를 깊이 갈망한다. 하지만 이러한 갈망으로 인해 현재 당하는 고통을 인내하는 것이 더욱 힘겨울 수도 있다. 사실 우리는 고통 자체로만 아파하지는 않는다. 고통으로 인해 무엇인가 잘못되었다고 생각하게 되면서 더욱 좌절하고 아파한다.

그러나 세상은 우리의 생각대로 존재하거나 움직이지 않는다. 세상은 결코 선하거나 좋은 것만은 아니다. 우리는 사람들, 인간과 땅, 지성과 심성, 하늘과 땅 사이의 조화가 욕망의 부산물이 아닌 선하고 참된 것으로 알고 있으며 이로 인해 우리는 선한 세상에 대해 기대를 한다. 하지만 선의 부재를 체험하는 현실과의 괴리로 인해 **무너진 세상(the brokenness of the world)**을 아파한다. 이로 인해 사람들과의 관계도 무너진다.

결혼생활에서 자녀가 중병에 걸려 부부 관계가 깨지거나 친구 관계에서 한 친구가 소극적이어서 두 사람의 친밀한 우정이 식어버린 적이 얼마나 많은가?

샬롬에 대한 우리의 갈망은 인생의 어두운 시기에 더욱 강해진다. 어떤 사람들은 이런 갈망을 단순히 우리가 만들어 낸 것을 투영한 소원이거나 고통 속에서 우리가 제정신을 차리도록 해 주는 일종의 소망으로 말하기도 한다. 하지만 인간을 무익한 존재로 생각하는 이런 냉소적인 견해는 고통을 당할 때뿐 아니라 반대로 일이 잘 진행될 때도 우리를 절망에 빠뜨리곤 한다.

그렇다면 샬롬과 혼동, 구원과 고통 사이에는 실제로 어떤 차이가 있는가?

일반적으로 사람들은 인간이 목적, 즉 텔로스(telos)를 가지고 있는 존재라고 믿어 왔다. 우리가 체험하는 조화와 은혜는 **인간의 한계를 넘어서는 보다 큰 이야기**(larger narrative)를 가리키고 있다.

우리는 영원한 샬롬에 대한 갈망을 추구하면서도 그 갈망이 지닌 현재성이나 일시성을 인정할 필요가 있다. 즉 인간의 현재 상태가 지닌 복합성을 충분히 고려하면서 우리는 사랑과 갈망 속에 살아간다. 이로 인해 한편으로 유토피아주의를, 다른 한편으로 절망을 거부하면서 우리는 **"반항적 소망"**(defiant hope)이라는 것을 가지게 된다.

인생에서 사랑은 필연적으로 고통을 수반한다. 이 사실을 깨달은 사람들은 마음을 굳게 닫아버리거나 여러 형태의 자기 파괴를 선택한다. 예를 들어, 유산을 반복하는 부부는 슬픔과 실망으로 아파한다. 그들은 다시 상처받고 실망하지 않기 위해서 생명에 대한 소망을 다시는 가지려 하지 않는다. 그리고 '당신 마음을 보호하라'라는 내면의 소리를 듣는다.

여기에서 마음을 보호하는 것은 소망이나 기쁨이 아니라 마음을 굳게 닫아버려 실망과 고통을 적당하게 느낌으로 상처받은 마음을 보호하는 것이다. 하지만 이는 사실 생명이 아니라 죽음으로 인도하는 결과를 가져온다. 이런 제안은 그들의 마음을 천천히 죽이는 결과를 낳는다. 따라서 그들은 위험을 감수하고서라도 갈망과 소망을 두고 고통과 싸워야 한다.

왜일까?

그 이유는 그들이 사랑하기 때문이다.

다른 사람들을 진정 사랑하는 이들은 인생의 드라마에서 탄식의 합창에 마음을 쏟게 된다.

1. 탄식의 필요성

탄식은 불평, 슬픔, 의문, 혼란, 구원에 대한 욕구, 신실하신 하나님에 대한 기대 등을 한데 묶어 하늘에 전달하는 것이다. 우리의 소망은 탄식이 인간 경험의 전부는 아니라는 것이다. 하지만 이제까지 사랑하며 인생을 살아왔다면 적어도 탄식이 우리 존재의 일부임을 인정할 수밖에 없다. 눈물과 슬픔을 과소평가하는 사람은 지나치게 이상적이거나 사랑이 메마른 사람일 것이다. 냉정하고 무정한 사람만이 병든 몸과 고통에 대해 불평하지 않을 것이다.

따라서 우리가 이제까지 탄식을 못 해봤다면, 정말 우리가 사랑하며 살았는지 자신을 의심해 볼 필요가 있다. 탄식은 성경적으로 우리가 고통 가운데 있을 때 하나님과 교제하는 자연스럽고 필수적인 모습이다. 성경은 탄식이 우리 자신뿐 아니라 세상의 선한 상태가 변질되어 무너지고 깨어져 있음을 드러내는 정직하고 기대되는 표현임을 반복해서 확인한다.

그러나 우리는 탄식과 애도를 자주 불편해하는 경향이 있다. 탄식을 불편하게 느끼는 이유는 성경에서 말하고 있기 때문이 아니라 서구의 문명화(Western civilization) 때문이다. 우리 인생의 최후의 대적인 죽음과 마주할 때조차 서구에 사는 사람들은 추모식에서 슬픔의 표현을 과하다고 생각하거나 불신앙적이라 생각해서 이를 부정하고 억제하려 한다. 그래서 어떤

사람들은 장례식장에서 오히려 밝은 모습으로 인사를 건네면서 검은 옷을 입지 말도록 권하기도 한다.[1]

물론 일반 사람들도 죽음을 넘어서는 마음의 평화, 미래의 재회, 낙원, 새로운 사랑의 장소에 대해 말하곤 한다.[2] 기독교가 역사적으로 탄식을 인정해 왔음에도 일부 그리스도인은 슬픔과 성경적 소망을 서로 충돌하는 개념으로 생각해서 천국에 대한 믿음으로 자신들의 어두운 고뇌를 억누르려 한다. 기독교 신앙을 지닌 내 친구는 미국과 한국의 문화 모두를 경험하였는데 한국의 장례식을 더 선호한다.

한국의 장례식에서는 내면의 슬픔을 심하게 통곡으로 드러내면서 과음도 마다하지 않는다. 많은 사람이 그 슬픔에 동참하고 기꺼이 참여한다. 한국에 살던 어느 날 나와 아내는 집으로 걸어가는 중에 병원 밖에 나와 있는 사람들이 사랑하는 이의 죽음을 통곡하며 울부짖는 소리를 듣게 되었다.

그들은 그리스도인으로 보였지만 한국 문화에서 허용되는 방식으로 자신들의 슬픔을 표현하고 있었다. 서구의 문화적 배경을 지닌 우리 부부에게는 다소 충격적인 모습이었지만 가만히 생각해 보면 생명을 빼앗아간 강도와 같은 죽음과 싸우며 영혼이 통곡하는 모습이 현실로 반영된 것으로 이해할 수 있었다.

어떤 누구도 그들에게 불신자처럼 슬퍼해서는 안 된다고 쉽게 말하지는 못할 것이다. 물론 그리스도인들은 죽음을 이기신 그리스도로 인한 소망으로 인해 죽음에 대해 세상 사람들과는 다르게 생각한다. 하지만 죽음은

---

1 이러한 방식이 여전히 유가족이 할 수 있는 타당한 개인적 선택으로 일부 문화권에서는 받아들여질 수도 있다. 하지만 우리의 문화적 전통에서는 죽음이 괜찮다거나 고통은 아프지 않은 것이라고 해서는 안 된다.

2 구약의 학계에서는 탄식(laments)과 애가(funeral dirges)의 관계에 대한 상당한 논쟁이 있다. 하지만 나는 성경에서는 다양한 방식으로 탄식과 애가가 혼합되어 있고 분명하게 구분할 수 없다는 견해를 따른다. 이러한 논의는 우리의 한계를 넘어선다. 다른 관점에서 개신교 종교개혁의 "믿음에 의한 칭의"(justification by faith)라는 슬로건과 같이, 미국에서는 죽기만 하면 하나님과 다른 사람들과 관계가 올바르게 고쳐진다는 "죽음에 의한 칭의"(justification by death)를 믿게 되었다.

여전히 우리의 커다란 대적이기에 슬픔과 애도는 사랑하는 사람을 상실했음에 대한 적절하고 실제적인 반응이다. 그리스도인들은 우는 사람들과 함께 울고 함께 슬퍼해야 한다.

몇 년 전 자신의 어머니 장례식을 치르면서 유진 피터슨(Eugene Peterson) 목사는 고통으로 마음이 무너져 내려 많은 사람 앞에서 흐르는 눈물을 주체할 수 없었다. 그는 장례식이 끝난 후 안정을 찾기 위해 작은 방으로 들어갔다. 그의 딸도 그와 함께 울고 슬퍼하며 옆에 앉아 있었다.

잠시 후 낯선 사람이 방에 들어와 피터슨 옆에 앉았다. 그는 자신의 팔을 피터슨에게 얹으며 설교자의 톤으로 형식적이고 상투적인 위로의 말을 건넸다. 그리고는 자신이 슬픔에 잠긴 피터슨을 적절하게 위로하고 있다고 확신하는 듯 보였다. 그 방문자가 나간 후 피터슨은 딸에게 몸을 기울여 "나는 누군가에게 저 사람처럼 위로하기를 결코 원치 않는다"라고 말했다. 그러자 그녀는 피터슨에게 아빠는 단 한 번도 그런 적이 없었다고 하며 그를 안심시켰다.[3]

하나님과 건강한 교제를 가지기 위해서는 우리의 상황과 그 상황에 대한 우리의 반응이 정직하고 실제적이어야 한다. 정서적, 영적, 정신적으로 건강한 생활을 하려면 무엇보다 먼저 우리 자신에게 정직해야 한다. 인생에서 분명한 사실은 우리 모두 아프고 무너지며, 고통을 겪다가 결국 죽음에 이른다는 점이다.

이에 대해 주님은 우리가 어떻게 답변하도록 가르치는가?

그분은 우리에게 소망을 가르친다. 그 소망 안에서 탄식을 통해 소망하는 평화가 고통스럽게 지연되는 현실에 대해서 우리는 하나님에게 탄원한다. 결국, 우리는 탄식을 통해 죽음이나 고통과 싸우면서 안식처가 되시는 하나님께 나아간다.

---

[3] 전체 이야기는 Michael Card, *A Sacred Sorrow: Reaching Out to God in the Lost Language of Lament* (Colorado Springs: NavPress, 2005), 11-12에 있는 유진 피터슨의 서문을 참조하라.

불행히도 점점 더 많은 사람이 탄식을 무시하는 현실이다. 당신도 그럴 수 있다. 정말 심각한 문제는 탄식에 대한 평가절하가 자주 고통이 실재하고 이로 인해 우리가 아프다는 사실을 인정하지 못하게 하는 데 있다. 이처럼 제대로 탄식하지 못하면 우리 몸에 일어나는 일이 우리의 관계에도 영향을 미친다는 사실을 깨닫지 못할 수도 있다.

경험상 적어도 우리는 세상에 살면서 탄식이 필요하다는 사실을 잘 알고 있다.[4] 성경적으로 보아도 탄식이 꼭 필요하다는 점에는 의문의 여지가 없다. 인간의 죄와 병은 우리가 진정한 탄식을 위해 일정한 공간을 준비해야 함을 알려 준다. 이 세상과 우리가 가진 마음의 상처에 절망하기보다는 이를 인정하기 때문이다. 하나님은 우리의 눈물과 상처, 고뇌를 모두 자신에게 가져오라고 하신다. 구약학자 다니엘 J. 시먼슨(Daniel J. Simundson)은 탄식에 대한 성경의 가르침이 무엇인지를 잘 알려 준다.

> 탄식은 인간과 하나님의 정직한 교제이며, 심지어 나쁜 신학(bad theology)과 적대적인 생각까지도 배제하지 않는다. 탄식은 도움의 원천이 되시는 하나님을 바라보도록 한다. 탄식의 전형적인 형태는 하나님이 고통당하는 사람의 탄식을 듣고 구원하리라는 확신으로 마쳐진다. 탄식은 고통당하는 사람이 던지는 지적 의문들, 특별히 고통이 왜 시작되고 그 의미가 무엇인지에 대해 가지는 의문들을 모두 해결해 주지는 않는다. 그러나 탄식은 우리의 고통에 하나님이 관심을 가지고 계신다는 사실과 고통을 다루는 구조적인 방법이 무엇인지를 알려 준다.[5]

---

4 Patrick Miller, "Heaven's Prisoners: The Lament as Christian Prayer", in *Lament: Reclaiming Practices in Pulpit, Pew, and Public Square*, ed. S. A. Brown and P. D. Miller (Louisville, KY: Westminster John Knox, 2005), 15-26을 참조하라.

5 Daniel J. Simundson, "Suffering", in *Anchor Yale Bible Dictionary*, ed. David Noel Freedman and Gary A. Herion (New Haven, CT: Yale University Press, 1992), 6:222.

개인생활이나 교회생활에서 탄식을 위한 공간을 회복하지 못한다면 우리는 고통으로 인해 다른 사람뿐 아니라 하나님에게서도 멀어지게 될 것이다.

탄식을 경시하거나 부인하는 서구의 모습과는 달리, 신약 이야기(New Testament narratives)에서는 육체의 죽음에 대해 예수님도 강한 탄식과 눈물을 보여 주신다. 소망은 인생에서 강렬한 애도의 필요성을 결코, 배제하지 않는다. 왜냐하면, 우리가 가진 소망은 **우리의 깨어짐**(our brokenness)이 잘못된 것이라고 알려 주기 때문이다. 소망은 미망인이 매일 밤 침대에서 자기 옆에 누워 있던 사랑하는 사람의 온기를 그리워하는 것을 그만두도록 하는 게 아니다. 소망은 또한 우리가 가진 모든 의문에 대해서 답하지도 않는다.

기독교적 소망은 탄식과 함께하므로 탄식을 그치도록 강요하지 않는다. 소망과 탄식을 병렬 관계(linear relationship)로 생각해 볼 수 있다. 어떤 사람이 한동안 슬픔을 체험한 후에 소망으로 끝마치는 이진법적 선택(binary option)의 모습이다.

그렇지 않은가?

마음 한편에서는 고통과 아픔이 있지만 다른 한편에는 믿음과 소망을 품은 모습을 생각해 볼 수 있다. 탄식하는 사람들이 소망과 믿음이 증가하면서 슬픔과 고통을 이겨낸다(<그림 1> 참조). 하지만 이런 이미지는 고통당하는 영혼들에 도움이 되지 않을 뿐만 아니라 오히려 아픔이 될 수 있다. 특히 교회에서는 더욱 그렇다.

탄식  **소망**

<그림 1>

우리는 죽음 그리고 그 죽음이 미치는 광범위한 영향력과 싸우며 슬퍼한다. 우리를 약하게 만드는 병에 걸리거나 정신질환으로 발작과 혼동이

와서 인간관계가 깨지거나 사랑하는 사람이 만성적인 고통을 겪는 경우 우리는 아파하고 슬퍼한다. 어찌 보면 우리 몸이 망가지고 이 세상의 불의를 슬퍼하는 것은 단순한 선택 사항이 아니라 의무이자 필연이다.[6]

항암 치료나 자가면역질환 치료를 받으면서 기독교 신자는 탄식과 소망 사이에서 지속해서 요동친다. 실제로 사람들은 고백하기를 기쁨에 찬 소망과 고통스러운 슬픔을 함께 느낀다고들 한다. 소망과 슬픔은 우리 마음 한복판에서 자주 낯선 협력자(strange bedfellows)가 되어 함께 살아간다.

이러한 정서적인 복합성은 결혼과 친구 관계 등에 어려운 문제를 일으킨다. 왜냐하면, 우리를 돌보는 사람이 상처 주는 사람과 혼동되기 때문이다. 시편에 나오는 탄식의 시들은 소망을 말하기는 하지만 하나님께 부르짖는 비통한 심정의 표현이기도 하다. 애통은 기독교적 실천이며 애통하는 자들에게는 복이 있다. 하지만 우리는 단순히 애통으로 그치지 않는다. 탄식의 시에서 깊은 의문들을 던지고, 어둠에 직면하여 절망을 소리 내어 표현하고, 실현되지 않은 약속을 붙잡으며 슬퍼한다.

우리 가족은 다민족 교회에 출석하고 있는데 교회의 예배 형식은 미국 흑인들 전통에서 많은 영향을 받았다. 이러한 예배 형식은 그리스도와 소망을 상실하지 않는 깊은 탄식의 좋은 모범이 된다. 이는 우리가 먼저 깨어짐과 고통을 인식하지 못하면 소망을 가질 수 없음을 확인시켜 준다.

우리는 탄식이나 애통하지 않기로 하면서 마음을 굳게 먹곤 한다. 인생에서 겪는 문제들이 환상에 불과하다거나 육체의 고통과 불의로 인한 모든 잘못이 우리에게 그리 중요하지 않은 것처럼 행동하거나, 고통에서 멀어지려 할수록 우리는 이 고통이 주의를 기울여야 하는 진정한 투쟁(비록 일시적이지만)이라는 사실을 알려 주는 우리의 이웃들과 하나님에게서 소외된다.

---

6 불의와 고통의 주제와 연관된 탄식에 대해서는 Kelly M. Kapic and Matthew Vos, "Blessed Are Those Who Mourn", in *Cultural Encounters* 9, no. 2 (Summer 2014): 89-94을 참조하라.

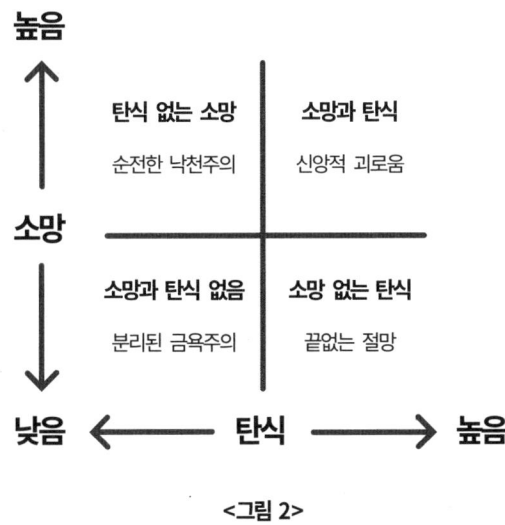

<그림 2>

    기독교 영성에 금욕주의가 있긴 하지만 이는 오랫동안 기독교의 진정한 모습은 아니었다. 이 세상의 모든 것이 선하거나 좋은 것은 아니다. 하나님은 자신의 주권으로 어둠, 죽음과의 싸움에서 우리를 자신의 군병으로 모집하셨다. 탄식은 이 싸움에서 우리가 하나님을 다시 의지하도록 한다. 탄식은 하나님의 권위와 돌보심을 약화하지 않으며 오히려 우리 영혼에서 가장 상처가 심한 부분에 하나님의 임재와 위로하심이 있기를 간구하게 한다.

    나는 고통스러운 유산으로 인해 아기를 잃은 캐리(Carrie)가 이 일이 있은 후 몇 년이 지나 이를 토대로 이야기로 기록한 것을 기억한다. 그녀는 쓰라린 경험을 하고도 이를 자신의 삶에서 탄식의 은혜였다고 묘사한다.

    "하나님은 함께하신다는 약속으로 내 공허함을 채워주셨다. 나 혼자 슬퍼하고 탄식하고 있는 게 아니었다."

    탄식은 하나님 아버지께서 우리를 선하게 인도하셔서 가장 고통스러운 두려움과 좌절 속에서 하나님으로 인한 소망을 발견하게 해 주는 것이다.

밥(Bob)은 사랑하는 친구로 50대 후반이다. 그는 내가 며칠 전 시작한 믿음과 고통의 문제를 다루는 강의에 자신이 청강할 수 있는지를 물었다.[7] 그는 지역 교회에서 신실한 장로로 주요한 역할을 감당하고 있었다. 또한, 아내와 교회 신자들을 위해 더 많은 시간을 내고자 직장에서 한직으로 좌천되는 것도 마다하지 않은 사람이었다.

그는 인생에서 체험한 다양한 종류의 고통을 잘 알고 있었다. 그와 그의 아내는 오랜 기간 노년에 접어든 부모를 힘들게 섬겨 왔다. 그의 아내는 결혼 서약을 하며 아마도 시어머니의 기저귀를 갈게 되리라는 생각을 하지는 못했을 것이다. 그러나 두 사람은 사랑으로 그 일을 감당했다. 나는 고통당하는 이 가족에게 어려움과 실망감이 크다는 것을 알게 되었다.

비록 그가 직접 육체적인 고통을 겪은 것은 아니었지만, 밥은 수업을 듣기 원했다. 나는 그가 우리와 함께하게 된 것을 매우 기쁘게 생각했다. 대략 한 달 동안 우리는 수업 시간에 개인적인 탄식(personal lament)을 서술했다. 이는 쉬운 일이 아니었으며 심지어 고통스럽기까지 한 일이었다.

학생들은 따뜻한 태양이 비추는 야외에 흩어져 앉아서 룩아웃마운틴(Lookout Mountain)에서 조지아 계곡(Georgia Valley)을 바라보면서 글을 썼다. 밥도 앉아서 글을 쓰기 시작했다. 40분 정도가 지나자 그는 내게 와서 무언가가 적힌 메모를 주었다. 후에 그는 자신의 글을 다른 이들과 나누어도 좋다고 했다. 밥이 지은 "자발적인 탄식의 시"(spontaneous lament)는 그의 앞과 뒤에서 그와 함께하시는 하나님을 잘 묘사하고 있다.

---

[7] 밥은 실존 인물로 커버넌트대학(Covenant College) 구성원들은 이미 그를 잘 알고 있다. 밥은 다른 사람들에게 도움이 되고자 자신의 탄식과 이야기를 기꺼이 공개했다. 그는 우리 대학 공동체에 주신 선물이요, 나에게는 감사한 친구이다.

왜 사위가 내 딸의 마음을 아프게 하나요?
알고 있단다, 아이야.
말해 주지 않겠습니까, 아버지?
말해 주지 않을 거란다, 아들아.
왜 아내가 고통 가운데 살아야 하나요?
나는 그 딸을 알고 있단다.
말해 주지 않겠습니까, 아버지?
그게 더 좋습니다.
그렇지 않단다, 아들아.
왜 부모가 자녀를 묻어야 합니까?
그것은 옳지 않습니다.
그렇지 않단다, 아이야.
이다음에는 죽음을 없애버리세요, 아버지.
그래, 아들아.
왜 당신의 백성들이 학대, 박해, 살해를 당해야 합니까?
당신은 정녕 그들을 보호하실 수 없나요?
할 수 있단다, 아이야.
그렇다면 제발 무언가를 해 주세요.
그렇게 했단다, 아들아.
왜 내 부모는 엄청난 불행 속에서 일생을 마쳐야만 합니까?
어떻게 이를 은혜라고 할 수 있나요?
은혜란다, 아이야.
그럼 나는 은혜를 이해하지 못합니다.
너에게는 그럴 수도 있지, 아들아.
가끔은 너무 아파요.
아프다는 것을 알고 있단다, 아이야.
어떻게 당신이 고통을 아나요?

나는 죄로 인한 모든 고통을 느껴보았단다, 아들아.
이 모든 고통을 정말 멈출 수는 없는 것인가요?
할 수 있단다, 아이야.
그렇다면 그렇게 해 주세요, 아버지.
이천 년 전에 시작했고 곧 끝날 거란다, 아들아.
당신을 믿습니다. 아버지, 나의 믿음 없음을 도와주소서.
사랑한다, 아들아.

여기서 밥은 자신의 마음을 하나님 아버지에게 드리고 있다. 성부이신 하나님은 밥이 던진 의문들에 대해 모두 답해 주지는 않으셨지만, 성자를 우리에게 주셨다. 밥이 탄식의 시를 쓴 지 3주가 지나고 나서 피자 가게에 앉아 있을 때 그는 의사의 전화를 받았다. 다음과 같은 권고였다.
"피자 같은 것을 다시는 먹지 말라."
일주일 후에 밥은 췌장암 진단을 받았다. 이제 고통은 아내나 딸, 이외 다른 사람의 것이 아니라 바로 자신의 것이 되었다.
나는 밥과 그의 아내가 용기와 지혜, 탄식을 통해 그 힘겨운 시간을 잘 견뎌내는 모습을 보았다. 이는 그들의 믿음이 부족해서가 아니라 아주 현실적이고, 개인적이며 친밀하기 때문이다.
어디에서 우리는 우리가 가진 의문, 상처, 염려와 갈망을 바꿀 수 있는가?
살아계신 하나님만이 우리의 슬픔과 탄식을 완전하게 다루실 수 있다.

2. 탄식의 생성

하나님의 선한 창조가 손상되었는데도 마치 그렇지 않은 것처럼 행동하는 것은 진실을 왜곡하는 것이다. 모두가 이 땅에서 잘 지내지는 못한다. 그렇다. 우리는 깊은 슬픔에 빠지면 더 큰 슬픔이나 탄식은 없을 것이라 생각을 하곤 한다.

나중에 이에 관해서 이야기하겠지만 끝없는 절망에 대해 앞서 경고하기 전에 우리 마음과 공동체가 하나님과 다른 사람들 앞에서 정직하게 투쟁하고 아파하는 공간이 필요함을 인지하도록 하자. 시편의 40퍼센트 이상을 차지하는 탄식의 노래에는 하나님을 향한 의문과 고뇌가 그대로 담겨있다. 시편 88편을 살펴보도록 하자.

> 여호와 내 구원의 하나님이여 내가 주야로 주 앞에서 부르짖었사오니 … 무릇 나의 영혼에는 재난이 가득하며 나의 생명은 스올에 가까웠사오니 나는 무덤에 내려가는 자와 같이 인정되고 힘없는 용사와 같으며 죽은 자 중에 던져진 바 되었으며 죽임을 당하여 무덤에 누운 자 같으니이다 주께서 그들을 다시 기억하지 아니하시니 그들은 주의 손에서 끊어진 자니이다(시 88:1-5).

이런 고통은 다른 시편에서도 생생하게 묘사된다.

> 사람들이 종일 내게 하는 말이 네 하나님이 어디 있느뇨 하오니 내 눈물이 주야로 내 음식이 되었도다(시 42:3).

지네트 매튜스(Jeanette Mathews)는 시각 예술 작업에서 "프레이밍"(framing) 개념이 하나님 백성들의 삶에서 탄식의 장소와 실천을 잘 이해할 수 있도록 도와준다고 한다.[8] 매튜스의 "프레이밍" 개념은 그림을 담는 실제 프레임과 같은 역할을 하는 데 있어 세 가지 사항을 말한다.

---

8   여기서 나는 매튜스의 작업을 요약하여 설명하고 있다. Jeanette Mathews, "Framing Lament: Providing a Context for the Expression of Pain", in *Spiritual Complaint: The Theology and Practice of Lament*, ed. M. Beier and Tim Bulkelely (Eugene, OR: Pickwick, 2013), esp. 187-189.

첫째, 프레임은 작품의 한계를 설정하기에 실제로 그림의 한계나 경계가 프레임을 통해 정해진다. 프레임의 경계 그 이상은 아니다. 이는 작품이 집안의 공간 일부를 차지하지만, 집 전체를 차지할 수 없는 것과 같다.

둘째, 프레임은 우리가 무엇에 집중해야 하는지를 알려 주어 이를 바라보도록 해 준다. 이 점에서 예술은 일상생활이나 일상의 환경과는 다르다. 작품은 우리 눈앞에 있는 것을 보도록 하여 마음을 감동하게 한다. 이런 감각이 고조되지 않는다면 우리는 다른 사람들의 존재와 그들이 세상을 어떻게 보는지를 포함해 우리 주변의 보는 것에 부감각해질 수 있는 위험에 빠진다.

셋째, 프레임은 우리가 작품을 보는 방식을 형성한다. 우리는 마음이 끌리고, 집중한 다음에야 새로운 시각으로 작품을 감상할 수 있게 되기 때문이다.

비슷하게 성경의 탄식은 우리의 체험에 대한 가이드를 제공한다. 성경의 탄식에서 일정한 패턴을 발견할 수 있는데, 이는 우리가 단지 수동적으로 고통에 함몰되지 않고 하나님께 능동적으로 부르짖도록 한다. 일부 예외가 있지만, 탄식의 시는 다음과 같은 공통적 요소들을 가지고 있다.

(1) 하나님을 향한 외침
 "내 하나님이여, 내 하나님이여, 어찌하여 나를 버리셨나이까?"
(2) 위기에 대한 불평
 "왜 나를 구원하지 않으시나이까?"
 "왜 내 앓는 소리를 듣지 아니하시나이까?"
 "나를 보는 모든 사람이 조롱하나이다."
(3) 치유를 갈망하는 간구
 "나를 멀리하지 마옵소서, 환난이 가까우나 도울 자 없나이다."
(4) 하나님을 향한 신뢰
 "열방이 기억하고 주님께로 돌아올 것이라."

(5) 하나님을 향한 찬양
"나는 당신의 이름을 나의 형제들에게 말하리라."
"회중 가운데서 나는 하나님을 찬양할 것이라."[9]

탄식의 시와 노래들은 자신이 처한 고통과 어려움에 대해 불평하는 요소들을 포함하고 있다. 하나님에 대한 절망, 불의나 지속적인 고통에 대한 분노 등이다. 하나님이 응답하지 않으심에 대한 걱정도 있고, 때로는 하나님이 졸고 계시는 것은 아닌지 의아해하기도 한다

주여 깨소서 어찌하여 주무시나이까 일어나시고(시 44:23).

일부 탄식의 시는 모세의 기도(출 32:11-14)나 다른 지도자들처럼 하나님과 논쟁을 벌이기도 한다. 이는 여호와 하나님이 왜 역사하셔야만 하는지를 설득하고 있는 것처럼 보인다.
그렇다면 모세나 시편 기자는 하나님의 주권을 불신하고 있는 것인가?
그들은 정말 하나님이 인지 기능이 제한되어 쉽게 잊어버린다고 생각하고 있는가?
분명히 그렇지는 않다.
그러나 성경의 지도자들은 하나님을 향해 탄식하고 그분과 다투기까지 한다. 그들에게 하나님의 임재와 권능은 그들의 고뇌와 투쟁을 없애지 않고 오히려 그 싸움을 위한 궁극적인 상황을 제공한다. 탄식의 시를 묵상하면서 캐슬린 오코너(Kathleen O'Cornnor)는 하나님과의 씨름이 얼마나 다양하며 이 씨름이 신실한 사람들에게 얼마나 많은 도움이 되는지를 잘 설명하고 있다.

---

[9] 기본적인 형태는 많은 이가 동의하고 있다. "Lament Psalms", in *Dictionary of Biblical Imagery*, ed. Leland Ryken, James C. Wilhoit, and Tremper Longman III (Downers Grove, IL: InterVarsity Press, 1998). 여러 요소에 대한 구체적인 모범을 제공하고자 시편 22편을 인용하였다.

> 탄식에서 핵심은 죄를 고백하는 것으로 그치지 않는다. … 불의, 상처, 분노를 토로한다. … 탄식은 고통당하는 사람들 자신이 스스로 말할 수 있도록 한다. … 하나님 앞에서 고통을 거명함은 짓밟혀버린 인간의 존엄성과 능력을 회복시킨다. … 탄식은 행동의 시작이요, 수동성에 대한 거부이기에 그들은 자신의 절망을 역전시킬 수 있다.[10]

이러한 탄식의 외침들은 파괴적이거나 믿음에 반하는 소리가 아니며 하나님 백성의 기도와 노래들을 통해 성경의 중심에서 역사한다. 그 외침들은 바로 하나님 백성들의 예전과 예배이다. 탄식은 개인만을 위한 것(시 3, 4, 13, 22, 31, 39, 57, 69, 71, 77, 139편)이 아니라 공동체의 외침을 반영한다.

예를 들어 시편 전체에는 11개 이스라엘 공동체의 탄식 시가 존재한다 (시 44, 60, 74, 79, 80, 83, 85, 90, 94, 123, 137편).[11] 이 시들은 하나님과 그의 선하심을 찬양할 뿐만 아니라 만약 자기 백성과의 약속을 기억하신다면 하나님은 그들에게 은총을 베푸셔야 하는데 혹시 이를 잊고 있지는 않은지에 대한 의문을 던진다.

현대 교회가 예배 때 정기적으로 부르는 찬송으로 탄식의 시가 아니라 행복하거나 경쾌한 곡들만을 선택한다면 하나님의 백성들은 탄식을 경험하지 못하고 경건한 애도 역시 사라지고 말 것이다. 인생의 고통을 우리 스스로 감당하기는 너무 힘든 것이 사실이다. 순전한 탄식을 위한 공간이 확보되지 않는다면, 위선적인 모습과 아픔은 쉽게 뿌리를 내리고 결국 파

---

10 Kathleen O'Connor, *Lamentations and the Tears of the World* (Maryknoll: Orbis, 2002), 14, Mathews, "Framing Lament", 193에서 재인용.

11 낸시 드클라이세-월포드(Nancy L. deClaissé-Walford)는 구체적인 모범으로 시편 44편의 배경과 내용을 고찰한다. "Psalm 44: O God, Why Do You Hide Your Face?", in *My Words Are Lovely: Studies in the Rhetoric of the Psalms*, ed. Robert Foster and David Howard, London Library of Hebrew Bible/Old Testament Studies (London: T&T Clark, 2007), 121-146. 시편 12편과 같이 이스라엘 공동체의 다른 탄식의 시들이 추가될 수 있다.

괴적 결과를 가져오고 말 것이다. 능동적인 예배자도 그에게 고통이 오면 이에 놀라면서 소외를 경험하게 된다.

어떤 성도의 가정이 만성 통증이나 정신질환을 겪게 되면 성도들은 자주 이 시대의 교회가 그들에게 도움이 되지 않으며 심지어 교회 공동체에도 상처가 있다는 사실을 발견하게 된다. 상처를 지닌 가족은 더 이상 미국 기독교의 모델인 성장, 행복, 승리에 적합한 구성원이 될 수 없다.

교회가 정기적인 알림, 기도, 탄식의 노래를 상실해버리면 하늘에 있는 별들에 주의를 빼앗겨버린 목자처럼 돌보도록 맡겨진 연약한 양들을 제대로 보호하지 못하고 성장시키지도 못할 것이다. 오히려 상처받은 성도는 특별한 돌봄과 보호를 받기보다는 의심과 절망에 빠지고야 만다. 하지만 그들의 탄식에 응답하는 교회는 상처받은 자들을 동정하시는 아버지의 다스림 가운데 치유에 참여하게 된다. 거기에서 우리는 그들을 위해 함께 외친다. 그리고 그 자리에서 함께 치유와 소망을 갈망한다.

3. 탄식의 하나님

대화를 나누고자 나를 찾아온 메리는 많은 안타까운 기억, 슬픔, 아픔을 가지고 있었다. 그녀는 자신의 겪은 고통뿐 아니라 다른 사람들의 고통으로 인해 짓눌려 있었다. 인디언 보호 구역에서 성장한 메리는 오랜 기간 그녀를 괴롭혀왔던 깊은 슬픔, 절망, 어둠을 간직하고 있었다. 자세히 설명할 필요는 없지만, 메리는 한 어린 소녀의 아픔을 알게 되어 그 소녀를 집으로 데려와 돌봐 주었다.

이후 그 소녀에게 얼마나 고통스러운 기능 장애와 학대가 있었는지를 상세히 알게 되었다.

이럴 때 메리는 어떻게 해야 하는가?

그녀는 커다란 아픔과 슬픔으로 인해 탄식하지 못하고 짓눌리고 말았다.

"젠쥬크트"(Sehnsucht)는 번역하기 어려운 독일어로, '심하게 잘못되거나 부재에 대한 갈망이나 열망'이라는 의미를 지니고 있다. 젠쥬크트에는 강하게 향수의 개념이 내포되어 있는데 바로 이 향수의 감정에는 이 세상이 완전하지 않기에 다른 세상을 갈망한다는 의미가 있다. 우리 그리스도인들은 젠쥬크트가 드러내는 향수에 대한 감정이 샬롬에 대한 갈망과 동일한 것으로 생각할 수 있다.

메리의 말을 들으면서 깨달았다. 메리가 옳았다. 그녀의 탄식은 그녀를 죽이고 있었다. 퍼즐 조각들이 맞추어지기 시작했다. 세상에 대한 진성한 탄식은 말 그대로 당신을 죽일 것이다. 큰 고통 속에서 메리는 나에게 말했다.

"나는 고통을 탄식할 시간과 에너지를 가지고 있지 않다. 너무나도 많은 슬픔을 보면서 자랐기 때문이다."

그녀는 진실을 말하고 있었다.

온전한 탄식(full lament)은 죽음과 연관된다. 우리는 예수님이 완전하고 진실하게 탄식함으로 죽어야 했음을 알고 있다. 탄식으로 그는 죽은 것이다.[12] 하지만 예수님의 탄식은 자신이 아닌 다른 사람들을 위한 것이었다. 그는 우리의 탄식이 우리를 죽이지 않도록 개입하신다. 다음 장에서 보다 자세히 살펴보겠지만 지금으로서는 탄식의 고통과 왜 우리가 그것을 피하려고 하는지에 대해 정직할 필요가 있다. 왜냐하면, 탄식은 상처를 주기 때문이다. 만약 우리가 무너지고 죄가 만연한 이 세상에서 온전하고 완전한 탄식을 한다면 그것은 우리 모두를 짓밟아버릴 것이다.

우리는 그것이 예수님을 짓밟았음을 이미 알고 있다. 그러나 예수님은 깊은 절망과 무덤에서 일어나셨다. 그는 부활하셔서 지금도 살아계신다.

---

12 이에 대한 고찰은 Kelly M. Kapic, "Psalm 22: Forsakenness and the God Who Sings", in *Theological Commentary: Evangelical Perspectives,* ed. R. Michael Allen (London: T&T Clark, 2011), 41-56, esp. 48-51을 참조하라. 예수님의 탄식에 대해서는 Rebekah Eklund, *Jesus Wept: The Significant of Jesus' Laments in the New Testament* (London: Bloomsbury, 2015)를 참조하라.

지금은 우리의 탄식이 허용된다는 점을 이해하자. 하지만 우리는 이런 탄식을 하나님께로 가져가야 한다. 왜냐하면, 탄식이 하나님을 무너뜨릴 수는 없기 때문이다.

여호와는 우리의 절망을 흡수해버리신다. 그분은 우리의 의문이나 질문에 초조해하지 않으신다. 여호와는 우리가 가진 의문과 걱정에 응답하신다.

마침내 성경적 탄식을 하는 것은 창조물이 울부짖을 필요가 있어서가 아니라 듣고 행동하시는 하나님의 신실함 때문이다.[13]

배신감에서 박해까지, 죽음의 두려움에서 심판을 받고 있다는 감정까지 모든 것에 대해 탄식한 후에야 우리는 태도를 바꿀 수 있다. 인간의 고뇌를 부인하거나 무시하는 대신 탄식을 통해 우리는 여호와의 특별한 보살핌을 깨닫게 된다.

하나님이여 주의 인자하심이 어찌 그리 보배로우신지요 사람들이 주의 날개 그늘 아래에 피하나이다(시 36:7).

우리를 위험에 빠뜨리는 요소들이 없다면 피난처는 필요하지 않을 것이다. 하지만 인생의 격렬한 폭풍이나 뜨거운 열기로 인해 우리는 성소(sanctuary)가 얼마나 필요한지를 깨닫는다.

하나님은 우리의 피난처시오 힘이시니 환난 중에 만날 큰 도움이시라 그러므로 땅이 변하든지 산이 흔들려 바다 가운데에 빠지든지 바닷물이 솟아나고 뛰놀든지 그것이 넘침으로 산이 흔들릴지라도 우리는 두려워하지 아니하리로다

---

13 Sally A. Brown and Patrick Miller, eds., *Lament: Reclaiming Practices in Pulpit, Pew, and Public Square* (Louisville, KY: Westminster John Knox, 2005), xix.

> … 만군의 여호와께서 우리와 함께 하시니 야곱의 하나님은 우리의 피난처시로다 … 너희는 가만히 있어 내가 하나님 됨을 알지어다(시 46:1-3, 7, 10).

실제적 위협이 몰아치고 있다. 시편 기자는 하나님의 주권을 강조하는 신학을 토대로 투쟁, 고통, 혼돈의 무질서 가운데 하나님만이 피난처가 되심을 잘 알고 있다. 정직한 탄식과 애도는 여러 의문과 상처에 대한 진정한 인정 없이는 불가능해 보이는 방식으로 하나님의 임재를 소망하고 기대케 한다.

시편은 악의 존재에 대한 철학적 정당성을 제공하는 대신 진정한 고통이 무엇이고 하나님 임재에 대한 확신을 표현한다. 우리가 당하는 고통을 부인하거나 경멸하지 않고, 이를 긍휼히 여기시는 하나님 앞에서 그 고통을 인정함으로써 우리는 소망을 두게 된다(사 49:13).

탄식은 육체적 고통을 당하는 우리가 제정신을 차리도록 돕는다. 탄식은 우리가 비현실적인 해결책을 고수하면서도 현실적인 문제들을 인식하게 해 준다. 탄식은 우리가 현재 당하는 어려움을 고백할 때도 하나님의 샬롬을 확인시켜 준다.

우리가 고통 가운데 하나님을 바라보는 것이 무엇을 의미하는지 의아해할 때, 우리가 소망을 유지할 수 있는 유일한 방식은 이 크고 복잡한 인간의 이야기를 우리 마음에 간직하는 것이다. 매우 강하고 독창적이며 유쾌한 창조물인 인간들도 고통을 당하며 불평한다.

우리는 화려함과 고통, 승리와 비극이 서로 충돌하여 싸움을 벌이는 긴장 가운데 살아가고 있다. 우리는 탄식을 통해 이러한 긴장을 무시하지 않고 받아들인다. 탄식은 인생의 폭풍이 위협하고 휘몰아치는 상황에서도 우리가 하나님의 구원을 갈망하도록 해 준다.

우리는 우리와 소망 사이에 있는 것에 대해 아주 정직할 때 비로소 소망을 발견할 수 있다. 적어도 고대 기독교의 고백이 지닌 참된 소망을 우리가 알고 있는지에 대해 진실을 말해야 한다. 창조주 하나님을 조롱하는 방식으로 우리를 지나치게 영적인 존재로 생각하면서 교회가 슬픔과 육체적 고통을 하찮은 것으로 평가절하하는 것은 복음의 능력을 부인하는 결과를 가져온다.

복음에 대한 신실함으로 인해 기독교 공동체는 인간이 당한 슬픔의 혼란을 처리할 수 있다. 성경적 믿음은 우리가 육체적 고통에서 벗어나거나 슬픔과 죽음에서 오는 어둠을 무시하지 않고 우리의 투쟁 가운데 소망과 은혜를 발견하도록 한다.

진정한 인간의 이야기—기독교 이야기(Christian story)를 이해하는 유일한 방식—는 슬픔과 소망, 죄와 신실함, 투쟁과 약속을 모두 인정할 때 가능하다. 우리는 우리 자신과 다른 사람, 심지어 하나님에 대해 정직해야 한다. 우리의 신학도, 우리의 이야기도 이런 정직함을 요구한다. 이런 정직한 고백과 탄식으로 인해 마침내 우리의 생각 속에만 있는 신이 아니라 실제로 존재하고 역사하시는 하나님의 진정한 모습을 엿볼 수 있는 위치에 서게 된다. 그다음에야 우리는 자주 언급은 하면서도 좀처럼 체험할 수 없었던 하나님의 은혜를 발견할 수 있게 되는 것이다.

만성적인 고통을 지닌 사람들은 하나님을 소망의 근원이 아니라 정죄와 심판의 근원으로 생각하곤 한다. 그들은 하나님의 긍휼하심이 아니라 그분의 심판과 무관심에만 집중한다.

고통 가운데 탄식과 함께 투쟁할 때 우리는 하나님을 어떻게 생각해야 하는가?

인간은 육체를 지닌 유한하고 죄 많은 창조물이라는 사실을 깊이 묵상할 필요가 있다. 우리의 유한함은 죄가 아니다. 죄와 타락이 우리의 유한함에 악한 영향을 미쳐 특별히 우리가 육체적 고통을 당할 때 그 결과가 나타난다. 육체를 가진 우리에 대한 하나님의 위임을 신뢰하기 시작할 때에야 비로소 우리는 예수님에 대해 올바르게 증거할 준비를 하는 것이다. 이후에 그분께로 향하면 우리 자신뿐 아니라 하나님에 대해서도 보다 잘 이해할 수 있다. 이러한 우리의 발견은 놀라운 것이다.

제4장

몸으로 구현하기
(Embracing our Embodiment)

사람이 무엇이기에 주께서 그를 크게 만드사

그에게 마음을 두시고

(욥 7:17).

주께서 내 내장을 지으시며

나의 모태에서 나를 만드셨나이다

내가 주께 감사하옴은 나를 지으심이 심히 기묘하심이라

주께서 하시는 일이 기이함을 내 영혼이 잘 아나이다

(시 139:13-14).

여호와가 우리 하나님이신 줄 너희는 알지어다

그는 우리를 지으신 이요 우리는 그의 것이니

그의 백성이요 그의 기르시는 양이로다

(시 100:3).

오랫동안 심한 육체적 고통을 겪게 되면 사람은 몸이 문제라는 생각을 하게 된다. 육체가 지닌 본래의 선한 목적이나 의도가 있을 것이라는 믿음을 가질 수도 있지만, 이는 사실 쉬운 일은 아니다. 우리 몸을 정죄하거나 혐오하는 생각은 일반적이어서 철학과 신학에서도 오랜 역사를 가진다. 그러나 몸과 반대되는 개념으로 유령이나 영혼만을 생각해서는 안 된다. 영혼에 집중하는 것은 영적이고 현명해 보이지만 사실은 그렇지 않은 경우도 많다.

일부 사람의 생각과는 달리 기독교 신앙은 우리 몸이 얼마나 중요하며 선한 것인지를 강조한다. 기독교 전통은 질병을 무의미하게 보지 않으며 오히려 주의를 기울이고 탄식할 가치가 있는 중요한 문제로 본다. 우리 몸에 대한 감사를 가질 때에야 비로소 우리는 인간관계가 어떻게 작용하고 육체적 고통과 인격적인 상호작용이 밀접하게 연결되어 있음을 바로 이해할 수 있다. 이 장에서는 이러한 생각들을 다루어 보고자 한다.

1. 몸을 지닌 자아

당신은 누구인가?

이 간단한 질문에 대한 답은 매우 복잡 미묘하다. 이러한 정체성 문제를 다루면서 몸의 위치를 어디에 놓아야 할지를 검토하고자 한다.

'당신은 누구인가?'

이에 대한 질문에 사람들은 우리 몸이나 육체가 아닌 합리적인 생각부터 시작하지만 사실 이런 생각들도 우리 몸과 긴밀한 연관을 가진다. 예를 들어 합리적인 의사소통(rational communication)을 위해 호흡을 하려면 목과 기관으로 이동하는 공기가 필요하다. 듣고 이해하려면 중이(middle ear)의 뼈에 영향을 주는 진동이 귓속 통로(ear canal)를 통해 전달되는 음파의 과정을 거쳐 작은 모발 세포로 수신된다.

신경의 시냅시스(synapses)는 우리가 어디에 살고 있는지, 무엇을 믿고, 무엇을 사랑하는지를 기억할 수 있게 한다. 이 모든 신체 기능은 인간의 추리 능력과 그 능력을 갖추도록 하는 훈련, 자기 인식 및 다른 사람들과의 상호작용에 필수적인 역할을 한다.

이 모든 것이 몸이 있어야 가능한 일이다. 이는 우리가 누구인지에 대한 표면적 문제뿐 아니라 누구인지를 이해하는 문제와도 연관된다. 특별히 신체 기능의 일부나 그 능력을 상실한 사람에게는 더욱 그럴 것이다.

물론 하나 이상의 신체 기능을 상실한다고 해도 그 사람은 여전히 인간이다. 여러 제한이나 한계조차 생명을 가진 존재의 숙명이기에 우리는 완전하고 이상적인 육체의 기능을 가진 모습만을 인간으로 볼 수 있다고 생각하는 어리석음을 범해서는 안 될 것이다. 토마스 레이놀즈(Thomas Reynolds)는 이러한 실수를 "일반성 숭배"(the cult of normalcy)라고 지적하며 장애에 대한 논의에서 언급하고 있다.[1]

우리 몸은 서로 다른 형태와 능력을 갖추고 있는데 이는 인간이 독특하고 의미 있는 창조물임을 보여 준다. 몸은 목적과 존엄성을 지닌다. 따라서 인간에 대한 기독교적 이해에서 육체도 매우 중요하기에 소홀히 생각해서는 안 된다는 것이다. 결론적으로 육체적 고통과 이 고통과 싸움 가운데서 우리가 살아가는 올바른 방법은 몸이 지닌 중요성을 퇴색시키는 것이 아니라 하나님께서 우리 몸을 어떻게 바라보시는지를 발견하는 것이다.

역사에서 자주 심지어 교회 안에서도 몸에 대한 여러 의문이 있었다. 이런 의문 대부분은 비기독교적 영향에서 비롯되었다. 예를 들어, 영혼의 타락에 대한 신화를 만든 이는 모세가 아니라 플라톤(Plato)으로 볼 수 있는데, 과거에는 육체에서 자유를 주장하였고 현재는 육체의 고통을 문제로

---

[1] Thomas E. Reynolds, *Vulnerable Communion: A Theology of Disability and Hospitality* (Grand Rapids: Brazos, 2008).

지적한다.² "몸은 영혼의 감옥"(The Body is the prison-house of the soul)이라는 말은 바울이 한 말이 아니라 플라톤이 한 말임을 기억할 필요가 있다.

성경은 인간의 몸이 그 자체로 존엄성을 지니고 있음을 확인해 준다.³ 이제 우리는 바울이나 이외 성경의 저자들이 지적한 것은 일반적인 몸이 아니라 하나님에 대한 반역을 상징하는 "육신"(flesh)이 지닌 위험성이었으며, 이 의미가 무엇인지를 바로 이해할 필요가 있다.

2. 함께 창조된 몸과 영혼

하나님은 자신 이외의 모든 만물을 자유롭게 창조하셨다(창 1:1; 시 33:6; 148:5; 요 1:3; 골 1:16; 히 11:3[마카베오서 7:28 참조]). 모든 창조물은 선하고 좋은 상태로 창조되었다.⁴ 바위에서 자기 몸을 데우는 도마뱀에서부터 밤을

---

2   이 신화는 플라톤이 그의 파이드로스(Phaedrus)에서 개략적으로 묘사하고 있다. 소크라테스가 상기 이론(theory of recollection)을 설명하는 메노(Meno)에서도 비슷한 주제가 발견된다. 이 이론은 영혼이 몸으로 구현되기(embodiment) 이전에 존재한다고 생각하기에 몸으로 구현된 인간(embodied human)은 실재에 대한 진실을 알기 위해서는 상기해야만 한다고 주장한다. 타락에 대한 플라톤의 생각에 대한 배경과 학술적 논의는 D. D. McGibbon, "The Fall of the Soul in Plato's Phaedrus", in *Classical Quarterly*, n.s. 14, no.1.(May 1964): 56-63을 참조하라. 또한, Brian Davies, *An Introduction to the Philosophy of Religion* (New York: Oxford University Press, 2004), 289-291을 참조하라. 데이비스는 플라톤의 개념과 이를 발전시킨 데카르트의 개념을 간단하게 소개하고 있다.
3   플라톤은 이렇게 말했다. "지혜를 추구하는 모든 사람은 철학을 통해 그의 영혼이 깨는 순간까지 무력한 죄수임을 알고 있다. 그는 몸 안에 손과 발이 쇠사슬에 묶여있고 실재를 직접 보지 못하고 감옥의 창살을 통해서만 보기에 아주 무지한 상태에 있다"(*Phaedo* 82d-82e. trans. G. M. A Grube [Indianapolis: Hackett, 1997]).
4   초대 교회는 "무로부터"(ex nihilo)의 창조를 주장했다. 다양한 성경의 가정과 이런 가정의 함의들은 하나님의 창조가 영원한 물질(오직 하나님만 영원하시기에)에서 온 것이 아니라 태초의 어느 순간 주님이 만물을 직접 창조하시고, 그 후 어느 정도 시간이 지나 그의 창조물에 질서와 디자인을 제공하셨다는 것이다. 이 역사에 대한 상세한 내용은 다음을 참조하라. Gerhard May, *Creatio Ex Nihilo: The Doctrine of "Creation Out of Nothing"* in *Early Christian Thought*, trans. A. S. Worrall (London: T&T Clark, 2004).

비추는 달에 이르기까지 하나님은 만물을 창조하셨고 만물이 좋았다고 반복해서 확인하셨다(창 1:4, 12, 18, 21, 25).

> 여호와 하나님이 땅의 흙으로 사람을 지으시고 생기를 그 코에 불어 넣으시니 사람이 생령이 되니라(창 2:7).

이 말씀을 하실 때 창조하는 에너지와 힘이 강하게 분출되었다. 하나님의 특별한 창조물인 인간은 짐승들의 울부짖는 소리와 하늘을 나는 새들의 노래로 시작되는 합창에 참여하여 다른 창조물과 조화를 이루며 모든 것이 "매우 좋았다"(창 1:31). 땅과 그 위에 사는 모든 창조물은 하늘에 계신 하나님께 부끄럽지 않은 기쁨의 존재가 되었고, 하나님은 안식일까지 제정하셨다(창 2:1-3; 출 31:17). 하나님은 자신의 여러 사역에 만족하시며 인간도 안식을 누리고 모든 것을 즐기게 하셨다(신 5:12-14).

남자와 여자는 흙과 생기로 창조되었기에(창 2:7; 시 104:29 참조) 땅의 존재이다. 이와 함께 지혜롭고 사랑이 많은 주님께서는 인간을 창조의 다른 존재들을 보살피고 조화를 이루며 살아가는 구별된 존재로 만드셨다(창 1:28-31; 2:19-20). 여호와의 형상대로 창조된(창 1:27) 남자와 여자는 하나님과 동행하며 교제하며 살도록 설계되었다.

창세기 1장은 남자와 여자가 몸에서 분리되었다고 말하지 않는다. 인간은 물질로만 만들어진 것은 아니지만 흙으로 만들어진 몸과도 분리되지 않았다(창 18:27; 시 103:14; 고전 15:45-49 참조).

플라톤 철학과는 달리 성경은 인간의 선하고 좋은 모습이 육체와 분리되지 않는다고 본다. 우리가 지닌 육체성(physicality)은 극복해야 할 대상이 아니라 인간 존재에 반드시 필요한 것이다. 몸과 영혼에 관련된 난해한 문제들을 우리가 어떻게 대하든 성경은 인간에 대한 통일된 그림을 제시하고 있다.[5] 달리 말하면, 하나님과 사람들과의 교제는 항상 몸과 분리되지 않은 상태로, 우리 몸 안에서 그리고 우리 몸을 통해 이루어진다.[6] 이것이 인간이 창조된 본래의 모습이며 이 모습의 회복이야말로 우리의 궁극적인 소망이다.[7]

하나님의 선한 창조에서 좋아 보이지 않았던 것은 아담의 혼자 사는 모습이었다(창 2:18). 동물이 인간의 동반자가 될 수는 없었다. 대신에 하나님은 여자를 만들어 남자와 여자로 인간이 되게 하셨다. 이제 그들은 단순히 번식뿐만 아니라 특별한 존재와의 관계를 통해 생육하고 번성하게 되었다. 이것이 바로 성경이 말하는 샬롬의 상황이다.

남자와 여자는 몸의 한계를 극복하거나 길들이기 위해서가 아니라 창조주와 몸을 통해 서로의 즐거움이 되기 위해 상대방을 필요로 한다. 그들 각자의 인생으로 부름을 받은 이유가 여기에 있다. 남자와 여자가 흙과 생기로 창조되었다는 사실은 사람들 사이의 교제와 하나님과의 교제에서 몸

---

[5] 인간에 대한 구약성경의 두 가지 고전적 연구로는 Aubrey Johnson, T*he Vitality of the Individual in the Thought of Ancient Israel*, 2nd ed. (Eugene, OR: Wipf & Stock, 2006); Hans Walter Wolff, *Anthropology of the Old Testament* (Philadelphia: Fortress, 1974)를 참조하라. 총체적 이원론에 대한 최근의 철학적 논의를 위해서는 C. Stephen Evans's award-winning essay, "Separable Souls: Dualism, Selfhood, and the Possibility of Life After Death", *Christian Scholar's Review* 34, no. 3 (Spring 2005): 327-340과 Richard Swinburne, *Mind, Brain, and Free Will* (Oxford: Oxford University Press, 2013)을 참조하라.

[6] 존슨은 "구약성경에서 나오는 인간에 대한 이스라엘의 일반적인 견해로 몸의 질병이나 한계 상황은 죽음이 가진 파괴하는 힘을 경험하는 것을 의미한다. 물론 이 죽음은 여호와에게서 시작되는 것이 아니다. 건강과 물질의 풍요를 누리는 것은 인생 전체에서 여호와와 함께 가도록 허락된 것을 의미한다(*Vitality of the Individual*, 108-109).

[7] 나는 죽음 이후 성도들이 즉시 하나님과 함께하는 중간 상태에 대한 기독교의 전통적인 견해에 동의한다. 하지만 중간 상태는 기독교적 소망이 될 수 없는데 그 이유는 우리 몸의 부활이 기대되기 때문이다(웨스트민스터 소요리문답, 37번 참조). 몸의 부활까지 우리는 어떤 불완전 상태로 남아 있게 된다. 그 이유는 인간은 몸으로 구현된 창조물로 만들어졌기에 존재하지 않는 것보다는 나을 수 있다고 할 수 있을지 몰라도 이 상태는 매우 부자연스럽기 때문이다. 중간 상태에서 이원론에 대한 거의 보편적인 동의를 보여 주는 중요한 연구로는 John W. Cooper, *Body, Soul, and Life Everlasting: Biblical Anthropology and the Monism Dualism Debate* (Grand Rapids: Eerdmans, 2000)가 있다.

에 대한 기독교적 이해의 핵심이 된다.

성경에 기록된 창조 기사에서는 흙이나 인간의 육체가 악하다거나 문제가 있음을 암시하는 내용을 어디에서도 찾아볼 수 없다. 모든 존재는 창조물이기에 그 무엇도 결코 자존하고 독립적인 창조주가 될 수 없다. 창조주는 오직 하나님만 되신다. 이렇게 인간이 지닌 유한한 피조성(finite creatureliness)은 부끄럽거나 비윤리적인 사실이 아니며 선한 목적이 있다. 시편 기자는 창조와 하나님의 지혜를 다음과 같이 연결하고 있다.

> 여호와여 주께서 하신 일이 어찌 그리 많은지요 주께서 지혜로 그들을 다 지으셨으니 주께서 지으신 것들이 땅에 가득하나이다(시 104:24).

이처럼 모든 창조물은 선하고 긍휼하신 창조주에 의지해서 존재하기에 시편 기자는 만물이 "주님만을 바라본다"(시 104:27)라고 고백한다. 창세기와 시편은 인간의 피조성과 육체성을 하나님이 주신 커다란 축복으로 생각하면서, 이를 통해 하나님만 바라보고 그분만을 지속해서 의지하게 된다고 가르친다. 이것이 바로 "자연적"(natural)인 것이다. 그리스도인이 아닌 초기 영지주의자들은 물질적인 몸이 데미우르고스(demiurge)가 만든 악한 세상의 일부라고 생각했다.

이와 같은 인간의 시작에 대한 비성경적 견해가 교회에 유입되어 많은 그리스도인의 신앙을 심하게 변질시켜버렸다. 당시 이레니우스(Irenaeus, d. 202)와 초기 기독교 지도자들은 영지주의의 오류를 지속해서 반박했다. 이 과정에서 그들은 인간의 몸을 포함한 선한 창조에 대한 기독교적 입장을 확립하게 되었다.[8] 선한 창조를 상실함은 복음을 상실하는 위험, 즉 하나님 아들의 성육신이 지닌 가치를 상실할 위험에 빠뜨리는 결과를 가져온다.

---

[8] *St. Irenaeus of Lyons Against the Heresies*, Ancient Christian Writers, 3 vols., ed. Dominic J. Unger et al. (Mahsah: NJ: Paulist Press, 1992-2012)를 특별히 참조하라.

3. 몸으로 구현하기에 관한 혼동

우리 육체는 무엇으로 만들어졌는가?

동방정교회는 인간을 물질적 존재로만 생각하지 않는다. 인간을 육체 그 이상의 존재로 본다. 이와 반대로 영혼의 존재나 정신 세계를 부정하는 유물론(materialism)에 따르면, 몸이나 신체 활동이 중단되거나 멈추면 존재 자체가 사라져버린다고 주장한다.

이 문제에 대해 심도 있는 논쟁을 벌이지는 않았지만, 교회는 유물론을 비성경적으로 보면서 지속해서 부정해 왔다.[9] 인간은 육체를 구성하는 산소, 탄소, 수소와 같은 여러 물질적 요소의 특정한 조합으로 볼 수 없다는 것이다.[10]

다른 한편으로 인간이 물질 이상의 존재라고 해서 몸의 가치를 떨어뜨리는 것은 아니다. 영혼과 육체가 어떤 목적으로 설계되었든 인간의 총체적인 모습은 영혼과 육체, 모두를 함께 고려해야 하기 때문이다. 이러한 모습이 바로 인간이다. 하나님의 특별한 부르심은 자신의 형상대로 인간을 만드셨다는 사실이다(창 1:27; 5:2; 말 2:15). 네덜란드 신학자인 헤르만 바빙크(Herman Bavinck)는 성경에 나타난 "이원적 총체론"(dualistic holism)을 다음과 같이 설명한다.

> 인간은 본질상 육체적이고 감각적인 존재이다. 그러므로 사람의 몸이 먼저이다. 땅의 흙으로 지으시고 나서 생기를 불어넣으셨다. 흙으로 만들어

---

9   Cooper, *Body, Soul, and Life Everlasting* 재참조.
10 최근에 비환원적 물질주의를 주장하는 그리스도인들조차도 우리의 육체성이 우리임을 입증하는 것을 목표로 하지만 이는 자연주의적 방식으로 이해되어서는 안 된다. 이런 시도에 관한 판단은 두고 볼 필요가 있지만, 나 자신도 결국 이 견해가 환원주의적 설명을 피할 수는 없다고 믿는다. 비환원적 물질주의에 대해서는 Warren Brown and Brad Strawn, *The Physical Nature of the Christian Life: Neuroscience, Psychology, and the Church* (Cambridge: Cambridge University Press, 2012)를 참조하라.

졌기에 "아담"(Adam: 땅의 사람)으로 불린다. … 몸은 감옥이 아니라 하나님의 손으로 지으신 놀라운 예술품이다. 하나님은 전능하시며 인간의 영혼과 같은 영적 존재이다(욥 10:8-12; 시 8; 139:13-17; 전 12:2-7; 사 64:8). 몸은 땅에 있는 장막 집(고후 5:1), 기관(organ), 봉사의 도구이다. 몸의 "지체들"은 불의의 무기이거나 의의 무기이다(롬 6:13).[11]

불행히도 사람들은 몸과 영혼을 완전히 분리 가능한 두 존재로 생각하는 경향이 있다.[12] 이로 인해 영적인 사람과 육적인 사람 사이에 나뉨이 일어나 육적인 사람은 영혼의 존재를 무시하고 영적인 사람은 몸의 가치를 무시하곤 한다.[13]

예를 들어, 계몽주의는 육체보다는 정신(mind)을 높이 평가했다. 정신이 육체를 통제하고 훈련하여 목표를 달성하게 하면서도 육체가 지닌 본질적 가치에 대해서는 의문을 가져왔다. 이러한 사고방식은 우리 몸에 대한 의구심을 가지도록 했다. 이로 인해 우리 몸은 매우 더럽고 세속적인 기능을 지니며 통제 불능의 감정이나 약점을 쉽게 가지기에 극복해야 할 대상으로 생각되었다. 계몽주의는 육체에서 해방된 영혼의 독립을 요구한다.

---

11 Herman Bavinck, *Reformed Dogmatics: God and Creation*, ed. John Bolt, trans. John Vriend (Grand Rapids: Baker Academic, 2004), 2:559. 이 방식에서 인간은 다른 창조물과 분명히 구별된다. "하나님은 그분 안에서 하늘과 땅, 보이는 것과 보이지 않는 것들을 연합하시고 화해하도록 하셨다"(Bavinck, *Reformed Dogmatics*, 556).
12 기념비적이었지만 결정적인 오류를 범한 데카르트의 송과체(pineal gland, 뇌 속의 솔방울 모양의 내분비선-역자 주)에 대한 초점은 몸을 영혼이 깃드는 부분으로 생각한 것이 아니라 어떻게 영혼과 몸이 상호작용하는지를 이해하는 방식에 대한 것이었다.
13 엘리자베스 루이스 홀은 각 시대에 있어 주요한 문화적 특징에 대해 훌륭하게 정리하고 있다. 다음과 같은 단락에서 그녀의 주장을 요약한다. Elizabeth Lewis Hall, "What Are Bodies For? An Integrative Examination of Embodiment", *Christian Scholar's Review* 39, no. 2 (Winter 2010), 159-176을 참조하라. 현대성(modernity)에 대한 논의는 이 책의 161-162에서 주로 다루어진다. 이외에도 Luke Timothy Johnson, *The Revelatory Body: Theology as Inductive Art* (Grand Rapids: Eerdmans, 2015); James K. A. Smith, *Imagining the Kingdom: How Worship Works* (Grand Rapids: Baker Academic, 2013), 29-100을 참조하라.

따라서 계몽주의는 개인주의를 소중하게 생각하고 의존성(물리적·관계적 의존성)을 단점으로 본다. 정신 능력을 최우선으로 삼기에 몸은 신체적인 건강, 행위, 운동 등의 목적을 위해 통제되어야 한다. 이처럼 몸은 정신을 위해서만 존재하는 것으로 간주되었다.

최근 서구에서는 "모던 바로크"(modern baroque) 관점이나 엘리자베스 홀(Elizabeth Hall)이 "포스트모던의 몸"(postmodern body)으로 명명한 관점으로 몸에 관해 설명한다.[14] 현대성(Modernity)은 평화, 번영, 정의를 보장하리라는 약속을 지키지 않았다. 우리는 보편적인 규범에 동의하지 않는 조각나버린 사회에서 살고 있다. 홀은 정의와 의미에 대한 소망을 상실하면서 인간은 음란이나 충족시켜야 하는 육체적 식욕과 같은 자기 방종에 빠져버렸다고 주장한다.

그러나 이러한 방종은 결국 과소평가되거나 무시되곤 한다. 견고한 개인주의는 빠르게 변질되어 자기도취적인 음란과 쾌락의 모습으로 현대성에 반응한다.[15] 이런 반응은 여전히 우리 몸을 몸 그대로가 아닌 다른 것으로 인식하게 한다. 이제 몸은 우리가 살아가는 인생으로가 아니라 관찰 가능한 상품처럼 인식된다. 이런 방식은 마치 우리가 몸을 관찰하고 평가할 수 있는 것처럼 몸에서 떨어져 나와 우리의 자아와 분리된다.

이렇게 오늘날 요동치는 혼돈의 상황으로 인해 다음의 질문은 매우 어려운 질문이 되어버렸다.

"당신은 누구인가?"

최근 의료기술의 발달로 인한 엄청난 변화로 몸에 대해 새로운 정의를 내릴 수 있게 되었다. 현재 인기 있는 이상적인 이미지나 인상을 추구하며 이를 따라갈 수 있는 새로운 기술과 도구를 보유하게 되었다.

---

14 "모던 바로크"의 언어와 이 관점에 대한 자세한 설명을 위해서는 Philip A. Mellor and Chris Shilling, *Re-forming the Body: Religion, Community and Modernity* (Thousand Oaks, CA: Sage, 1997)를 참조하라.

15 Hall, "What Are Bodies For?", 162.

보톡스(Botox)로 변화를 주거나 포토샵을 통해 원하는 이미지로 바꿀 수 있다. 그림 그릴 때 텅 빈 도화지처럼 선호하는 대로 자신의 얼굴이나 몸을 다시 설계하고 바꿀 수 있다. 우리의 부족한 상상력과 경제적 능력이 한계일 뿐이다.[16] 이런 상황 속에서 우리는 점차 더 상대방을 객관화한다(objectify). 이렇게 몸에 대한 소비적 개념(consumerist conception of bodies)이 강해져서 여성들은 "자기 객관화"(self-objectification)를 발전시킨다(남성들도 점차 증가하는 추세이다).

하지만 이런 유형의 객관화는 높은 수준의 우울증, 수치심, 불안, 성 기능 장애 및 섭식 장애와 같은 여러 부작용을 유발하기도 한다.[17] 그런데도 육체적인 고통의 체험과 같이 문화적으로 이상화된 육체나 얼굴을 추구하는 것은 이제 통제할 수 없는 인간의 본능이 되어버렸다.

발전된 의료기술을 이용해 사람들의 신체를 성형하고 바꾸는 것이 언제 필요할까?
어떤 사람이 다른 사람들처럼 정상적인 신체 기능을 하지 못한다면 어떻게 해야 할까?
예를 들어, 구개열(입천장이 갈라지는 질환-역자 주)이나 다운증후군을 앓고 태어난 아기가 있다면 우리는 어떻게 해야 할까?
또는 손과 발을 상실하거나 파킨슨병에 걸렸다면 어떻게 해야 할까?

---

16 이 문제에 대한 강한 비평에 대해서는 Lilian Calles Barger, *Eve's Revenge: Women and a Spirituality of the Body* (Gramd Rapids: Brazos, 2003)를 참조하라. 이 책은 특별히 여성들에게 상당한 반향을 일으켰다.
17 Hall, "What Are Bodies For?", 164-165. 이외에도 Barbara I., Frederickson and Tomi Ann Roberts, "Objectification Theory: Toward Understanding Women's Lived Experience and Mental Health Risks", *Psychology of Women Quarterly* 21, no. 2 (June 1997): 173-206; Jennifer Stevens Aubrey, "The Impact of Sexually Objectifying Media Exposure on Negative Body Emotions and Sexual Self-Perceptions: Investigating the Mediating Role of Body Self-Consciousness", *Mass Communication and Society* 10, no. 1 (2007), 1-23을 참조하라.

어느 날 갑자기 누군가의 도움 없이는 걷지 못하게 되어 화장실도 갈 수 없다면 어떻게 해야 할까?

우리 육체는 만성적인 통증으로 인해 하루에도 심하게 아프다가도 잦아들곤 한다.[18]

이러한 육체적 체험이 인간에 대한 생각에 어떤 영향을 미치는가?

이처럼 우리 자신은 다른 사람들에 대한 반응이나 인식과 동떨어져 있지 않다. 우리는 몸으로 구현된(embodied) 자아를 육체를 통해 드러낸다. 그러므로 우리가 신학적 성찰보다 상품화된 이미지를 가지고 다른 사람에게 반응한다면, 결국 일그러진 렌즈로 우리 자신과 다른 사람들을 보게 되기에 서로를 홀대하게 된다. 우리는 젊음과 강함을 지나치게 선호하며 문화적으로 뒤처진 사람들을 무시하게 될 것이다.

이러한 의문들은 오늘날 일종의 긴장을 만들어낸다. 한편으로 몸이 정신으로 극복되고 다스려진다고 생각해서 정신으로 몸을 치료하고자 한다. 하지만 몸의 가치에 대해서는 아주 부정적이다. 우리의 모든 갈망이 충족되어야 한다거나 현재 유행하는 아름다움의 기준에 맞추어 성형해야 한다고 생각한다.

이처럼 우리는 자기 방식대로 몸을 오해하여 자기 정체성을 상실하면서 분열된 자아를 만들어낸다.

그렇다면 어떻게 우리 자신을 총체적으로 보는 법을 배울 수 있는가?

---

[18] Kelly R. Arora, "Models of Understanding Chronic Illness: Implications for Pastoral Theology and Care", *Journal of Pastoral Theology* 19 (2009): 22-37을 참조하라.

4. 본회퍼와 우리 몸의 목적

1933년 디트리히 본회퍼(Dietrich Bonhoeffer, 1906-45)는 작지만, 인상적인 『창조와 타락』(*Schöpung und Fall*)이라는 책을 기술했다. 몸으로 구현된 인간 창조물이 지닌 목적에 대한 그의 주요 관찰 중 하나는 몸의 구현(embodiment)을 관계성(relationality)과 연관시키는 것이다.

본회퍼는 이 책을 시작하면서 성경에서 여호와가 인간을 포함한 세상의 각 부분을 어떻게 창조하셨는지에 주목한다. 창조에서 상황을 전개하고 발전시키는 것은 추상적인 힘이나 능력이 아니다. 창세기는 인간을 창조하신 분이 하나님이며 그분의 손으로 만드셨다고 한다. 창조주가 만드신 몸이 그분과 우리가 얼마나 친밀한지를 보여 준다.[19]

땅에서 흙으로 만들어진 인간은 하나님과 교제하는 존재로 창조되었다. 창세기는 저주받지 않은 선하고 유익한 땅을 인간과 연관시킨다. 인간은 흙에서 창조되었다.[20]

> 인간이 시작된 곳은 하나님의 땅이다. 그 땅에서 인간은 몸을 가진다. 몸은 인간의 본질에 속한다.[21]

---

19 Dietrich Bonhoeffer, *Creation and Fall: A Theological Exposition of Genesis 1-3*, in *Dietrich Bonhoeffer Works* (Minneapolis: Fortress, 1997), 3:76.
20 뛰어난 작가이자 존경받는 농부인 웬델 베리(Wendell Berry)는 관찰하기를, "창세기 2:7에 나타난 공식은 '몸+영혼=사람'이 아니라 '흙+호흡=영혼'이다. 이 구절에 따르면, 하나님은 몸을 만들지 않고 봉투에 편지를 넣듯이 영혼을 몸에 넣은 것이 아니다. 하나님은 흙으로 구성된 인간을 만들었고 이후 자신의 호흡하심으로 흙에 생명을 주셨다. 흙은 인간으로 형성되어 생명을 가지도록 만들어졌다. 흙이 영혼을 몸으로 구현한 것이 아니라 흙이 영혼이 되었다. 여기에서 '영혼'은 모든 창조물을 가리킨다. 인간성은 아담 안에서 두 개의 분리된 창조물이 일시적으로 붙어있는 것이 아니라 하나의 신비로 제시된다"라고 한다(Wendell Berry, *Sex, Economy, Freedom & Community* [New York: Pantheon, 1993], 106). 베리로 인해 Joel Shuman and Brian Volck, *Reclaiming the Body: Christians and the Faithful Use of Modern Medicine* (Grand Rapids: Brazos, 2006), 48도 참고하였다.
21 Bonhoeffer, *Creation and Fall*, 76.

본회퍼는 몸을 영혼을 가두는 감옥이나 빈껍데기로 보지 않고 몸과 영혼의 두 가지 형태로 인간 존재의 온전함을 확인한다.

> 인간은 몸이다. 인간은 몸과 영혼을 '지닌 것'이 아니라 몸과 영혼 '그 자체'이다.[22]

창조에 관한 창세기 기록은 인간의 선한 일치(몸과 영혼의 일치)를 기뻐하며 땅과 인간이 연결되어 있음을 보여 준다. 따라서 인간은 실제로 "땅에 사는 존재"(earthlings)라고 부를 수 있다. 즉, 인간은 하늘에서 내려온 존재가 아니라 흙으로 만들어진 존재이다. 하나님의 호흡으로 채워진 인간은 그분의 사랑에 응답하여 만물을 창조하신 성부 하나님과 기쁘고 즐거운 교제를 가진다.

그렇다면 인간의 몸은 어떤 면에서 특별하고 의미가 있을까?

본회퍼는 인간이 지닌 육체성(physicality)을 관계성(relationality)과 연결해 이 문제를 해결한다.

> 육체적 본성 안에서 인간은 땅과 타인의 몸(other bodies)과 연관되어 있다. 그들은 다른 사람들을 위해 존재하고, 그들에게 의존한다. 몸으로 존재하는 인간은 그들의 형제와 자매를 보면서 그들의 모습을 통해 자신도 흙으로 지어져 있음을 확인한다. 창조물로서 흙과 영으로 구성된 인간이 바로 하나님을 '닮은'(like) 존재이다.[23]

여기서 본회퍼는 **관계의 유추**(analogia relationis)를 전개한다. 그는 하나님 형상으로 창조된 남자와 여자에 대한 성경의 설명으로 돌아가 인간은 존

---

[22] Bonhoeffer, *Creation and Fall*, 77.
[23] Bonhoeffer, *Creation and Fall*, 79.

재론적으로 삼위일체 하나님은 아니지만, 하나님과 관계성을 지니고 있다고 주장한다.[24] 이 관계성으로 인해 항상 하나님과 인간, 인간들 사이, 심지어 땅에 존재하는 다른 창조물과도 교제할 수 있다.

인간이 영적인 존재라는 사실은 그가 지닌 육체성을 훼손하지 않고 어떻게 이 사실을 이해해야 하는지에 대한 실마리를 제공한다. 본회퍼는 다음과 같이 주장한다.

> 나의 선 존재는 피조성(creatureliness)으로 인해 전적으로 이 세상에 속해있다. 세상이 나를 낳았고 양육하고 존재케 한다.[25]

하지만 창조물로서 인간은 자유를 선물로 받았으며 이 자유는 창조주가 될 수 없는 자유, 무한하지 않은 자유, 다른 존재에게 흡수되지 않을 자유이다.

창조물이 신이 될 것으로 기대하지 않는 것이야말로 아름다운 진실이다. 하지만 이 놀라운 자유는 우리가 다른 존재에게서 자유롭고 다른 존재를 위해서도 자유로워야 하는 자유이다. 이는 우리가 이 땅에 있는 인간 이외의 다른 존재를 돌보아야 한다는 언약적 돌봄(covenantal care)으로 우리를 부르신 특별한 사명이기도 하다. 또한, 본회퍼는 인간이 지닌 피조성이 각자를 상호 연결된 존재임을 확인해 주기에 "하나님이나 형제자매가 없다면 인간은 이 세상을 상실하게 될 것"[26]이라고 주장한다.

---

24 Cf. Bonhoeffer, *Creation and Fall*, 64-65; Karl Barth, *Church Dogmatics* (Edinburgh: T&T Clark, 1958, 1960), III/1, 228-30; III/2, 220. 최근 신학자들은 하나님의 내적 삼위일체의 삶과 우리의 사회적 관계의 삶 사이에서 제기된 극단적인 주장들에 반대하며 주의를 기울이고 있음을 인지할 필요가 있다. 특별히 어떻게 극단적인 주장들이 전통적인 삼위일체 신학을 왜곡하는지에 대해 주의해야 한다. Steve Holmes, *The Quest for the Trinity: The Doctrine of God in Scripture, History, and Modernity* (Downers Grove, IL: IVP Academic, 2012)를 참조하라.

25 Bonhoeffer, *Creation and Fall*, 66.

26 Bonhoeffer, *Creation and Fall*, 67.

우리의 참된 자유는 다른 존재를 위한 자유이기에 우리가 다른 존재와 떨어져 고립되어 버리면 그 길을 잃고 만다. 자유가 남용되거나 다른 사람이나 이 세상과 관계성이 깨진다면 이는 하나님과 올바른 관계를 맺는 것이 아니다. 인간의 몸은 번거로운 유한성의 한계를 지니고 있기에 전체 창조 세계 안에서 창조주 앞에 있는 우리의 위치로 부름을 받는다. 인간은 동물과 같은 종류의 몸을 가진다. 궁극적으로 동물과 동일한 티끌과 흙으로부터 나왔기 때문이다.

아담은 동물 가운데 살면서 만족하지 못했지만, 그가 혼자 살도록 창조되지 않았다는 것을 알았다. 비록 그의 주변에는 여러 동물이 있었지만, 아담은 자기와 같은 사람이 필요했다. 결국, 하나님은 은혜를 베푸셔서 아담의 편에서 하와를 창조하셨다. 동물과 관계성을 가지면서 특별한 창조물인 인간으로 창조하셨다(창 2:21-23).

그들은 서로 구별되지만, 서로에게 속하였다.[27] 아담은 오만할 수 없었다. 교제할 수 있음이 바로 하나님의 선물이었기 때문이다. 혼자 있는 고독이나 고립은 남자나 여자에게 결코 좋은 조건이나 상황이 되지 못한다.[28] 대신에 하나님은 인간과 그리고 인간 서로 간에 자유롭게 교제하며 살아가도록 창조하셨고 또한 인간이 다스리는 창조물들이 인간을 섬기도록 하셨다. 이를 통해 우리는 믿음, 소망, 사랑이 지닌 근본적인 특성은 개별적이지 않고 공동체적이라는 사실을 확인하게 된다.

인류의 기원인 아담과 하와는 몸으로 구현된 모습의 경이로움을 보여준다. 본회퍼에 따르면, 몸으로 구현된 인간관계에서 그들은 창조물로서

---

27 Bonhoeffer, *Creation and Fall*, 97.
28 여기에서 본회퍼는 아담, 그리스도, 우리 사이의 연관성을 함께 얻고자 기독론적인 해석을 하고 있다. 아담은 혼자였고 공동체를 그리스도에게로 이끌어줄 다른 사람을 기대했던 반면, 그리스도는 홀로였지만 다른 사람들을 사랑했다. 그 이유는 바로 그리스도가 인간들이 창조주에게로 돌아오게 하는 유일한 길이였기 때문이다. 우리는 다른 사람을 여러 이유로 우리 자신에게서 밀어내기에 우리는 혼자일 수밖에 없다. 하지만 그리스도와의 연합은 우리를 하나님과 다른 사람에게 연결한다(Bonhoeffer, *Creation and Fall*, 96).

의 한계와 함께 사랑의 대상을 발견한다.[29] 다음과 같은 본회퍼의 관찰은 우리의 관심을 끌 만하다.

> 다른 사람이 하나님의 창조물임을 인지하면서 그가 단지 타인으로 내 곁에 있으며 나의 한계를 정해 주는 사람인 동시에 그 사람도 나와 내 생명에서 파생된 존재임을 인지해야 한다. 그러므로 우리는 타인을 사랑하면서 동시에 타인에게 사랑받는다. 왜냐하면, 그 사람도 나의 일부이기에 아담이 지닌 육체적 형상의 한계를 드러내며 아담이 자기 한세를 좀 더 견디도록 도와주는 존재이기 때문이다. 다른 말로 하면, 타인에 대한 사랑은 자기 자신의 한계를 참고 견디도록 돕는 역할을 한다.[30]

여기에서 본회퍼는 명석하게 인간의 한계성과 사랑을 연결하고 있다. 인간은 영화로운 창조물이기에 창조 때부터 자신이 신이라는 생각을 할 수도 있다. 인간은 강하고 만물을 다스릴 수 있기에 세상의 주인으로 자신을 생각한다. 하지만 타락하지 않은 세상에서도 타인을 만나는 일은 우리의 행복과 인생에 매우 큰 영향을 미치는 한계와 만나는 것이다. 하지만 이 한계는 결코 저주가 아니다. 인간은 **몸으로 구현된 창조물**이기 때문이다.

타인은 우리가 지닌 한계를 확인해줄 뿐 아니라 그것을 사랑하게 한다. "타인은 하나님이 나를 위해 설정하신 한계, 내가 사랑하는 한계 그리고 나의 사랑이기 때문에 나는 그 한계를 넘지 않을 것이다."

본회퍼는 이제 여러 주제를 한데 모아서 다음과 같이 선언한다.

> 타인의 존재로 인해 자유와 피조성이 사랑으로 함께 하나로 묶이게 된다.[31]

---

29 Bonhoeffer, *Creation and Fall*, 98.
30 Bonhoeffer, *Creation and Fall*, 99.
31 Bonhoeffer, *Creation and Fall*, 99.

본회퍼가 시대의 예언자로서 이해한 것은 죄가 세상에 들어와 인간관계에 나쁜 영향을 미쳤다는 점이다. 인간관계가 깨어질 때, 이전에는 좋았고 사랑과 감사의 대상이던 타인이 지닌 한계는 분노와 좌절의 대상이 되어 버린다. 사랑을 상실하면, "인간은 한계를 미워하게 된다. 사람은 오직 상대방을 소유하거나 무너뜨리기를 바라게 될 뿐이다."[32]

인간은 하나님을 경배하며 공동체의 상황 가운데 살도록 창조된 존재이기에 이는 부정적인 결과를 낳는다. 교제하며 살도록 창조된 하나님이 주신 본래의 은혜는 이제 인간에게 저주가 되고 말았다. 그 이유는 우리의 한계성으로 인해 타인을 위협적인 존재로 보기 때문이며 또한 이러한 위협은 상대방이 우리를 끊임없이 필요로 하고 요구한다고 생각하기 때문이다. 한계와 사랑은 우리가 육체적 존재이며 이로 인해 관계 안에서 서로 얽혀 있음을 보여 준다.

선하고 좋은 땅과 유기적으로 연결되기보다는 오히려 관계가 깨어진 사람들은 타인과 그들의 몸을 자극과 혐오의 대상으로 본다. 인간이 육체적 존재로 창조되었다는 의미는 그가 하나님 앞에서 온전히 살고 그분이 창조하신 선하고 좋은 세상을 즐기기 위해 서로의 능력이 필요함을 뜻한다.

이 즐거운 상호의존이 손상되자 수치심, 분노, 조종이 인간관계의 특징이 되어버리고 말았다. 이제 우리는 타인의 몸을 지배하거나 반대로 그들의 요구를 거부하고 회피하려는 유혹을 받는다. 하지만 이렇게 변질된 모습은 우리 본래의 선한 모습과 상황을 되돌아보게 한다. 우리가 육체적 존재로 창조되었음은 하나님의 축복 가운데 생명을 제공하는 인간관계를 위해 고안되었음을 보여 주기 때문이다.

---

[32] Bonhoeffer, *Creation and Fall*, 99.

5. 육체성과 관계성

본회퍼의 통찰력은 우리에게 올바른 방향을 제시해 준다. 엘리자베스 홀(Elizabeth Hall)은 본회퍼와 만난 적은 없지만 최근 그녀의 연구 결과는 본회퍼의 주장을 확인해 준다. 심리학, 사회학, 철학, 신학 및 성경 연구의 광범위한 분야를 다루면서 홀은 인간의 육체성이 실재적인 목적을 지니며 그 목적이 인간의 관계성과 연관되어 있음을 반복해서 드러낸다. 자연과학뿐 아니라 사회과학도 우리 몸이 인간관계를 발전시키도록 징교하게 고안되어 있음을 알려 준다.[33]

심리적으로 몸은 인간을 세상으로 향하게 하여 인생의 시나리오를 제공하는 결정적인 역할을 한다. 엄마가 갓 태어난 아기를 다정다감하게 보살핌으로써 아기는 자신이 안전하게 보호받고 있음을 느낄 수 있다. 친구의 따뜻한 포옹은 소속감과 안정감을 전달한다. 만일 당신이 농구 경기 후 기분이 심하게 상했다면, 청년들과 좋은 관계를 유지하기에는 나이가 들었다는 뜻이다. 다른 사람과 심리적으로 복잡하게 얽혀 있는 관계의 역동성은 명백하게 우리 몸으로 구현된 실재(reality of embodiment)에 달려 있다.[34]

인간은 또한 사회적으로도 자신의 몸과 연관되어 있다. 우리 몸이 성장하면서 "생활의 규범"(rules of life)을 배운다. 청소년들은 부모가 그들의 행동을 인정해 주지 않을 때, 그들이 무언가 잘못하고 있음을 알게 된다. 낯선 디너파티(dinner party)에 참석한 경우 우리는 어떻게 처신해야 할 줄 몰라 곤란해할 수도 있다. 이처럼 몸으로 구현된 올바른 존재 방식은 이미 규정된 사회 규범과 긴밀하게 연결되어 이에 의존하고 있음을 깨닫게 된다.[35]

---

33 Hall, "What Are Bodies For?", 167.
34 관계성의 발전적 모델에 대해서는 Jack O. Balswick, Pamela Ebstyne King, and Kevin S. Reimer, *The Reciprocating Self: Development in Theological Perspective* (Downers Grove, IL: IVP Academic, 2005)를 참조하라.
35 이 문제에 관한 고전적 책으로는 Norbert Elias, *The Civilizing Process* (Malden, MA: Blackwell, 2000)를 참조하라.

케네스 게르겐(Kenneth Gergen)은 『관계적 존재: 자아와 공동체를 넘어서』(*Relational Being: Beyond Self and Community*)에서 "경계 지어진 존재"(bounded being)로서 "자아"(self)를 규정하는 서구적인 개념을 비판하고 있다.[36] 경계 지어진 존재로서 자아를 보면 자아는 기본적으로 다른 존재와 분리된 상태로 인식된다.

내가 마치는 곳이 당신이 시작하는 곳이다. 내 존재는 당신의 존재가 아니다. 나는 내 자아를, 당신은 당신의 자아를 가지고 있을 뿐이다. 게르겐에게 이러한 생각이 함축하고 있는 의미는 엄청나다. 경계 지어진 존재가 사는 세상은 신랄한 평가, 자기 회의(self doubt), 영혼 숭배, 조건적 사랑, 자기만족, 자축하는 독백과 자존감을 사회적으로 추구하는 세상이다. 이런 세상에서 실패할 수 있는 경우의 수는 무궁무진하며 어떤 인간관계이든 부족할 뿐이다.[37]

게르겐은 이 암울한 인류의 비전을 위한 대안을 제시하면서 종교적인 언어로 "태초에는 관계성이 있었다"라고 진술한다. 게르겐은 우리가 관계 속에서 태어나고 존속되는 존재임을 주장한다. 이에 더하여 나는 이런 관계에 대한 이해가 우리 몸의 상호 연결성을 토대로 가정되어 구축된다고 믿는다.

사회학적으로 상당한 정보를 제공하는 여러 사상가를 끌어들이면서 게르겐은 다른 사람들과 함께하는 자아에 대한 감사로 우리를 초대한다. 여기서 인간의 자아는 "관계적 합류점"(relational confluence)이 된다.[38] 여기서

---

36 이 자료와 심지어 이 문단의 나머지 문장들도 사회학자인 매트 보스(Matt Vos)에게 빚지고 있다. 보스는 게르겐의 책을 나에게 처음 알려 주었다. 이 주제에 대해서는 Matt Vos, "There's No Such Thing as Alone: From Bounded-being Accounts to the Confluence of the Saints", in *Journal of Sociology and Christianity* 6, no. 2 (October 2016): 24-36을 참조하라.

37 Kenneth Gergen, *Relational Being: Beyond Self and Community* (Oxford: Oxford University Press, 2009), 9.

38 게르겐이 묘사하는 이들은 허버트 블루머(Herbert Blumer), 클리포드 기어츠(Clifford Geertz), 찰스 홀튼 쿨리(Charles Horton Cooley), G. H. 미드(G. H. Mead), 해롤드 가핑켈(Harold Gafinkel), 어빙 고프만(Erving Goffman), 로버트 벨라(Robert Bellah) 등이 있다.

간과하지 말아야 할 점은 타인과 함께하는 자아는 우리 몸을 전제로 타인과의 관계를 확인하지만 왜곡된 자아는 타인을 신체적 한계와 심리적 필요를 지닌 존재로 치부해 버리게 된다는 것이다.

따라서 이는 온전함과 소망을 위한 방식보다는 타인을 회피하려는 부담을 가지고 상대방을 대하게 만든다. 인간이 자신의 몸 안과 몸을 통해 발생하는 관계성이 지닌 구체적인 '현세성'(earthiness)을 망각한다면 그 사람은 단지 타인을 잃는 것으로 그치지 않고 게르겐의 말로는 그 자신의 자아까지 상실하는 결과를 가져오게 된다.

철학적으로도 몸은 중요한 역할을 한다. 우리는 매개체인 몸과 분리된 세상에 대한 지식을 가지고 있지 않다. 인간은 자신을 세상과 연관 지어서 눈, 귀, 코, 손, 발을 통해 그가 속한 세상에 대해 배우게 된다.

달라스 윌라드(Dallas Willard)가 언급하는 것과 같다.

> 나의 지각 의식(perceptual consciousness)은 항상 내 몸의 특정 상태에 의해 표시된다. 이는 모든 사람이 같은데 그것이 바로 우리의 본질이기 때문이다.[39]

나는 지금 글을 쓰고 있는 책상의 아랫면이 어떻게 보이는지 알 수 없다. 그 이유는 내가 책상 위에서 컴퓨터를 보고 있기 때문이다. 이처럼 무언가를 인식하는 능력은 항상 우리 몸의 현재 상태에 달려 있으며 몸과 연관되어 있다.

신학적으로 우리 몸은 "주님을 위해"(고전 6:13) 존재하기에 몸은 그분의 세상에서 하나님의 선한 뜻을 드러내는 중요한 도구로 사용된다. 다시 말해, 몸은 공적인 것이기에 수평적 관계뿐 아니라 수직적 관계도 보여 준다. 하나님은 우리 몸을 통해 타인에게 그분 자신을 드러내려는 궁극적인

---

[39] Dallas Willard, *The Spirit of the Disciplines: Understanding How God Changes Lives* (New York: Harper Collins, 1988), 83.

제1부 제4장 몸으로 구현하기(Embracing our Embodiment) 93

목적을 위해서 관계를 발전시키고자 우리 몸을 창조하셨다.**40** 그러므로 우리는 자신의 몸을 자기가 주인인 것처럼 행동하거나 쾌락과 즐거움이 전부인 것처럼 살아서는 안 될 것이다.

  이 세상에 존재하는 하나님의 육체적 이미지인 우리는 창조주를 부인하거나 손상하는 방식이 아니라 창조된 인간성을 반영하고 이를 성장시키는 방식으로 하나님을 섬긴다.

하지만 만일 고통으로 인해 무기력해진다면 우리는 어떻게 해야 하는가? 사려 깊고 사랑이 많은 사람조차 삼켜버리는 고통의 폭정을 어떻게 벗어날 수 있는가?

세상의 타락으로 인해 몸의 구현을 통해 나타나야 하는 선(goodness)이 왜곡되거나 박탈될 때 어떻게 해야 하는가?

---

40 Hall, "What Are Bodies For?", 175.

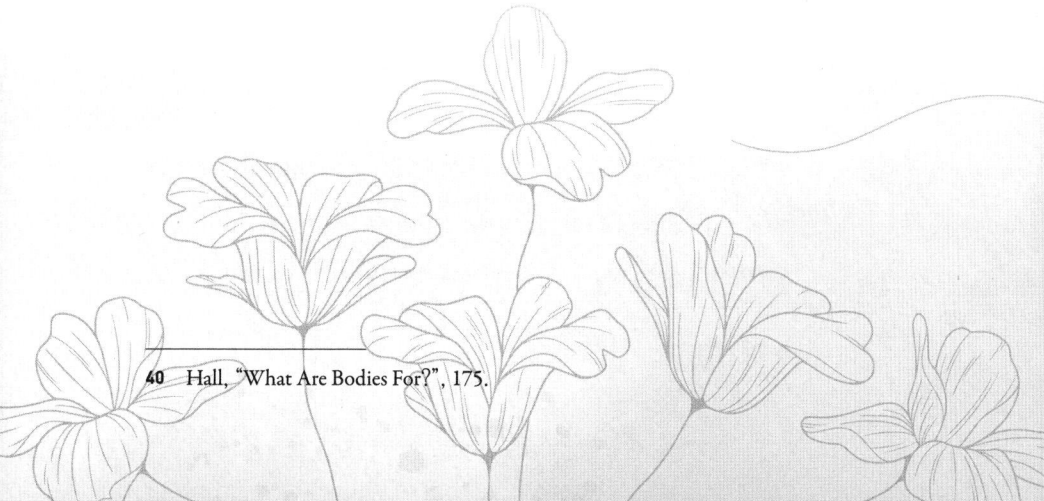

제5장

고통과 함께 드는 의문
(Questions that Come with Pain)

> 올바른 약을 발견한다면 의학적 해결이 언제나 가능하듯이
> 인간의 고통을 육체적 문제로만 축소해서 보지 않으려면
> 고통의 의미를 확장해야 한다.
> - 데이비드 모리스(David Morris),
> 『고통의 문화』(The Culture of Pain).

> **내 육체와 마음은 쇠약하나**
> **하나님은 내 마음의 반석이시요 영원한 분깃이시라**
> (시 73:26).

> 내가 병들었을 때 아파하는 몸과 함께하는 마음이 내가 아니라
> 아파하는 몸이 바로 나인 것이다.
> 질병은 아직 기술하지 않은 우리 이야기의 일부임을 발견할 절호의 기회이다.
> - 스탠리 하우어워스(Stanley Hauerwas),
> 『상처받은 스토리텔러』(The Wounded Storyteller).

하나님이 우리를 창조하고 나서 우리를 보며 좋다고 선포하셨기에 우리가 지닌 현세성(earthiness)이나 육체성(physicality)을 부끄러워할 필요가 없다. 우리는 육체를 가진 경배자로 샬롬을 위해 창조되었기에 왕이신 하나님, 동료인 인간, 심지어 땅과의 교제로 부름을 받은 존재이다.

그러나 선한 상태인 창조 때의 모습과는 다르게 세계는 육체성이나 관계성이 왜곡되어 악한 상태가 되어버렸다. 그 증거로 우리 몸에서 자라는 파괴적인 암에서부터 우리의 삶에 혼란을 가져다 주는 역기능적 관계에 이르기까지 잘못된 모습들을 쉽게 발견할 수 있다.

우리 마음은 자기 칭찬과 자기 비난 사이에서 요동치기에 항상 불안정한 상태로 살아간다. 무질서와 쉽게 답할 수 없는 여러 의문 가운데서 우리는 영적 생활의 필요를 느끼면서도 하나님의 인격적 사랑에 대한 경험 부족으로 인한 일종의 단절을 경험한다.

이러한 싸움에서 병이나 고통은 이 세상이 무너지고 망가져 있음을 직시하게 한다. 때로 이것은 우리 몸을 통해서도 오지만 타인의 경험을 통해서 우리를 괴롭히기도 한다.

어떻게 우리는 이 세상에서 그리스도인으로서 고통 가운데 살아가야 하는가?

육체적인 고통을 당하는 그리스도인들은 장기적으로 파괴적 방어 기제(defense mechanism)를 발전시킨다. 예를 들어, 고통에 대한 부정(denial)은 고통과 떨어진 채로 발전되어 여러 다른 모습으로 나타난다. 어떤 사람들은 자신이 느끼는 감정이나 두려움을 부정하고 억눌러 어떻게든 편안하고 안전한 공간을 마련하려 한다.

하지만 이런 전략은 부분적으로는 성공할 수 있을지 몰라도 그 사람의 인생 전체로 보면 어떤 특징도 찾을 수 없는 무색무취한 인생의 모습이 되어버린다. 어떻게든 고통으로 받는 상처는 피할 수 있을지 모르지만 대인 관계는 무너지고 삶을 풍성하게 하는 존재의 복합성이 단순화된다. 이처럼 고통을 부정하는 방식으로 고통을 자신과 단절하려는 사람들은 그 고통으로 인해 죽지 않을 수는 있으나 그들을 잘 아는 지인들은 실제로는 그들이 얼마나 "죽은 상태"로 살았었는지 뒷말하게 될 것이다.

암 환자인 저스틴(Justin)은 어려운 상황에서 매우 고통스러운 육체적 정서적 좌절을 어떻게 이겨낼 수 있었는지를 다음과 같이 설명한다.

> 성장하는 과정에서 어떻게 내가 내적으로 느끼고 있는지에 대해 다른 사람에게 결코 나누어 본 적이 없다. 그렇기에 나는 어려움을 만나면 어떻게 이 문제를 바람직하게 처리해야 할지를 잘 알지 못했다. 성경 말씀을 읽고 기도는 했지만, 술이나 약물과 같이 즉시 나를 만족하게 할 수 있어 보이는 것들에 의지하기 시작했다. 육체적 정서적 고통을 완화해 줄 것들을 찾았다.
> 결국, 하나님은 내가 죄를 직시하고 인정하여 건전하게 육체적 정서적 고통을 다룰 수 있는 선물을 허락하셨다. 그 선물은 바로 하나님이나 고통에 대해 느끼는 내 생각과 감정을 주변의 사람들과 함께 기꺼이 나눌 수 있어야 한다는 것이었다. 하나님은 이미 우리의 마음을 알고 계시며 우리 이야기를 듣고 용서하시는 분이다. 나의 세계에서 내가 주인의 자리에서 물러나서 하나님 안에서 참된 안식을 찾을 때야 비로소 그분이야말로 나에게 위로와 소망을 주시는 분임을 깨닫게 되었다.

저스틴은 자기가 당한 고통을 부정하고 감정을 억눌러 자신을 닫아버리는 일반적인 해결책을 시도했다. 하지만 이 방식은 그의 고통에 고립과 상처만을 더할 뿐이었다.

고통을 부정하는 사람들뿐 아니라 고통을 미화하는 사람들도 있다. 그들은 고통의 문제를 특별한 능력, 놀라운 영성, 심지어 인간 정신의 위대한 승리와 연관 지어 생각한다. 고통받는 그리스도인들은 때로 고통이 무엇이든 자신의 죄 문제부터 먼저 해결하고 이를 통해 질병을 치유하도록 하라는 권고를 듣곤 한다. 불행히도 고통을 이런 방식으로 대응하는 대부분 사람은 신비한 능력이나 만족스러운 회복, 모두 체험하지 못하며 그렇다고 해서 하나님과 영적으로 친밀한 교제를 가지지도 못한다. 그들은 그때 잠시 만족할 수는 있지만, 너무나 자주 자기 노력의 결실이 아닌 자신의 연약성, 결점 및 의존성을 확인하는 악몽 같은 시기를 반복해서 보내야만 한다. 이는 우리가 흔히 대하는 베스트셀러에서는 알려 주지 않는 내용이다. 자신의 고통을 미화하려는 방식에 자신감을 가졌던 사람들도 많은 경우에 초심을 잃지 않으려고 고군분투하지만 끝내 지쳐버리고 만다. 처음에는 심오한 격려처럼 들렸던 소리가 나중에는 잔인하며 실현되지 않은 약속으로 그의 귀에 맴돌게 된다.

그렇다면 이외에 또 다른 방식이 있는가?

세상과 거리를 두는 금욕주의(stoicism)나 어리석은 승리주의(triumphalism)에 빠지지 않고 고통의 깊이를 인정할 수 있는 다른 방식이 있을까?

교회는 세상의 상태를 거짓으로 미화하는 것은 하나님에 대해 올바로 증언하지 않는 것이라는 믿음을 가져왔다. 죄와 죽음, 사악한 일들은 우리 주변 어디에서든 존재한다. 고통의 문제로 깨어지고 무너진 관계의 문제는 어디에나 있기 마련이다.

이것이 바로 우리가 사는 세상이다. 우리 그리스도인들은 이러한 세상에서 살아가는 방식을 배워야 한다. 그리스도인은 이 세상의 고통과 이로 인한 모든 결과를 정직하게 마주하면서 하나님 앞에서 살아야 하는 존재이다.

고통을 부정하거나 미화하지 말고 고통의 문제를 정직하게 마주해야 한다.

이것이 바로 우리가 사는 세상이기 때문이다.

1. 죽음에서 사는 법 배우기

우리가 죽을 운명을 가진 존재라는 사실은 장기간 극심한 고통을 겪는 사람들만이 아니라 모든 사람을 괴롭혀온 문제이다. 현재 고통을 겪고 있는 사람들의 문제로만 제한해 버리면 우리의 논점이 흐려진다. 우리가 모두 고통으로 가득한 세상에서 살아가는 방식을 배워야 하기 때문이다.

우리 중 누구도 미래에 어떤 일이 우리를 기다리고 있는지 예측할 수 없다. 이 사실을 우리 모두의 문제로 보게 되면, 심한 고통을 가신 사람들을 보살피셨던 예수님에 대한 복음서의 설명이 얼마나 놀라운 것인지를 잘 이해할 수 있다. 이에 대해서는 제6장에서 자세히 설명할 것이다.

초대 교회 교부들로부터 청교도에 이르기까지 교회사 전반에서 그리스도인들은 죽음에 대해 묵상해 왔다. 그들의 문제는 고통의 가능성에 대한 것이 아니라 고통과 함께 살아가는 방식에 대한 것이었다. 현대 이전에는 문제가 고통과 질병이냐 혹은 구제와 구원이냐를 선택하는 것이 아니었다. 고통을 기꺼이 참아내느냐 억지로 참아내느냐의 문제였다. 당시에는 모든 사람이 육체적 불편함을 어느 정도는 감수해야만 하는 상황이었기 때문이다.[1]

중세 기독교 예술에서 성인들을 그린 그림을 보면 두개골을 자주 발견하게 되는데 이는 인간이 죽을 운명임을 기억하라는 메시지가 그 속에 담겨 있는 것이다. 사순절을 시작하는 재의 수요일(Ash Wednesday)에 행하는 여러 기독교 전통과 관습도 인간이 연약한 인생임을 기억하도록 했다. 예를 들어 공동 기도서(Book of Common Prayer)는 재가 성도의 머리에 놓일 때

---

1 David J. Melling, "Suffering and Sanctification in Christianity", in *Religion, Health and Suffering*, ed. John R. Hinnells and Roy Porter (London: Kegan Paul, 1999), 56. 46-63을 참조하라; cf. Esther Cohen, "Towards a History of European Physical Sensibility: Pain in the Later Middle Ages", in *Science in Context* 8, no. 1 (1995): 47-74. 코헨은 다음과 같은 사실을 분명하게 주장한다. 사람들이 보통 쾌락을 목적으로 고통을 추구하지는 않지만(cf. 현대 마조히즘) 많은 사람은 그런 경험이 유용할 수 있다고 믿는다는 점이다(Melling, "Suffering and Sanctification in Christianity", 52).

다음의 내용을 고백한다.

"당신이 먼지임을 기억하기 바랍니다. 그리고 당신은 먼지로 돌아가게 될 것입니다."

이런 이야기는 현대를 사는 우리에게는 매우 암울하게 들린다. 현재 우리는 죽음에서 어떻게든 멀어지고자 죽음과 관련된 모든 것, 죽음의 냄새, 장면, 소리와 같은 것들에서 자신들을 회피하거나 멀리하기 때문이다. 하지만 인생에서 죽음을 인정하고 이를 마음에 간직하는 것만으로도 역사적으로 오랫동안 적절하고 건전한 생각으로 인식되어 왔다.

수많은 그리스도인이 『뉴잉글랜드 입문서』(*New England Primer*)를 통해 자녀들의 기도를 듣고 또한 기도했다.

> 이제 잠자리에 듭니다.
> 주님이 나의 영혼을 지켜주시길 기도합니다.
> 일어나기 전 죽음을 맞이한다면,
> 주님이 나의 영혼을 받아주시길 기도합니다. 아멘.[2]

밤에 드리는 이 기도는 자녀와 부모에게 인간의 생명과 건강은 아주 약한 것이기에 유한한 인생에 베푸실 하나님의 은혜를 반영하고 있다. 가족 모두가 육체적 질병에 자주 걸렸던 현대 이전, 이 기도는 사람들에게 암송되었다. 우리가 마주하는 위험에 대한 이런 자각은 오늘날 사람들의 모습과는 아주 다른 것이다.

오늘날 죽음이나 죽음과 관련된 것들에 대해 우리는 될 수 있으면 말하거나 생각하려 하지 않는다.

그렇다면 왜 기독교의 예전 관습과 실천에서는 이렇게 어둡고 암울한 죽음에 대한 생각에 초점을 두고 있었을까?

---

2   *New England Primer* (Boston: J. White, 1795).

창조물인 우리는 매우 연약한 존재들이다. 우리가 그렇지 않다고 포장하거나 연기하는 것은 우리나 다른 사람들에게 아무런 도움이 되지 않는다. 상호의존과 교제는 인생과 행복한 관계를 위한 필수요소이다. 타락한 세상의 멸망이라는 어두운 전망 가운데 미래를 통제하거나 예측할 수 없음을 잘 알고 있는 우리로서는 주어진 매일의 삶에 그저 감사할 뿐이다. 현재의 상태나 전망이 아니라 하나님의 신실함과 사랑에 의지하여 미래를 향해 나아가는 것이다(약 4:13-16).

인간이 죽을 운명이라는 사실을 인식하는 가운데 우리는 하나님이 맺어준 관계에 대해 깊은 고민을 하게 된다. 역사적으로 이런 영적인 생각(heavenly mindedness)은 세상을 경시하지 않고 가치 있게 생각하며, 욕심 없이 항상 현재의 시간에 살도록 해 준다. 당신은 옳은 일을 하지 않고 죽을 수도 있기에 누군가와 원한이나 적대감을 지속해서 가지지 말아야 한다. 누군가가 인생의 덧없음을 인식하게 되면 매일의 삶은 선물로 주어진 것임을 깨닫는다.

따라서 선물로 주어진 삶은 우리에게 기회를 제공하고 상상의 미래가 아니라 하나님이 주신 시간 안에서 온전히 사는 것을 의미한다. 또한, 사람들은 죽음에 대한 지식을 통해 인생의 위기에 빠질 때도 용기를 내며 살아갈 수 있다.

모든 사람이 언젠가는 죽음을 마주하기에, 용감하게 올바르게 행동하며 살아야 한다. 그 이유는 하나님이 죽음을 우리의 마지막으로 생각하지 않으시기 때문이다. 우리 모두 죽을 운명이라는 냉정한 자각은 자기 보존(self-preservation)을 가장 높은 가치로 두게 한다.

오늘날 우리는 과거에 대한 두려움과 신화적인 미래를 요구하는 가능성 사이에서 살아가고 있다. 미래에 대한 끊임없는 부르심(성취해야 할 거창한 계획, 앞으로 보낼 휴가, 즐기려는 은퇴 이후)은 너무 강력해서 현재를 즐기면서 살아가는 우리를 무력하게 만들곤 한다. 이는 현재에서 온전하고 충실하게 살아가는 것의 실패를 의미한다.

우리는 배우자와 자녀를 소홀히 하고, 자기 몸을 돌보지 않으며, 시간을 들여 관심을 가져야 하는 인간관계를 사치스럽게 생각해서 불가능하다고 변명한다. 우리의 부족함과 죽음을 염두에 두지 않을 경우, 이러한 함정에 쉽게 빠져버리고 만다.

흙으로부터 와서 흙으로 돌아갈 존재임을 기억하는 그리스도인들도 이런 함정에 빠지곤 한다. 하지만 복음은 다른 시각을 제공한다. 아이러니하게도, 죽음에 대한 묵상은 죽음이 마지막이라는 생각으로 우리 마음이 움츠러들지 않게 하면서 그리스도 안에 있는 우리의 인생을 기억하게 한다. 당신은 살아 있기에 하나님과 이웃과 함께하라.

당신의 한계를 고백하고 다른 사람들의 한계를 기꺼이 수용하라. 다른 사람들을 향해 담대하게 나아가면 하나님이 그들을 사랑할 것이고 그들 역시도 당신을 사랑할 것이다. 이것은 당신에게 주어진 순간이다. 이것이 당신이 살아가도록 부르심을 받은 인생이다. 내일을 염려하지 마라.

그 이유는 내일 일은 내일이 염려할 것이고(마 6:34), 당신의 염려가 바꿀 수 있는 것은 아무것도 없기 때문이다(눅 12:22-34). 참으로 죽을 운명에 대한 올바른 인식은 우리의 비전을 더욱 명확하게 해 주고, 인생에서 의미 있는 활동이 무엇인지를 알려 준다.

모두가 죽을 운명임을 생각할 때 창조주와 창조물이 좋은 관계를 유지하는 것이 얼마나 중요한지를 깨닫게 된다. 예기치 못한 죽음을 맞았다고 창조주를 만날 준비가 안 되어 있다거나 사랑하는 사람을 제대로 사랑하지 못하고 떠났다고 해서 낙심해서는 안 될 것이다. 우리의 인간성, 유한성, 연약성에 관심을 두고 깊이 묵상하며 이에 대해 짧은 메모를 지속하라. 이는 서구의 성공 기준인 남들보다 더 강하고, 더 생산적이고, 더 높아야 하고, 더 좋아야 한다는 것과는 반대되는 것이다.

이러한 성취에 대한 믿음은 우리가 항상 자신을 발전시켜야 한다는 요구와 함께 이 기준으로 성공하기 어려운 경우에는 실패와 거부감이 따르게 된다. 이와 같은 성장주의에 휩싸일 때 우리는 자신의 인간성이 무너지고 주변 사람들의 인간성을 과소평가하게 된다. 그 이유는 인본주의 철학은 실재가 아닌 거짓을 보여 주고 우리의 눈을 멀게 하기 때문이다. 우리는 부서지거나 깨어지기 전까지 끊임없이 무엇인가를 성취하거나 이루고자 할 것이다.

현재의 삶과 마지막 죽음 사이에는 어느 정도의 공간과 시간이 남아 있다. 우리가 살아가는 현재는 큰 사건 없는 단순한 움직임의 연속이라기보다는 잔잔한 평온함에서 격렬한 폭풍으로 변하는 바다와 같은 것이다. 이러한 다양한 인생의 계절에서 우리는 죽을 운명을 지닌 인생을 부인하지 않고 이를 기억하며 현재를 살아가도록 부르심 받았다.

현대는 고통을 예기치 않도록 가르치기에 공황 상태에 이르게 되면 우리는 화를 내면서 고통에 제대로 답하지 못한다. 기술과 의학의 놀라운 발전을 성취한 우리 시대는 질병과 죽음으로부터 우리를 멀리 떨어뜨려서 건강에 대해 왜곡된 기대를 하도록 한다. 수백 년이 지난 오래된 묘지에 가보면 수많은 아이와 젊은 엄마의 무덤이 있다. 이전에는 많은 사람이 젊은 나이에 죽었는데, 이처럼 비참한 죽음은 항상 존재했으며 그 누구도 피할 수 없었다.

현대 이전 의학에서 육체적 고통은 타락한 세상에서 인생의 일부였다. 그러나 오늘날은 현대 의학이 가진 한계에도 불구하고 사람의 몸이 기계처럼 움직여주기를 기대한다. 항상 문제나 고장 없이 우리 몸이 움직일 수 있어야만 한다고 생각한다. 그러다가 문제가 발생하면 부품을 교체하고, 문제가 없다면 다시 최고의 성능을 발휘하리라 기대한다. 배터리를 충전하고 모두 사용한 다음 다시 충전하면 된다고 생각한다. 이제 인간은 소명과 안식의 참된 휴식이 필요한 존재가 아니라 잠시의 재충전이 필요한 기계처럼 생각된다. 이처럼 현대문화는 인간의 한계를 인정하려 하지 않는다.

인간은 핸드폰이나 컨슈머 리포트(consumer reports)에 나오는 자동차, 조립 공정에 있는 기계들이 아니다. 죽을 운명을 지닌 존재요, 하나님의 창조물이다. 출생에서부터 인간은 영광과 선하고 좋은 창조물로서 위엄을 가지지만 어두움은 우리 몸과 영혼에 길을 만들어 우리 안에 들어와 온 세상에 그림자를 드리워서 무질서한 세상으로 망가뜨린다. 이로 인해 육체적, 정서적, 영적 역기능을 인식하는 정도에 따라 탄식한다. 우리는 각기 다르게 고통을 체험하고 반응하지만, 고통은 [우리의 타락한 세상에서!] 누구도 피할 수 없는 보편적인 것이다.[3]

그렇다면 현재 고통이라는 손님이 우리에게 계속 머물러 있다면 우리는 어떻게 해야 하는가?

우리는 미래에 일어날 막연한 죽음에 대한 두려움이 아닌 실제적 고통에서 사는 현재를 어떻게 받아들여야 하는가?

절대 쉽지 않은 질문들이다. 하지만 탄식 가운데 의문을 던지며 하나님과 정직하게 씨름하는 것을 배우는 것은 현재 우리가 하나님 앞에서, 하나님과 함께 신실하게 살아가는 실제적인 방식이 될 수 있다.

2. 욥의 탄식과 우리의 고통

데이비드 켈시(David Kelsey)는 인간에 대한 의미의 문제를 다루는 자신의 작품에서 인간론의 틀을 만들기 위해서는 창세기 1-3장뿐 아니라 성경의 지혜서(wisdom literature)를 검토하는 데 많은 시간을 할애해야 한다고 주장한다.[4]

켈시는 아담의 타락 이전 죄와 고통이 결여된 이상적인 인간의 모습에 관심을 두기보다는 죄와 고통이 실존하는 현재의 세상에서 우리가 어떻게 살아야 하는가의 문제에 초점을 맞춘다.

---

3   Cf. Patrick Wall, *Pain: The Science of Suffering* (London: Weidenfeld & Nicolson, 1999).
4   David H. Kelsey, *Eccentric Existence: A Theological Anthropology*, 2 vols. (Louisville, KY: Westminster John Knox, 2009), 1:176-214.

우리의 현재 상태는 어떠한가?

이런 생각으로 나는 지혜서인 욥기 10장을 읽으며 묵상한 내용을 함께 나누고자 한다.[5]

욥기 10장에서 주인공인 욥은 다양한 모습의 시련과 어려움을 겪는다. 그는 극심한 육체적 고통 가운데 도움이 되지 않는 친구들의 충고를 들으며, 자녀들과 재물을 모두 잃어버린 상태에서 하나님과 씨름한다. 욥이 당한 고통의 뿌리는 그 자신이 가진 믿음의 뿌리이기도 하다. 욥은 마지막에는 그의 모든 좌절과 의문이 여호와의 발아래에서 끝날 것을 알고 있다. 하나님은 모든 것을 올바르게 세우실 욥의 의로운 심판자이지만 동시에 그가 겪는 모든 비극을 허락한 보호자요 구원자이시기도 하다.

위에서 언급했던 대로 자신이 가진 모든 것을 잃어버린 후, 욥은 10장에서 하나님의 의도를 탄식하고 규명하면서 자신의 상황을 하나님께 간구한다. 그는 "내 영혼이 살기에 곤비하니"라고 불평하면서 자신의 인생을 저주한다. 하나님이 욥을 심판하지만, 그로서는 그 이유를 모르기에 이를 염려하면서 자신의 고통을 묵상의 도구로 사용한다.

하나님께서 그를 대적하시는 이유는 과연 무엇인가?(욥 10:2)

욥의 의문은 고통받는 많은 사람이 경험하는 두려움을 보여 주며 이러한 경험을 하나님의 심판으로 해석하고 있다.

이 고통과 고난이 어떻게든 하나님이 자신에게 분노하고 있음을 분명하게 드러내는 것이 아닌가?

하나님은 자기 백성을 정말로 미워하시는가?

욥은 하나님이 공의롭고 최후의 심판자임을 알기에 궁극적으로 하나님만이 이런 난해한 질문에 답변할 수 있는 분이라는 사실도 잘 알고 있다. 그는 하늘과 땅의 창조주가 그의 손으로 만든 것을 멸시할 수 있는지를 질문한다(욥 10:3).

---

5 얼마 전 켈시를 통해 이 작품을 다시 읽게 되었지만, 욥기 10장에 대한 기록은 나의 묵상이다.

만물을 아름답게 창조한 선하신 하나님이 어떻게 그러실 수가 있는가? 만약 하나님이 자신이 만든 것을 미워하지 않으신다면 그분은 왜 눈을 감고 우리가 경험하는 이 모든 고통과 괴로움을 보지 않으시는가?
하나님은 시각장애를 가지고 계신가?

욥은 현재의 고통이 자신이 지은 죄의 결과일 수 없으며 하나님은 그 사실을 아셔야만 한다고 주장한다(욥 10:5-7).
그렇다면 이 고통은 태초에 전 세계가 타락한 결과인가?
아마도 그럴 것이다. 하지만 그는 결코 이 부분에서 이에 대해 언급하지 않는다. 욥은 자신이 당하는 현재의 고통은 그의 개인적 죄의 결과가 아님을 확신하는 것처럼 보인다. 결론적으로 이 하나님의 종은 창조주-구원자에 대한 믿음과 구원에 대한 소망 사이에서 일종의 긴장을 경험한다.

> 주의 손으로 나를 빚으셨으며 만드셨는데 이제 나를 멸하시나이다(욥 10:8).

욥은 자신이 흙으로부터 나와서 흙으로 돌아갈 존재라는 사실을 인정한다. 하지만 이 흙을 가지고 "피부와 살"과 "뼈와 힘줄"을 가진 인간을 창조하신 분은 바로 하나님이다(욥 10:11).
그렇다면 창조주는 과연 자신의 창조물을 이제 버렸단 말인가?
슬픔이 고통 가운데 있는 인간이 할 수 있는 유일한 것이 아님을 알고 있기에 욥은 절망에 빠지지 않는다.

> 생명과 은혜를 내게 주시고 나를 보살피심으로 내 영을 지키셨나이다(욥 10:12).

어떻게 그는 이 긴장을 다루면서 고통의 존재와 하나님의 돌보심의 약속을 화해시키는가?

어떻게 그는 창조주의 선하심과 자신의 끔찍하고 영혼까지 괴롭히는 다차원적인 아픔을 함께 붙잡을 수 있는가?

그의 답변은 하나님의 신비에 호소하는 것이다.

> 그러한데 주께서 이것들을 마음에 품으셨나이다 이 뜻이 주께 있는 줄을 내가 아나이다(욥 10:13).

우리도 이렇게 욥이 체험한 긴장 가운데 살고 있다. 욥은 계속 묻지만, 하나님께서는 그가 원하는 종류의 답을 주지 않으신다. 그는 거룩한 주님이 단지 인간의 죄에 대해서만 시선을 주지 않을 것을 알고 있기에 이 슬픔과 고통을 불러들이는 죄가 자신 안에 있지 않음도 잘 알고 있다. 욥의 생각으로는 자신이 당하는 고통의 이유를 모두 이해하려 하지 않는 게 더 좋을 수 있다. 그가 머리를 들 때마다 엄청난 환란의 파도가 밀려온다(욥 10:15-17).

이처럼 고통은 항상 현존하기에 죽는 것이 사는 것보다 낫지 않을까?(욥 10:18-19)

그의 짧은 평생에 감당하기 힘든 고통이 주어진다면 하나님은 왜 잠시라도 평안하도록 욥을 가만히 내버려 두지 않으실까?

> 그치시고 나를 버려두사 잠시나마 평안하게 하시되 … 곧 어둡고 죽음의 그늘진 땅으로 가기 전에 그리하옵소서 땅은 어두워서 흑암 같고 죽음의 그늘이 져서 아무 구별이 없고 광명도 흑암 같으니이다(욥 10:20-22).

비극적 사건을 겪거나 육체적 고통을 당하는 사람들을 만나면 우리는 너무나도 많은 경우에 욥의 친구들처럼 말하곤 한다. 심정적으로 동정하고 지지하며 자신감 있게 시작한다. 욥의 친구들은 밤낮으로 7일 동안 욥과 함께 침묵한다. 그들은 욥을 동정하고 위로하면서 심지어 그와 함께 재에 눕기까지 한다(욥 2:11).

그러나 애도의 시간이 지나자, 욥의 친구들은 분명히 상황이 진척되어 문제가 해결되리라는 기대를 하고 있다.

하지만 꽤 시간이 지난 후에도 욥은 성숙하고 평온한 금욕주의자처럼 침묵을 지키는가?

아니다. 이제 욥은 행복이 아닌 아픔이 되어버린 자신의 출생을 탄식하며 자신이 불안에 떠는 나약한 신자임을 고백한다(욥 3장).

> 내가 두려워하는 그것이 내게 임하고 내가 무서워하는 그것이 내 몸에 미쳤구나 나에게는 평온도 없고 안일도 없고 휴식도 없고 다만 불안만이 있구나(욥 3:25-26).

이런 침묵 가운데 욥의 친구들은 입을 열기 시작했고 심지어 그들의 말이 조바심을 유발할 수 있음도 알고 있다(욥 4:1-2). 욥의 친구들이 말하는 것처럼 우리 역시 그렇게 하곤 한다. 우리는 시간이 어느 정도 지나가면 상처받은 사람이 회복되리라 기대한다. 그의 절망과 의문들이 금욕주의적으로 수용되리라고 생각한다. 이를 통해 우리는 고통을 부정하거나 막연한 승리를 기대한다. 이런 싸움을 계속 이어가는 것이 가장 회피하고픈 선택임에도 지속적인 아픔과 고통을 겪는 사람들은 이 싸움의 한복판에 서게 된다.

욥은 창조주-구원자와의 관계로 자신의 고통을 이해하려고 노력한다.

이 싸움에서 우리는 무엇을 해야 하는가?

먼저 우리가 유의해야 할 것은 욥의 시각이 욥기를 성경에서 가장 오용되도록 만드는 여러 잘못된 해석과 충돌한다는 점이다. 이런 잘못된 해석은 하나님을 변덕스러운 도박꾼이나 폭군과 같은 존재로 만들어 버린다. 이와 함께 욥은 하나님에 대한 신앙을 거부하는 영웅으로 그려지거나 아니면 훌쩍이며 우는 나약한 사람 정도로 묘사된다. 그러나 본문을 주의 깊게 살펴보면, 훨씬 복잡하고 풍성하며 깊은 신학과 사상이 본문 안에 담겨 있음을 알게 된다.

욥기는 지속적인 믿음의 맥락에서 고통 가운데 싸우는 인간의 투쟁을 실제로 검토한다. 또한, 욥기는 고통의 문제에 대해 간단한 답변이나 손쉬운 처방을 하지 않고 고통의 문제에 대한 진정한 투쟁을 묘사하고 있다.

이전에 욥기 주석가들은 일반적으로 이 책의 시작과 마지막이 중요하다고 생각했다. 욥기는 고소인인 하나님, 여러 비극을 경험하는 욥, 그가 사랑하는 사람들을 소개하면서 시작한다(욥 1-2장). 욥기의 마지막은 여호와가 마침내 욥에게 말씀하심을 통해 욥이 자신을 창조주가 아닌 창조물임을 분명하게 밝힘으로 끝을 맺는다(욥 38-42장). 이처럼 욥기의 시작과 마지막이 일반적으로 욥기의 주요 내용을 싣는 선집들에서 발췌되는 부분이었다.

그러나 보다 최근에는 특히 아우슈비츠 수용소 이후에는 욥기의 핵심이 시작과 마지막 부분이 아니라 확장된 중간 부분이라고 많은 사람이 주장하기에 이르렀다.[6] 이 중간 부분에는 논쟁, 질문, 좌절, 무시, 소망, 절망이 함께 나타난다(욥 3-37장). 우리는 욥기가 하나님과 다른 사람들과 씨름하는데 얼마나 많은 분량을 할애하고 있는지를 쉽게 간과하곤 한다.

욥기에서 주목할 점은 하나님께서 욥의 탄식과 투쟁을 위해 얼마나 많은 자비와 은혜를 그에게 허락하시는가에 있다. 즉 하나님은 욥을 심판하고자 하늘에서 급히 내려오시거나 그의 질문에 답변하며 소리치는 분이 아니다. 욥기의 하나님은 욥이 다른 사람과 심지어 하나님 자신과도 씨름할 시간과 여유를 허락하시는 분이다.

욥기의 마지막 부분에서 우리는 "그때 여호와께서 폭풍우 가운데에서 욥에게" 답변하시는 모습을 볼 수 있다(욥 38:1).

이 구절에서 하나님의 음성의 어조가 어떠한가?

---

6 Katherine J. Dell, *The Book of Job as Sceptical Literature* (Berlin: Walter de Gruyter, 1991), 30-38을 참조하라. 이 자료를 참조하게 한 스코트 존스(Scott Jones)에게 감사한다. Cf. Murray J. Haar, "Job After Auschwitz", Interpretation (July 1, 1999), 265-75.

폭풍우 가운데 욥에게 말씀하시면서 욥을 대하는 하나님의 태도는 어떠한가?

이 질문에 대한 우리의 생각이 욥기 마지막 부분에 대한 해석을 결정짓는다. 우리는 때로 하나님이 가득 찬 분노로 욥을 억압하고, 모욕하고 경멸하는 모습으로 이 구절을 읽을 수 있다.

그러나 욥기 38장에 나오는 하나님의 음성은 매우 다른 어조로 해석할 수 있다. T. C. 햄(T. C. Ham)은 자신의 연구 논문에서 이렇게 말했다.

> 여호와의 말씀 어조는 욥에 대한 진정한 동정이나 위로에 훨씬 가깝다. … 하나님은 부드럽게 말씀하시면서 자신의 무고함에 대한 욥의 염려를 충분히 다루시기보다는 욥의 고통의 상태를 언급하신다.[7]

이런 주장을 하는 햄의 다양한 언어적, 문학적 근거에 대해서는 여기에서 상세히 다룰 필요는 없을 것이다. 하지만 햄은 하나님이 분노하셨다는 가정을 버리고 본문의 의미를 더욱 충실하게 해석한다. 몇 가지 주석만으로도 충분하다. 먼저 창조주 하나님이 본문에서 인간에게 자신을 낮추어 심지어 대화까지 시도하신다는 놀라운 사실을 놓치지 말아야 한다.[8]

여호와의 말씀에는 물론 지혜롭고 영원하신 주님과 유한하고 좌충우돌하는 창조물 사이에서 파생된 분명한 차이가 존재한다. 하나님의 능력과 지혜는 욥의 연약한 모습과는 대조된다. 하지만 하나님은 충분히 욥을 무

---

[7] T. C. Ham, "The Gentle Voice of God in Job 38", *Journal of Biblical Literature* 132, no. 3 (2013): 528.

[8] 햄은 기록하기를 "욥을 향한 하나님의 말씀과 나타나심은 하나님의 인간에 관한 관심과 욥을 변호하는 의미가 있다"(Ham, "The Gentle Voice of God in Job 38", 530). 이 내용에 대해서는 John E. Hartley, *Book of Job*, NICOT (Grand Rapids: Eerdmans, 1988), 487; Claus Westermann, *The Structure of the Book of Job: A Form-Critical Analysis*, trans. Charles A. Muenchow (Philadelphia: Fortress, 1981), 106; David Atkinson, *The Message of Job: Suffering and Grace*, BST (Downers Grove, IL: Inter Varsity Press, 1991), 138-140을 참조하라.

시할 수도 있지만 자기 우월함을 드러내시기보다는 폭풍우 가운데 말씀하시는 하나님에 대한 욥의 이해를 소개하고 상기시키고 부연해서 설명하심으로 그를 친히 위로하신다.

하나님이 폭풍우 가운데 말씀하실 때 욥은 하나님의 현존을 직접 경험하게 되는데 여기서 하나님은 분노하는 분이 아니다.[9] 더하여 욥기 3장과 37장 사이에 한 번만 나타나는 그분의 이름(여호와)은 언약의 관점에서 논쟁의 기초를 제공한다. 자신의 백성들과 약속하고 현존하여 함께하는 분이 바로 하나님이시다. 욥에 대한 하나님의 답변은 온화하고 사비롭기에 "이 자가 누구냐?"라고 하나님이 물으실 때 이 질문은 엄하게 욥을 책망하고 있는 모습이 아니라 대화를 인격적이고 친밀하게 이끌어가는 그분의 대화방식으로 이해해야 한다.[10] 따라서 욥에 대한 하나님의 부르심을 부정적으로 이해할 필요는 없다. 이는 창조주의 위엄이 자신의 창조된 형상을 지닌 사람에게 드러나기 때문이다.

일반적으로 우리는 하나님을 욥의 죄와 무지로 인해 그에게 벌을 주는 분으로 해석하곤 한다. 그러나 본문은 실제로 하나님이 욥을 "나의 종"으로 선언하는 것으로 일관되게 묘사하고 있다(욥 1:8; 2:3; 42:7-8[4x]). 결국, 이 이야기가 끝나면서 하나님께서는 욥을 회복시키실 뿐 아니라 이전보다 갑절을 주심으로 그의 남은 인생을 축복하신다는 사실을 잊지 말아야 한다(욥기 42:10-17). 38장에 나오는 모든 수사학적 질문들조차도 "하나님이 하신 말씀이 직설법으로 표현되었다면 거칠고 자신을 뽐내며 욥을 괴롭히는 것 같이 느껴지는 하나님의 어조가 실제로는 온화하게 이해될 수 있다."

대신에 질문 형식을 사용하면서 하나님께서는 욥에게 준엄한 모습과 함께 동정심과 온화함을 지닌 신적 지혜와 능력을 상기시켜 주신다.[11] 욥기

---

[9] Ham, "The Gentle Voice of God", 530, Samuel L. Terrien, "The Yahweh Speeches and Job's Responses", *Review and Expositor* 68 (1971): 498에서 재인용.
[10] Ham, "The Gentle Voice of God", 532.
[11] Ham, "The Gentle Voice of God", 534. Michael V. Fox, "Job 38 and God's Rhetoric",

38장에 나오는 하나님의 말씀이 욥을 정죄하거나 거절하지 않는다는 점에 유의할 필요가 있다.[12] 프란시스 I. 앤더슨(Francis I. Anderson)은 이렇게 결론 내렸다.

> 하나님이 욥을 자신의 동반자로서 무가치한 존재로 경멸하는 증거는 어디에서도 찾을 수 없다. 이런 해석과는 거리가 멀다. 하나님은 욥을 '대장부'로 세우시며 자신과 거의 동등한 입장에서 그를 초대하고 계신다(욥 38:3).[13]

욥기의 핵심은 10장에 기록된 욥의 투쟁으로부터 38장에 나오는 하나님의 응답까지 모두를 고려하면, 하나님께서는 욥의 고통을 아시고 완전히 이해하신다는 사실이다. 하나님이 욥이나 그가 받는 고통의 환경을 과소평가한다고 생각하는 것은 본문을 오해한 결과이다. 이는 사실과 거리가 멀다. 1세기에 야고보는 욥의 신실함과 하나님의 염려를 강조하는 성경 이야기를 다시 언급하며 성도들을 격려하였다.

> 너희가 욥의 인내를 들었고 주께서 주신 결말을 보았거니와 주는 가장 자비하시고 긍휼히 여기는 이시니라(약 5:11).

이 구절에서 야고보는 욥을 비난하지 않으며, 하나님을 냉정하거나 압제하는 폭군으로 보지도 않는다.

Semeia 19(1981): 59을 인용.
12 Ham, "The Gentle Voice of God", 536.
13 Francis I. Anderson, *Job: An Introduction and Commentary,* Tyndale Old Testament Commentaries (Downers Grove, IL: Inter Varsity Press, 1976), 270; Ham, "The Gentle Voice of God", 540에서 재인용.

3. 결론

욥을 향한 하나님의 답변은 그의 죄책이나 결백에 대한 것이 아니었다. 이 문제로 인해 욥과 그의 친구들 사이에 일어난 논쟁에 대해서 여호와 하나님은 실제로 어떤 답변도 하지 않으신다. 그들 모두 상황을 제대로 이해하지 못했을 수도 있다. 하지만 하나님은 우리 마음의 더 깊은 관심들을 다루심에도 불구하고 우리의 질문에 답하지 않는 경우가 허다하다.

따라서 욥기의 독자로서 가지는 궁극적인 관심은 욥이 왜 고통을 당했는지에 대한 의문이 아니라 우리가 살아야 하는 이유에 있다.

왜 우리는 지속적인 고통과 좌절 가운데서 살아야 하는가?

욥기를 통해 우리는 더 깊은 마음의 염려를 가질 수도 있다.

> 고통당하는 사람은 "왜!"라고 외친다. 하지만 이에 대한 답은 '그 이유'에 대한 것이 아니라 **'내가 여기에 있다'**이다. … 욥기에서 '내가 여기에 있다'라고 답변하시는 분은 바로 여호와 하나님이다.[14]

욥의 고통과 이에 대한 하나님의 답변은 오늘날 고통받는 그리스도인들에게 매력적인 그림을 보여 준다. 우리의 고통은 하나님의 영광을 가리는 것처럼 보일 수 있다. 우리의 탄식과 슬픔, 이로 인한 울부짖음 속에서 욥과 같이 우리가 가진 의문에 대한 답변, 그 이상을 들을 수 있다.

우리를 위해 고통과 슬픔의 자리에 계실 뿐만 아니라 부서지고 깨져버린 모든 것의 무게를 견디시는 하나님의 현존을, 우리의 죄뿐만 아니라 죄의 결과인 질병과 죽음의 무질서까지도 책임지시는 하나님의 현존을 우리는 듣고 알게 된다. 우리는 하나님이 우리에게 오셔서 함께하심을 깨달았노라고 울부짖는다.

---

14 Ham, "The Gentle Voice of God", 541.

욥기를 통해 고대 이스라엘 사람들에게 말씀하신 하나님은 선포하신다.

너는 모든 것을 이해하지 못하겠지만 이해해야 한다. 나는 아직 이 고통과 괴로움의 문제를 어떻게 해결할지, 손상된 나의 창조물을 어떻게 치료하고 고칠지 완전히 드러내지 않았다.

하나님은 우리를 구원하시겠지만, 우리의 일반적인 기대와는 다르게 역사하신다.

하나님은 욥에게 자세한 설명을 하지는 않으시지만, 자신의 방식으로 답하신다. 하나님께서는 결국 욥의 대리자가 되어 그의 질문에 답하신다. 하나님은 인간이 처한 그 어려움 안으로 직접 들어오실 것이다. 성령으로 충만한 분이 육체를 입고 완전한 인간이 될 것이다. 그는 어디에서나 육체적 고통을 보실 뿐 아니라 육체가 된 자신을 깊이 경험하신다. 그리고 그는 인간 마음과 모든 관계에서 죄와 그 결과로 오는 모든 혼란을 이겨내실 것이다.

하나님의 아들은 욥이 가졌던 가장 깊은 의문과 관심에 대한 하나님의 답변으로 이 땅에 오실 것이다. 그는 침묵 가운데 조용히 낮은 자리로 오실 것이다. 마침내 그는 오실 것이다.

제2부

낯선 하나님
(The Strangeness of God)

제6장 우리와 하나가 되신 하나님(One with Us)

제7장 우리를 위해 하나가 되신 하나님(One for Us)

제8장 부활하신 하나님(Risen and Remaining)

제6장

우리와 하나가 되신 하나님
(One with Us)

성육신(Incarnation)

> 예수님은 울었다.
> 예수님은 눈물을 흘리면서
> 슬퍼하는 자들과
> 영원히 함께했다.
> 예수님은 눈물을 흘리면서
> 흐느끼는 자들과 함께하며 지금 안아준다.
> "애통하는 자는 복이 있나니
> 그들이 위로를 받을 것임이요."
> 예수님은 눈물을 흘리면서
> 애통하는 자들과 함께한다.
> 그의 이름은 임마누엘(God-with-us)이다.
> 예수님은 울었다.
> - 앤 웜스(Ann Weems), 『탄식의 시편』(*Psalms of Lament*).

> **그 안에는 신성의 모든 충만이 육체로 거하시고**
> **(골 2:9).**

> 그리스도는 몸을 입고 와서 몸을 거룩하게 했다.
> - 아타나시우스(Athanasius), 『성육신에 관하여』(*On the Incarnation*).

그렇다면 하나님은 이 세상의 혼돈, 죄, 고통에 관하여 욥과 우리에게 어떻게 대답하시는가?

지금까지 나는 하나님의 돌봄에 관한 질문들, 고통과 탄식으로 뒤섞인 현실에 대한 하나님의 관심, 우리 몸이 본래 창조나 훼손된 창조와 어떻게 관련이 있는지에 대한 점들을 그래프에 표시했다.

이제 그 점들을 연결해 보자. 이 점들을 선으로 제대로 연결하면 우리를 바라보는 인간의 얼굴, 메시아 예수님을 발견할 것이다. 우리를 응시하는 그리스도의 눈을 들여다볼 때, 마침내 탄식으로 뒤섞인 갈망에서 시작하여 하나님을 향한 불평과 우리가 이겨낼 수 없는 고통에 대한 좌절까지 고통에 대한 모든 의문은 달라질 것이다.

이 혼돈, 죄, 고통에 대하여 하나님은 **자신이 직접 책임지겠다**고 말씀하신다!

하나님은 스스로 이 혼란을 해결하기 위해 나서신다. 존 스윈튼(John Swinton)은 이렇게 말한다.

> 하나님은 세상과 연대하시며, 세상에 있는 악과 고통에 대해 책임진다.[1]

스윈튼의 말은 우리의 죄와 고통에 대해 하나님이 비난받아야 한다는 것을 의미하지 않는다. 하나님은 죄와 고통 속에 있는 우리를 염려하지만, 하나님이 염려할 의무가 있거나 잘못에 대한 책임이 있기 때문이 아니다. 오직 하나님이 우리를 사랑하고 잃어버린 것을 회복하고, 빚을 갚고, 노예

---

1 John Swinton, *Raging with Compassion: Pastoral Responses to the Problem of Evil* (Grand Rapids: Eerdmans, 2007), 87. 스윈튼은 충분히 발전시키지 않지만 올바른 방향을 지적한다. 즉, "하나님이 악과 고통에 관해 책임지는 것은 성육신의 본질, 십자가, 부활, 세상의 고통 중에도 계속되는 하나님 임재의 약속과 관련이 있다"(Swinton, *Raging with Compassion*, 88). 내가 여기서 말하고 싶은 것은 만약 우리가 기독론 중심으로 접근한다면, 하나님이 책임지시는 지점을 충분히 이해할 수 있다. 스윈튼은 기독론 지점을 발전시키지 않고 남겨둔다.

를 해방하고, 병든 사람을 고칠 수 있는 유일한 분이기 때문이다. 하나님만이 우리가 만든 혼란에서 우리를 구할 수 있다.

하나님이 우리의 죄와 고통을 책임지는 방법은 우리 중 하나가 되는 것이다. 하나님의 대답은 성자의 성육신, 죽음에 이르는 고통, 몸의 부활이다. 하나님은 이 세 가지 사역으로 우리의 죄, 비참함, 고통과 싸움에 대한 책임을 지신다. 이것은 멀리 떨어져 있는 무관심한 하나님 개념을 반박한다. 왜냐하면, 하나님은 이 우주적 위기를 해결하기 위해 이 세상에 들어오기 때문이다.

예수님은 1세기 팔레스타인에 존재했던 특정한 유대 남자였으며, 모든 인간성에서 우리와 같았다. 이 예수님이 하나님의 해결책이다. 사도 요한은 요한일서를 시작하면서 인간 그리스도와 함께했던 자신의 놀라운 경험을 묘사한다.

> 태초부터 있는 생명의 말씀에 관하여는 우리가 들은 바요 눈으로 본 바요 자세히 보고 우리의 손으로 만진 바라 이 생명이 나타내신 바 된 지라 이 영원한 생명을 우리가 보았고 증언하여 너희에게 전하노니 이는 아버지와 함께 계시다가 우리에게 나타내신 바 된 이시니라 (요일 1:1-2).

분명하게 나타난 것은 무엇인가?

예수님은 귀신이나 유령이 아니다. 예수님의 몸은 불가사의한 환영이 아니다. 베들레헴에서 태어나서 나사렛에서 자란 예수님은 성육신하신 하나님의 아들이었다. 우리에게 기이하게 들릴지 모르겠지만, 1세기 유대인들에게는 훨씬 더 낯설게 들렸다. 요한은 덧붙인다.

> 우리가 보고 들은 바를 너희에게도 전함은 너희로 우리와 사귐이 있게 하려 함이니 우리의 사귐은 아버지와 그의 아들 예수 그리스도와 더불어 누림이라 (요일 1:3).

예수님은 **우리와 함께 계신** 하나님일 뿐만 아니라 **우리를 위한** 하나님이다. 사도 요한에게 육신을 가진 예수님은 창조주 하나님과 새로운 관계를 위한 통로였다. 예수님은 삼위일체 하나님과 우리의 교제를 회복했다. 성부의 사랑 가운데, 성자와 성령은 우리의 삶과 이 세계를 다시 창조하도록 보내졌다. 그리스도를 품는 것 즉, 하나님의 탁월한 겸손을 구현하는 것은 삼위일체 하나님의 애정 어린 공급을 신뢰하는 것이다(cf. 요일 4:1-3).

여기 초대장이 있다. 성자를 바라보고 사랑하는 것은 성부, 성자, 성령의 생명을 주는 교제에 참여하는 것이다. 요한은 이 영적 진리를 매우 구체적이고 감각적인 용어로 이해한다. 즉, 듣고 보고 만진다. 메시아의 육체성은 동정심뿐만 아니라 구원의 복음과 하나님 약속의 한복판으로 인도한다.

하나님은 가까이 오셔서 우리와 함께하시고 우리를 위하신다!

토냐(Tonya)는 30대에 불과하지만, 우리가 상상하는 것보다 훨씬 더 많은 어려움을 겪었다. 그녀의 이야기를 잠시 들어보면, 성육신이 실용적이고 개인적인 차원에서 신자들에게 중요한 이유를 이해할 수 있다. 토냐의 말을 들어보자.

> 나는 구원뿐만 아니라 현재 삶의 고통을 위해 하나님을 의존해야 한다는 것을 배웠다. (나는 목사의 자녀이자 목사의 아내이지만) 교회나 가족 사역이 아니라 고통에 대한 개인적인 경험을 통해 하나님에게 의존하는 법을 배웠다.
>
> 대학교 1학년 때 아빠가 암 진단을 받았다. 아빠는 4년 동안 용감하게 투병했지만, 안타깝게도 4학년 때 돌아가셨다. 몇 년 후 나와 남편은 셋째 아이를 맞이했다. 아이가 태어난 지 3일 후에, 나는 유방암 진단을 받고 2년간 이어진 치료와 수술을 시작했다. 몇 달 후 나는 넷째 아이를 가졌지만, 유산을 하고 이로 인해 자궁을 적출하는 수술을 받았다.

나는 이내 고통과 상실감이 걷잡을 수 없이 소용돌이치면서, 깊은 침체에 빠졌다. 술뿐만 아니라 처방받은 약을 남용하기 시작했다. 이러한 일이 반복되고 순식간에 중독되어, 그 후 14개월 동안 중독 치료 보호 센터에 있었다.

나는 가장 고통스럽고 고독한 시간 속에서, 예수 그리스도가 육체적 고통을 이해한다는 사실을 떠올리고 위로를 받았다. 어느 날 특히 가족에 대한 상실감, 육체적 고통, 오해와 절망감을 치료받았다. 하나님은 나에게 '하나님이 우리와 함께한다'를 의미하는 임마누엘(Emmanuel)을 묵상하라는 마음을 주셨다. 나는 전에 경험하지 못한 방식으로 하나님의 임재를 느꼈다. 성육신하신 하나님께서 우리와 함께한다. 성자는 육체적 고통뿐만 아니라 정서적 고통을 겪을 것을 다 알고도 우리에게 오셨다. 예수님은 겟세마네 동산에서 성부께 울부짖을 때, 버림받는 고통을 느꼈다.

나는 수술 후 침대에 누워 있거나 홀로 치료를 받고 있을 때, 하나님이 "이해한다"라고 하시는 것을 떠올리곤 했다. 하나님이 내게 원하는 것은 정직뿐이었다. 나는 화가 나고 좌절감을 느꼈던 것을 하나님에게 말할 수 있었고, 하나님이 진심으로 이해한다는 것을 알았다. 하나님은 고통을 이해하고, 나의 가장 원초적인 감정을 듣고도 위로해 준다. 하나님을 경배할 수 있다는 것이 얼마나 경이로운가. 하나님은 성육신을 통해 "우리와 함께" 있을 뿐만 아니라 성령을 통해 "우리와 함께" 있다.

토냐는 밀려오는 슬픔, 육체적 고통, 실망, 좌절을 겪으면서, 성자가 진짜 살과 피를 취하여 우리와 하나가 되었다는 사실을 묵상함으로써 깊은 위로를 받았다. 토냐는 몇 가지 강력한 방법으로 자신이 성부의 사랑을 받고, 성자께 이해받고, 성령께 보호받는 하나님의 자녀라는 것을 더 신뢰했다. 토냐는 그리스도를 묵상함으로써, 시련을 겪을 때도 깊은 위로와 용기를 주는 하나님의 가족 안에 거한다는 것을 확신했다.

많은 초대 교부는 이 초청을 바울의 양자(adoption) 개념을 통해, 생명을 주는 하나님과의 교제로 이해했다(롬 8:15-17; 고후 6:18). 초대 교부에게 예수님이 낮아지신 모든 목적은 인간 타락으로 인해 깨어진 하나님과 인간의 가족적 유대를 회복하는 것이다. 비록 예수님은 성부에게 영원한 아들의 자격을 갖춘 독생자이지만(본성적 아들), 예수님의 구속 사역은 은혜로(입양을 통해) 신자들을 하나님의 자녀로 변화시킨다.[2] 궁극적으로 이것이 예수님이 지상에 계신 최종 목적이다.

신학자 도널드 페어베언(Donald Fairbairn)은 이 개념을 잘 포착하여 결론을 내린다.

> 성육신은 하나님과 관계를 잃어버린 인간이 다시 그 교제를 회복하는 것을 가능하게 만든 하나님의 행위다. … 인간은 타락을 통해 하나님과 교제를 상실했기 때문에, 성자는 우리를 자신의 형제와 자매로 입양하기 위해 인격적으로 인성을 취하여 인간 존재가 되었다.[3]

예수님의 성육신이 지닌 심오함과 아름다움을 더 올바로 인식하기 위해, 초대 교회 격동의 시기로 거의 2천 년을 거슬러 올라가 보자. 여기에서 우리는 특히 예수님이 왜 그렇게 중요한지 이해하려고 애쓴 신흥 기독교 지도자를 만난다. 그의 대답은 예수님, 우리의 몸, 심지어 우리의 고통에 관해 다르게 생각하도록 도울 것이다.

---

2   Donald Fairbairn, *Life in the Trinity: An Introduction to Theology with the Help of the Church Fathers* (Downers Grove, IL: IVP Academic, 2009), 134.
3   Fairbairn, *Life in the Trinity*, 137-138.

1. 창조주가 찾아온 이유-아타나시우스

311년에 끝났던 이집트 박해 기간에 한 소년이 살았다. 이 소년은 일찍부터 그리스 교육을 받았고, 이집트에 있는 사막에서 안토니우스(St. Anthony)의 삶을 배웠다.[4]

이 소년은 제대로 된 직책이나 지위가 없었던 20세 이전에 가장 중요한 작품을 남겼고, 그의 글은 훗날 기독교 전통의 기둥이 된다. 이 소년의 이름은 아타나시우스이며, 초기 글의 제목은 『성육신에 관하여』(De Incarnatione)이다. 아타나시우스는 후일 아리우스(Arian)와 논쟁 중에 큰 어려움에 부닥친 기독교 신앙을 훌륭하게 방어한 것으로 영원히 기억되겠지만, 신앙의 핵심을 사로잡는 그의 심오한 능력을 처음으로 보여 준 것은 이 초기 작품이었다. 아타나시우스는 이 작품에서 하나님과 세계의 관계에 대한 성육신의 의미를 파악하는 데 도움을 준다.

아타나시우스는 다음과 같은 근본적인 문제를 깊이 생각한다.

위대하고 고귀한 하나님의 말씀이 왜 "육체의 모양으로 나타나고" 진짜 인간이 되었는가?[5]

아타나시우스는 성육신이 성부의 위대한 사랑과 우리 "구원"을 위해 발생한다고 답한다. 그러나 아타나시우스에게 구원은 추상적이거나 영적인 것이라기보다는 본질적이고 실재적인 것이다.[6] 구원은 "창조의 갱신"에

---

[4] 아타나시우스는 후에 안토니우스의 약력(또는 연대기)을 간단하게 쓰곤 했다. 다음을 참조하라. Carolinne White, "Life of St. Antony by Athanasius", in *Early Christian Lives* (London: Penguin, 1998), 1-70

[5] Athanasius, *On the Incarnation* (Crestwood, NY: St. Vladimir's Seminary Press, 2003), 26.

[6] 존 쿠퍼(John Cooper)는 (아타나시우스를 여기서 언급하지 않지만) 이러한 관점을 구원에 관한 구약의 관점과 비슷하다고 주장한다. 즉, "고대 이스라엘의 소망은 새 예루살렘과 새 땅에 관한 것인데, 그곳은 주의 백성이 태초에 창조되었던 곳일 것이다. 인간의 삶은 지상과 결부되어 있다. 구원은 죽은 후에 주어지는 '그림의 떡'(pie in the sky)이 아니며, [육체에서-역자 주] 해방된 영혼을 위한 천국은 없다"(John Cooper, *Body, Soul, and Life Everlasting* [Grand Rapids: Eerdmans, 2000], 37).

관한 것이며, 우주적 재창조는 "태초에 세상을 창조하신 바로 그 동일한 말씀"에만 적합하다.[7]

여기서 아타나시우스는 하늘과 땅, 영성과 육체성, 구약과 신약을 대립시키는 유혹을 잘 알고 있다. 이런 대립은 친구가 되어야 할 것을 원수로 만든다. 성부 하나님 한 분이 창조와 구원 사역에 동일한 중보자를 세웠기 때문에 창조와 구원 사이에 모순은 없다.[8]

아타나시우스가 제기하는 질문은 다음과 같다.

혼돈과 죽음을 초래한 최초의 반역에 대한 하나님의 선택은 무엇인가?(cf. 창 2:16-17; 3:1-24)

의로운 창조주는 구제 불능이 되어 버린 타락한 전체 인간에게 고통과 죽음을 결정하셨을까?

첫 창조가 선하다는 아타나시우스의 강력한 견해를 고려할 때, 이러한 질문에 신중하게 답하지 않으면 만물의 창조주를 오해해 버릴 것이다. 만약 하나님이 단순히 타락한 인류를 버리거나 심지어 즉시 우리를 멸망시키기로 했다면, 많은 문제가 발생한다. 하나님이 논리적으로 우리를 멸망시킬 수도 있겠지만, 그런 선택은 심각한 문제를 일으킨다. 하나님 자신이 만든 창조물을 무시하거나 완전히 파괴하는 것은 "적절하지 않고 말이 되지 않는다." 왜냐하면, 하나님의 공의보다 마귀의 승리처럼 보이기 때문이다.[9]

그러나 하나님이 창조한 세계는 이제 완전한 멸망으로 향하게 되었다.

그러면 선한 하나님은 무엇을 했는가?

그들이 부패하여 죽게 된 것을 허용했는가?

아타나시우스에 따르면 "눈앞에서 자신의 작품이 망하는 것에 대해 무관심한 것은 하나님의 선함이 아니며, 하나님이 인간을 창조하지 않은 것보다 훨씬 더 큰 한계를 분명히 보여 주는 것이다."

---

7   Athanasius, *On the Incarnation*, 26.
8   Athanasius, *On the Incarnation*, 26.
9   Athanasius, *On the Incarnation*, 32.

아타나시우스는 첫 창조의 선함을 고려할 때, "하나님이 인간을 부패하도록 버려두는 것은 불가능하다. 왜냐하면, 하나님에게 어울리지 않으며 하나님답지 않기 때문이다"라고 결론을 내린다.[10]

왜 하나님은 죄와 고통 속에 인류를 남겨두었는가?

아타나시우스에 따르면 이것은 하나님의 선택 사항이 아니었다.

하나님은 자신의 창조물을 무시할 수 없지만, 아무 잘못도 없었던 것처럼 행동하며 "자신을 속일 수도 없다."[11] 죄는 이미 우주적인 충격파를 일으켰고, 창조물 전체가 죄로 감염되어 죄의 영향을 받게 되었다. 이제 죽음은 모든 인간 존재와 얽히게 되었다. 따라서 오직 생명이 사망과 마귀가 구축한 새로운 지배를 압도할 수 있다. 그러나 이 생명이 사망의 영역으로 들어갈 수 없을 정도로 멀리 떨어져 있으면 아무 소용이 없다. 즉, 죽음에 이르게 한 원인 자체를 찾아서 고쳐야만 한다. 달리 표현하면, 아타나시우스는 이 전투와 우리의 구원이 필연적으로 인간의 몸에서 이루어져야 한다고 믿는다.[12]

영적 그리스도의 사역에 대한 우리의 모든 이야기에도 불구하고 아타나시우스는 이 영적 전투를 육체적 방식으로 이해한다.

> 말하자면 생명과 얽혀있는 몸이 더 이상 필멸의 상태로 남아 있지 않도록, 그리스도는 자신을 위해 육체를 취했다. … 그는 육체를 입었으므로, 몸 안에서 사망을 발견하고 제거할 수 있다.[13]

---

10 Athanasius, *On the Incarnation*. 어떤 사람들은 이런 진술과 논문 전반에 걸쳐 사용된 언어를 근거로 아타나시우스가 보편구원론자이며, 결국 모든 사람의 구원을 믿는다고 주장한다. 그러나 아타나시우스는 작품의 마지막에 어둠에 머무르기로 선택된 자들에 관한 심판의 여지를 분명히 한다(95쪽을 참조하라).
11 Athanasius, *On the Incarnation*, § 7.
12 예를 들어 "말씀은 명백히 죄인을 위해 희생을 드릴 수 있도록 인간의 몸을 취했다" (Athanasius, *On the Incarnation*, 36; cf. § 44).
13 Athanasius, *On the Incarnation*, 81.

죄는 몸 안에서 그리고 몸을 통해서 발생했기 때문에 이제 우리 몸에 미묘하고 심오한 방식으로 영향을 미친다. 따라서 죄는 몸에서 극복되어야 한다. 창조주 그리스도는 죄를 쳐부수기 위해 진짜 몸을 포함하여 진정한 인성을 직접 취함으로써 엉망진창이 된 세계로 들어가야만 한다. 오직 거룩한 하나님의 겸손을 통해 우주적 반전이 시작될 수 있다. 이 반전은 우리 몸 전체에 영향을 주기 전에 그분의 몸에서 시작되어야 한다.

아타나시우스만 이런 종류의 생각을 한 것이 아니다. 정통 교부로 불리는 어거스틴(Augustine)은 때때로 비슷한 논리를 사용하고 있다는 것에 주목해 보자. 하나님은 죄가 인간의 몸을 포함하여 어떻게 세계에 영향을 미쳤는지를 고려하여, 인류를 치유하기 위한 다양한 방법을 생각한다.

어거스틴은 귀납적 방법을 통해 이렇게 결론을 내린다. 하나님은 전체 인간을 취할 수 있는 성육신 외에 "우리의 유익과 관심을 충족시키는 더 좋은 방법을 찾지 못했다."[14] 어거스틴은 이것이 성육신의 실재, 즉 인성을 취한 영원한 성자 하나님의 진정한 겸손이어야 한다고 주장한다. 성자 하나님은 인간처럼 보일 뿐만 아니라 "인간을 위하는 진정한 인간이 되어야만 한다."

왜 그럴까?

"구속을 위해 동일한 본성이 취해져야 하기 때문이다."

어거스틴 역시 성별이 인성의 한 부분인 것처럼, 예수님에게도 마찬가지라는 것을 인식한다는 것은 덧붙일 가치가 있다. 예수님은 육체적 한계와 개별적 특성을 포용하는 인간이 되어야 하는데, 이것은 또한 예수님이 남성과 여성을 대표할 필요가 있다는 것을 의미한다.

그러나 예수님은 남성과 여성이 동시에 될 수 없다. 그것은 예수님의 진정한 인성의 구현을 훼손할 것이다. 개별자로서 예수님은 창조물의 일부이다. 따라서 "양성 모두 창조주에게 무시당한다고 생각하지 않게 하려고

---

[14] Augustine, *True Religion*, in *On Christian Belief*, ed. Boniface Ramsey, vol. 1/8, Works of Saint Augustine (New York: New City Press, 2005), 47 (15.29).

자신을 남자로 취하고 여자에게서 태어났다."**15** 이런 방식으로 어거스틴은 성육신을 구체적 개별자인 그리스도의 인성을 손상하지 않고 우리 모두를 대표하는 것으로 보았다. 따라서 그리스도에 대한 유혹 심지어 그의 아픔과 고통은 개별성과 보편성을 동시에 유지한다. 새로운 아담으로서 그리스도는 개별적인 인간이 되는 것을 포기하지 않고 전체를 대표할 수 있다(cf. 롬 5:12-21).

아타나시우스로 돌아와서, 그가 인류 전체를 하나로 묶는 유기적 방식을 놓치지 말아야 한다. 고대 설교자로서 아타나시우스는 우리가 모두 죄를 지은 죄인이라는 사실을 결코, 의심하지 않았지만, 개인의 고통과 특정한 죄악에 대한 하나님의 심판 사이의 직접적인 상관관계를 만들지 않았다.

욥(Job)을 기억하는가?

욥과 대화하는 친구들의 말에는 문제가 있었다. 욥의 친구들은 죄와 고통 사이에 직접적인 인과관계가 성립될 수 있다고 생각하지만, 하나님은 그들이 틀렸다는 것을 알려 주었다. 하나님의 종 욥은 신실했고 자신에게 제기된 특정한 문제에 대한 개인적인 책임에서도 자유로웠다(욥 1:1, 8; 2:3; 42:7-8).

그런데도 욥은 우리 모두와 마찬가지로 왜곡되고 파괴된 우주적 관계망 안에 남아 있었다. 아타나시우스는 창세기 3장으로 거슬러 올라가서 인간의 육체적 고통과 비참함이 더 큰 문제라는 것을 생각나게 한다. 다시 말해, 뼈를 갉아먹는 통증이나 머릿속을 파고드는 욱신거리는 증상은 우주적 문제를 암시한다. 그러나 이러한 육체적 고통이 필연적으로 우리가 이 고통을 받을만하다는 것을 직접 가리키는 것은 아니다.

아타나시우스에 따르면, 하나님의 선한 세계에 죄가 들어왔다는 의미에서 성육신은 불가피하게 되었다. 즉, 인간의 죄는 하늘로 올라가는 일종의

---

15 Augustine, *True Religion*, in *On Christian Belief*, 48 (16.30).

외침이 되었고 사랑하는 창조주가 "서둘러서 우리를 돕고 우리 가운데 나타는" 요청처럼 받아들여졌다.[16]

아타나시우스는 우리의 외침에 대한 하나님의 대답이 무엇(what)이 아니라 누구(Who)라는 것에 주목한다.

> 성부의 말씀이신 그분만이 … 모든 것을 재창조할 수 있으며 모든 것을 위해 고통받을만한 가치가 있다.[17]

그분은 진정으로 "우리와 같은 인간의 몸"을 취했고 "죽음의 부패에 책임을 졌다."[18] 궁극적으로 아타나시우스에 따르면, 예수 자신의 육체적 희생이 요구되었고 그는 죽음을 극복하기 위해 개인적으로 죽음에 직면했다. 이 죽음과 이후의 부활 승리는 예루살렘에서 벗어나 서서히 새로운 시작으로 세계를 깨우는 충격파 역할을 한다. 다음 두 장에서 이 점에 관해 더 많이 이야기해 보자.

아타나시우스는 우리 신학이 예수님의 죽음으로 건너뛰지 말고 독특한 메시아 탄생과 삶의 의미를 먼저 인식해야 한다는 점을 이해했다.[19] 그는 이 싸움이 육체적인 싸움이며 심지어 그리스도의 육체에서 일어나야 한다는 것을 이해했다. 죄를 치유하기 위해 에덴동산을 다시 생각해야 할 필요가 있다. "마지막 아담"(eschatos adam[고전 15:45])인 그리스도는 첫 번째 아

---

16 Augustine, *True Religion*, in *On Christian Belief*, 29.
17 Augustine, *True Religion*, in *On Christian Belief*, 33.
18 Augustine, *True Religion*, in *On Christian Belief*, 34. "독특하게 처녀에게서 잉태되었음에도, 진짜 인간의 몸이 된 말씀은 다른 몸처럼 그 자체로 필멸의 존재였으며, 죽을 수 있게 되었다"(Augustine, *True Religion*, in *On Christian Belief*, 49).
19 Augustine, *True Religion*, in *On Christian Belief*, 87. 아타나시우스는 성육신의 실재와 비교할 때 그리스의 고전적인 이야기가 약초 요법(herbal remedies)과 같은 것을 통해 치유에 관해 말할 수 있지만, "그분은 단지 상처를 치유하는 대신 존재의 본질적 측면에서 건강을 회복한다"라는 것에 주목한다.

담이 실패한 곳에서 자신의 신실함을 증명했다.[20] 그리스도는 죽음이 다스리는 인류에게 생명을 가져다 주었다.

마지막으로 아타나시우스는 성육신과 계시를 결부시킨다. 아타나시우스는 성자 하나님이 올 때, 구속의 목적을 위해 우리와 연대하는 것뿐만 아니라 사랑과 은혜 안에서 우리를 성부 하나님의 형상으로 회복한다고 주장한다.[21]

죄가 총체적으로 우리에게 영향을 미쳤다. 그래서 부패한 우리는 육체적 고통과 죽음에 직면했을 뿐만 아니라 하나님에 대한 왜곡된 시각을 가지게 되었다. 타락한 인간은 하나님을 잔인하고 무관심하다고 상상하며 하나님을 냉혹한 분으로 생각했다. 성육신하신 예수는 우리가 가진 하나님에 대한 왜곡된 그림을 정확히 주 예수 그리스도의 성부 하나님에 대한 그림으로 교체했다.

하나님의 거룩한 부성애는 성자를 보내는 것에서 아름답게 다시 나타난다.[22] 우리는 성육신을 통해 신(a god)에 대한 두려움이나 왜곡된 이미지보다 하나님(the God)에 대한 회복된 시각을 가질 수 있다.

---

20 이 개념에 관한 자세한 내용은 다음을 참조하라. Kelly M. Kapic, "Trajectories of a Trinitarian Eschatology", in *Trinitarian Soundings in Systematic Theology*, ed. Paul Metzger (Edinburgh: T&T Clark, 2005), 189-202.
21 예를 들어 다음을 참조하라. Athanasius, *On the Incarnation*, § 11-12, § 32.
22 성자는 "우리가 하나님이 될 수 있도록 인성을 취했다"라는 아타나시우스의 유명한 구절을 생각해 보라. 이 진술을 올바로 이해하기 위해 전후 문맥을 살펴야 한다. 아타나시우스는 성자의 겸손에 대한 장엄한 불명예를 반영하며, 말씀이 육신이 된 것처럼 성자는 우리에게 성부의 실재를 알게 한다. 다음 문장은 분명하다. 즉, "하나님은 우리가 보이지 않는 성부 하나님의 마음을 인지하도록 자신을 육체로 나타냈다"(*On the Incarnation*, 93). 이 부분에서 아타나시우스는 "구주의 업적"을 분석하면서 존재(ontic)와 인식(noetic)의 방향을 동시에 가리키는 것으로 보인다. 나는 여기서 인식의 방향을 강조한다. 그러나 초대 교부인 아타나시우스에게 공평하게 말한다면, 그는 우리 안에 있는 하나님의 생명에 대해 존재와 관련된 중요한 주장을 한다. 이것은 여기서 상세히 다루지 않겠다. 우리가 성자의 비하로 "하나님처럼" 되는 것은 성자를 통해서 성부를 보기 때문이다. 우리는 전지한 소형 신(mini-omniscient gods)이 되는 것이 아니며, 오히려 성육신한 성자의 눈을 통해 성부를 보는 방식으로 성자처럼 된다.

창조주에 대한 갱신된 지식은 인간에게 정말로 행복하고 복된 삶을 제공한다.[23]

간단히 말해서, 성부가 보낸 예수가 성부의 충만한 은혜와 진리를 드러내기 때문에, 예수를 보는 것은 성부 하나님을 보는 것이다(요 10:25-38).

2. 예수님의 감정과 인간의 고통-워필드

예수님이 죄 없는 모든 인간적 감정(emotions)을 가진다는 것은 그분의 인성이 참되다는 것을 의미한다.

이 말은 1912년에 출판된 B. B. 워필드(B. B. Warfield, 1851-1921)의 에세이인 "감정이 있는 우리 주님의 삶에 관하여"(On the Emotional Life of our Lord)의 시작 부분에 나온다.[24]

그리스도인에게 있어 가장 크고 놀라운 도전 중 하나는 예수님의 온전한 인성을 진심으로 확인하는 것이다. 초기 기독교 신조에 따르면, 예수님의 온전한 인성을 인정하는 것은 그의 참된 신성을 인정하는 것만큼이나 기독교 신앙에 필수적이다.[25]

예수님의 진정한 인성—그리고 우리와 연대—에 관한 주장을 검토하는 하나의 방법으로써, 우리는 예수님의 "감정이 있는 삶"(emotional life)을

---

23 Athanasius, *On the Incarnation*, 38.
24 B. B Warfield, "The Emotional Life of Our Lord", in *The Person and Work of Christ* (Philadelphia: Presbyterian & Reformed, 1950), esp. 93-145.
25 예를 들어 니케아-콘스탄티노플(Nicene-Constantinople) 신조의 내용을 참조하라. "하나님의 아들인 한 분 주 예수 그리스도"는 "참 하나님이며 생성되지 않고 나셨으며", 우리의 구원을 위해 "사람이 되어 … 고난을 받아 죽었고 장사되었다." 또한, 칼케돈(Chalcedonian) 정의에 사용된 좀 더 발전된 언어와 특징을 참조하라.

고려할 수 있다. 우리가 복음서에서 예수님의 감정에 대해 알게 되는 것은 육체적 고통과 죽음의 맥락에서 나오기 때문에, 이러한 성찰은 특정한 연구와 관련이 있다. 진실로 예수님의 감정은 우리에게 약속과 소망뿐만 아니라 슬픔과 갈망을 다시 생각하게 한다.

워필드는 예수님의 감정과 육체적 고통과의 관계를 조사한 기묘한 작가처럼 보일 수 있다. 19세기와 20세기를 걸쳐 살았던 프린스턴 신학자인 워필드는 "합리주의자"로 인정받기도 하지만, 칭찬의 의미는 아니다. 워필드는 객관적 합리성을 높이고 주관적 감정을 평가 절하하는 계몽주의가 쇠퇴해가는 시기에 자라고 교육받았다. 워필드의 이름에 정통한 사람들은 그를 과학자와 비교하지만, 인간 내면의 삶을 탐구하는 시인으로 쉽게 생각하지는 못한다.

그러나 우리는 워필드의 삶에서 깊은 마음의 고통, 희생, 애정 어린 사랑을 볼 수 있다. 워필드는 합리주의적 성향에도 불구하고, 자신의 경험에서 우러나오는 통찰력으로 성경 주해를 날카롭게 썼다.

워필드는 스물다섯 살에 애니 피어스 킨키드(Annie Pearce Kinkead)와 결혼했다.[26] 이 두 사람은 결혼식 직후 유럽으로 여행을 갔고, 워필드는 당대에 손꼽히는 독일 학자들의 지도를 받으며 연구를 계속했다. 워필드 부부가 해외에서 지내는 동안 독일에 있는 하르츠산맥(Harz Mountains)을 걷고 있을 때, 격렬한 뇌우(雷雨)가 느닷없이 그들을 덮쳤다. 애니는 이 일로 인해 일종의 신경 쇠약에 시달리게 되었는데, 평생 회복하지 못하고 여생을 병자처럼 지냈다. 그 후 39년 동안 워필드는 아내를 돌보기 위해 일정을 조정했고, 거의 여행을 하지 않았다. 워필드 부부는 자녀가 없었으며, 워필드는 애니와 한 번에 한두 시간 이상 떨어져 있지 않은 것으로 알려진다.

---

[26] 워필드의 삶에 대한 자세한 내용은 다음을 참조하라. David B. Calhoun, *Princeton Seminary*, vol. 2, *The Majestic Testimony* 1869-1929 (Edinburgh: Banner of Truth, 1996), 특히 118, 311-27; Hugh T. Kerr, "Warfield: The Person Behind the Theology", 1982년 봄 프린스턴신학교 강연에서.

워필드는 연약한 아내를 보살피면서도, 동시에 국제적으로 인정받는 학자로서 경력을 쌓았다. 애니의 여생을 힘들게 하였던 그 사건에서 어떤 일이 있었는지 정확히 알 수 없지만, 워필드가 세상의 타락, 고통스러운 현실, 온유한 태도, 행동으로 표현된 사랑의 힘을 매일 경험했다는 것은 분명하다.

워필드는 이런 경험을 통해서 주 예수의 감정을 지닌 삶을 통찰력 있게 탐구할 수 있었을 것이다. 워필드에게 구속은 성육신하신 성자의 관점에서만 의미가 있다. 왜냐하면, 감정을 가진 진정한 인간 예수가 하나님의 심장부로 우리를 인도하기 때문이다.[27]

워필드는 복음서에서 다양한 감정을 담고 있는 메시아의 초상화를 보았다. 워필드에 따르면, 동정심은 성경 이야기에서 가장 많이 예수님에게 귀속된다. 최근의 학문은 이 주장을 좀 더 강화한다.[28] 예수님은 거듭거듭 "동정심을 가졌다"(마 9:36; 14:14; 15:32; 20:34; 막 1:41; 6:34; 눅 7:13). 이것은 자비에 호소할 때 일어나는 일종의 "연민의 내적 감동"을 의미하며, 예수님의 동정심은 필연적인 행동으로 이어졌다.[29]

예수님은 시각장애인(마 20:34), 사별한 과부(눅 7:13) 또는 회복이 필요한 나병 환자(막 1:41)를 볼 때, 감정을 외면하지 않고 한결같이 "연민의 마음으로 아파하고" 행동하셨다. 게다가 예수님의 동정심은 어떠한 형태로든지 육체적 고통이나 아픔을 겪는 사람들을 향했다. 이 고통은 사회적, 종교적 정죄로 인한 기아, 질병 또는 육체적 고립일 수 있다. 예수님은 동정

---

27 폴 헬름(Paul Helm)은 예수의 감정과 하나님의 감정을 신중하게 구별하지 않고 너무 동일시하려는 시도에 경고한다. 다음을 참조하라. Paul Helm, "B. B. Warfield on Divine Passion", *Westminster Theological Journal* 69 (2007): 94-104.

28 Stephen Voorwinde, *Jesus' Emotions in the Fourth Gospel: Human or Divine?* (London: T&T Clark, 2005). 부르윈드는 요한복음의 광범위한 치료를 제시하는데, 현재까지 이 주제와 관련한 가장 적절한 연구이다. Stephen Voorwinde, *Jesus' Emotions in the Gospels* (London: T&T Clark, 2011). 이 책에서 부르윈드는 사복음서 전체를 한 번에 하나씩 살펴본다.

29 Warfield, "Emotional Life", 96.

심을 몸으로 구현하고 느끼며, 또한 고통과 슬픔에 사로잡힌 사람들을 향하여 표현했다.

예수님의 공감하는 능력 뒤에는 주변 사람들에게 온 마음을 다하는 사랑이 있다. 워필드는 메시아의 "가장 중요한 성품이 사랑이고 사랑은 동정심의 기초"라는 것을 지적한다.[30] 예수님은 성부 하나님을 사랑하고 죄 많은 인간을 사랑하며 산다. 이 강렬한 사랑은 예수님의 전체 사명 즉, 가장 큰 두 가지 계명을 구현하는 사역을 알려 준다.

자기희생적인 사랑은 구주의 삶을 바로 보여 주기 때문에, 오늘날 기독교 제자도의 특징이다. 이 예수님을 닮아가는 것 특히 다음 장에서 이야기할 십자가는 그리스도인이 고통을 겪는 사람들 가운데 서서 어떻게 살아가야 하는지 본이 된다. 예수님의 삶은 우리에게 모범을 보여 주는데, 그것은 우리 안에서 살아가는 사랑의 삶으로써 그리스도 자신의 삶이다(갈 2:20). 이제 그분의 깊은 사랑이 예수님을 이끌어가고 "그 앞에 있는 기쁨"(히 12:2)으로 힘을 얻었다는 것에 주목해 보자. 이 사랑에는 새 생명, 치유, 사랑의 통치를 다시 받을 백성을 위한 소망의 약속이 포함된다.

워필드가 논의한 감정 중에서, 예수님의 삶에 나타난 분노를 탐구한 것이 가장 인상적이다. 많은 이가 분노를 예수님에게 귀속시키는 것을 망설이지만, 워필드는 참으로 의로운 사람이라면 악과 불의를 보면서 중립적으로 자신의 성품을 유지할 수 없다는 것에 주목한다.

예수님은 구경꾼들의 굳어진 마음에 정당하게 화를 냈다. 왜냐하면, 구경꾼들은 손 마른 사람의 고통보다는 예수님이 안식일에 병자를 고쳐서 안식일 규례를 어기는지에 더 신경을 쓰는 것 같기 때문이다(막 3:5). 다른 곳에서 예수님은 제자들이 자신에게서 아이들을 떼어놓으려고 할 때, "불쾌감" 또는 "짜증"과 같이 좀 더 가벼운 형태의 분노를 드러냈다(막 10:14). 그러나 나사로(Lazarus)의 무덤 앞에 서 있는 예수님에 대한 워필드의 설명은 이와 관

---

30 Warfield, "Emotional Life", 100.

련하여 매우 통찰력이 있으며, 우리 자신의 육체적 고통에 대한 이해와 밀접한 관련이 있다.

워필드는 예수님이 사람들의 슬픔에 둘러싸인 사랑하는 친구의 무덤 앞에서, 슬퍼하며 두 번 "비통하였다"라는 표현에 주목한다(요 11:33, 38). 사실 비통하였다는 의미의 헬라어 에네브리메사토(enebrimēsato)는 분노로 번역하는 것이 더 적절하다.

> 자신의 가슴을 찢고 가장 크게 울부짖는 감정이 바로 분노였다.[31]

예수님은 마리아나 다른 사람들에게 화를 내지 않았다. 예수님은 육체적 고통의 절정에 이르러 슬픔과 죽음의 광경, 소리, 향기에 직면했을 때, 악이 들어와 세상을 파괴한 것에 분노하였다. 예수님의 눈물은 이 분노에서 시작되었고, 이 분노 때문에 눈물을 흘렸다(요 11:35). 이 장면에서 "예수님은 죽음의 사악함, 비정상성, 폭력적인 압제를 가슴 사무치게 의식한다."

요한복음에서 이 사건은 예수님이 적들에 대해 냉담하지 않고 격렬한 분노를 드러내셨다는 것을 분명히 알려 준다.[32] 고뇌, 압제, 고통, 죽음의 영역은 너무나 강력했다. 아타나시우스가 기록한 것처럼 "인간은 … 사라지고 있으며 하나님의 사역은 실패하고 있었다."[33] 그대로 두고만 볼 수 있는 상황이 아니었다. 예수님은 심지어 죽음과 승천 전에(요 11:25) 자신을 "부활과 생명"으로 선언하고, 모든 사람에게 앞으로 다가올 실재(future reality)에 대해 미리 맛보게 했다. 그들의 눈앞에서 죽음을 극복하는 능력을 보여 주었다. 예수님은 "나사로야 나오라 … 풀어 놓아 다니게 하라"(요 11:43-44)라고 말했고, 그대로 되었다.

---

31 Warfield, "Emotional Life", 115.
32 Warfield, "Emotional Life", 116-117.
33 Athanasius, *On the Incarnation*, § 6

나사렛(Nazareth) 예수는 무감정한 분이 아니다. 예수의 삶은 타락한 세상에서 살아갈 때, 피할 수 없는 고통스러운 감정을 포함하여 풍부한 감정을 보여 준다. 워필드는 개인적 고통과 희생을 배경으로 예수님의 풍부한 감정을 가진 삶을 명확히 살펴보았고, 상처받은 사람들에 대한 예수의 깊은 동정심을 보여 주고, 고통과 죽음이 끊임없이 인간을 지배하는 방식에 대한 깊은 분노를 보여 주었다. 예수님이 오셔서 해결해야만 한다.

3. 결론

아타나시우스와 워필드는 둘 다 나름의 방식으로 하나님의 길을 이해하는데, 예수님의 삶이 얼마나 중요한지를 알았다. 감정과 고통을 포함한 예수님의 성육신은 우리를 은혜롭고 거룩한 창조주에게로 안내한다. 예수님은 또한 우리에게 새로운 소망, 새로운 삶을 제시한다. 하나님은 낡은 것을 폐기하지 않고, 우리의 상황으로 들어와서 자신의 처지로 받아들이고 변형시켜서 우리 안에 새로운 것을 성취하신다.

성부의 사랑과 생명을 수여하는 성령의 능력으로 보내진 성자의 성육신, 즉 참되고 완전한 인간의 본성을 취한 것은 우리 구주가 가장 친밀하고 안심할 수 있는 방식으로 우리를 이해한다는 것을 의미한다. 성자는 육신을 취하고, 육체적 고통을 느끼며, 말로 표현할 수 없는 죽음 자체의 어둠에 들어가기까지 했다.

임마누엘인 예수님은 가장 동정심이 많은 대제사장이 되어서 우리의 공포, 고통, 유혹, 연약함을 이해하며 이것들을 자신의 것으로 만들었다 (히 4:14-16). 그러나 예수님은 단순히 동정심에 머물지 않았다. 성육신하신 성자는 단순히 인간의 고통을 인식하는 것뿐만 아니라 극복하기 위해서 성부와 성령에게서 왔다.

창조주는 자신의 창조물을 부르셨고, 만물을 창조한 그 말씀은 이제 살과 피의 세계로 들어왔다. 성자 하나님이 왔다는 사실보다 더 놀라운 사실은 그가 죽으러 왔다는 것이다. 그의 임무는 단순히 조사가 아니라 구출과 구속이다. 그러므로 지금은 십자가의 어둠을 마주할 때이며 또한 **부활의 일출**(sunrise of resurrection)을 준비해야 하는 때이다.

제7장

우리를 위해 하나가 되신 하나님
(One for Us)

십자가(CROSS)

> 오직 고통당하시는 하나님만이 도울 수 있다.
> - 디트리히 본회퍼(Dietrich Bonhoeffer),
> 『옥중서신』(*Letters and Papers from Prison*).
>
> 도둑이 십자가에 달린 생명의 주관자를 보았을 때, 이렇게 말했다.
> "만약 하나님이 우리와 함께 십자가에 못 박히는 육체가 되지 않았다면,
> 태양은 빛을 감추지 않았을 것이며, 지구는 흔들리거나 요동하지 않았을 것이다."
> - 사순절 전례서(*Lenten Triodion*).
>
> 친히 나무에 달려 그 몸으로 우리 죄를 담당하셨으니
> 이는 우리로 죄에 대하여 죽고 의에 대하여 살게 하려 하심이라
> 그가 채찍에 맞음으로 너희는 나음을 얻었나니
> (벧전 2:24).

나는 몇몇 목회자와 함께 식탁에 둘러앉아 이야기하던 중, 그들이 고난과 신앙을 이해하는 데 어려움을 겪는다는 사실에 놀랐다. 모든 사람은 헤아릴 수 없는 잠자리에서의 대화와 잠 못 이루는 수많은 밤의 상처를 안고 있는데, 그들은 하나님께 기도하고 씨름하며 사랑하는 사람들과 함께 울었다. 우리는 죽음을 직면해도 여전히 하나님을 찬양하는 용감한 아버지의 이야기, 오진을 받았지만 비통해하지 않고 끔찍한 고통을 견뎌낸 경건한 여성의 이야기를 나누었다. 모든 이야기는 진실했으며 유용했다.

우리가 말하기를 주저하지만, 마지막으로 피할 수 없는 의문이 여전히 남아 있다.

왜 우리의 육체적 고통은 그토록 중요한가?

성경은 때때로 고통과 박해를 연관시킨다(약 1:2-3; 고후 1:8-9; 11:23-27). 그리스도인은 이것이 하나님에게 의미 있거나 고려할 가치가 있는 고통인지 궁금해할 것이다.

1. 예수님의 죽음에는 성육신한 생명이 필요하다

우리가 성경을 읽으며 접하는 문제 중 하나는 한 구절에 필요 이상의 관심을 집중하는 것이다. 즉, 지나치게 성경을 세분화해서 읽으면, 성경이 우리에게 말하고 있는 더 큰 이야기를 놓쳐버린다. 우리가 지엽적인 것에 너무 많은 관심을 가질 때, 전체를 볼 수 없다. 그뿐만 아니라 성경에서 세부적인 내용을 복잡하게 다루면서 성육신의 실재(reality)를 놓칠 수 있다.

특별히 그리스도의 죽음을 중시하는 이들에게는 마치 십자가에서 예수 그리스도의 몸이 구속과 관계없는 것처럼 보이듯이, 인간의 몸을 입으신 성자의 초기 과격한 행동이 구속 이야기에서도 무시되곤 한다. 결과적으로 우리는 성자 하나님이 고통을 경험할 수 있으며, **진짜 몸**을 취했다는 사실을 과소평가하곤 한다. 간단히 말해서, **한 인간의 몸으로 구현된 성자**

하나님만이 가장 확실한 기독교 복음이다.
　우리는 적어도 육체적 몸을 가진 그리스도의 삶의 중요성을 두 가지 요인으로 무시한다.

　첫째, 때때로 교회는 세상이 예수님의 영적 실재를 설명하지 않는 것을 염려한다. 그래서 그리스도인들은 그리스도의 육체를 과소평가하고 영적인 관심을 지나치게 강조하였다. 이러한 일부 그리스도인에게는 "영적인" 것만이 중요하다. 이들은 육체의 중요성을 무시한다.
　둘째, 서구인들은 우리 구원을 위한 그리스도의 죽음을 단순히 법적인 것으로 강조하여 신약성경에서 그 모델에 맞지 않는 자료를 간과한다. 오히려 그리스도인들은 예수님이 우리에게 가져다준 구원을 이해하기 위해, 고난주간(Passion Week) 전에 있었던 복음서 자료도 사용해야 한다. 구체적으로 성자 하나님은 우리가 겪는 모든 아픔과 고통을 경험할 수 있는 인간의 몸을 취하였고, 이 육체성이 그분의 가르침, 말씀, 행동의 배경이다.

　나는 때때로 그리스도인들이 예수님의 '영적 고통'을 강조하면서 예수님의 육체적 죽음을 가볍게 말하는 것을 듣는다. 이 중 일부는 로마가톨릭이 십자가에 달린 예수님의 육체적 고통을 강조하는 것과 거리를 두려는 초기 개신교의 시도에 그 뿌리를 두고 있다.[1]
　요즘은 십자가의 잔혹성에 대한 현대인의 불편함의 결과일 수도 있다. 어쨌든, 기독교는 그리스도의 온전한 신성과 온전한 인성을 주장하기 때문에, 우리는 그리스도의 삶과 죽음의 영적 측면과 아울러 육체적 측면도

1　수난에 관한 중세 로마가톨릭과 초기 개신교 개념 사이의 긴장과 뒤이은 근대 가톨릭 반종교개혁(Catholic Counter Reformation)의 대응에 대한 자세한 내용은 다음을 참조하라. Jan Frans van Dijkhuizen, "Partakers of Pain: Religious Meanings of Pain in Early Modern England", in *The Sense of Suffering: Constructions of Physical Pain in Early Modern Culture*, ed. Jan Frans van Dijkhuizen and Karl A. E. Enenkel (Leiden: Brill, 2009), 189-220.

주의를 기울여야 한다. 영적인 것과 육적인 것을 나누는 것은 복음, 예수, 우리 자신에 대한 이해를 왜곡시킬 수 있다. 성경 이야기는 처음부터 끝까지 필연적으로 영적일 뿐만 아니라 육체적이다. 이것은 우리를 성경에서 가장 충격적인 계시로 인도한다.

아플 수 없고, 배고플 수 없고, 피를 흘리거나 죽을 수 없는 하나님, 이 하나님이 가까이 오셔서 불가능을 가능하게 하신다. 아타나시우스가 깨달은 대로 "그리스도가 **죽기 위해서** 육체를 취하신 것이다."[2]

그런데 그리스도는 그냥 죽지 않고, 와서 살았다!

연대, 대표, 소망은 심지어 예수님의 온전한 정체성의 진실이 나타나는 충격적인 방식으로 갑자기 예기치 않게 실현된다. 이 방식으로 예수님은 "우리와 함께" 하고 "우리를 위해 주신다."

2. 그리스도의 죽음은 그리스도와 우리가 같다는 가장 확실한 증거다

하나님의 아들은 십자가에 매달리기 위해 서른 살 된 남자로 하늘에서 떨어지지 않았다. 아무도 이것을 정말이라고 생각하지 않지만, 때때로 복음서를 이런 방식으로 접근하는 사람들이 있다. 영지주의자들(Gnostics)은 육체적 불결함이 순수한 우리의 영적 사고를 더럽힐 수 있으므로, 물질적 세계에서 벗어나기를 갈망했다. 그들은 만물의 창조주가 낮고 천한 인간 육체를 취하여 동정녀 마리아의 자궁에서 9개월 동안 살았다는 것을 듣고 화가 났을 것이다. 그러나 예수님은 지저분하고 복잡하고 타락한 세상에서 살과 피와 뼈를 가지고 살았다.

---

2   Athanasius, *On the Incarnation* (New York: St. Vladimir's Seminary Press, 2003), 51. 강조 추가.

누가는 "예수는 지혜와 키가 자라가며 하나님과 사람에게 더욱더 사랑스러워 가시더라"(눅 2:25, cf. 삼상 2:26)라고 설명하는데, 인간으로서의 성장을 잘 드러낸다. 성육신의 목적은 예수님이 단순히 죽는 것이 아니라 우리와 함께하고 우리를 위해 자신을 바치는 것이다.

성자 하나님이 인성을 취한 것은 창조주와 창조물 사이의 연대를 가능하게 한다. 즉, 예수님은 하나님과 인간 사이의 유일한 중보자가 된다(딤전 2:5).[3] 성령의 능력으로 성부에게 보냄을 받은 성자는 치유의 목적을 가지고, 유대인 남자로서 육체를 가지고 살아간다.

> 거룩하게 하시는 이와 거룩하게 함을 입은 자들이 다 한 근원에서 난지라 그러므로 형제와 자매라 부르시기를 부끄러워하지 아니하시고(히 2:11).[4]

우리의 성화, 우리가 거룩해지는 것은 성자 하나님의 성육신에 달려 있다. 존 칼빈(John Calvin, 1509-64)이 말하듯이, 성자가 "육신을 취할 때, 거룩한 주권자와 우리는 이 공유된 인성에 참여하여 하나의 근원을 갖는다."[5] 이런 연관성 때문에 "예수 그리스도의 몸"에서 다름 아닌 우리의 성화가 일어난다(히 10:10).

---

3   크리소스톰(Chrysostom)은 "그리스도가 고통을 겪기 위해 육체를 취한 것은 무로부터 세계를 창조한 것보다 훨씬 더 위대하다. 창조는 실로 그리스도의 다정함을 나타내는 징표인데, 성육신은 훨씬 더 그렇다. Erik M. Heen and Philip D. W. Krey, eds., *Hebrews, Ancient Christian Commentary on Scripture 10* (Downers Grove, IL: InterVarsity Press, 2005), 43; 전자서적 판.

4   여기에서 나는 ESV에서 이 구절의 마지막을 살짝 수정하여 자매를 포함한다. ESV 자체는 이 주석을 합리적인 것으로 여긴다. 이 본문에서 요점은 어느 한쪽의 성별이 아니라 인성의 동일성이다.

5   "우리는 하나님의 아들과 매우 친밀하게 연합되어 있어서, 우리에게 필요한 거룩함을 찾을 수 있다. 왜냐하면, 그리스도는 하나님으로서 우리를 거룩하게 한다. 또한, 인간 자체의 능력이 아니라 하나님이 부어준 완전하게 충만한 거룩함으로, 그리스도는 인간으로서 우리를 거룩하게 한다. 그래서 우리는 모두 거룩하게 될 것이다." John Calvin, *Calvin's Commentaries (Complete)*, trans. John King (Edinburgh: Calvin Translation Society, 1847), n.p.; 전자서적 판.

"만물이 하나님을 위해서 그리고 하나님에 의해서 존재하는데", 하나님은 많은 이를 "적합한" 방식으로 영광에 들어가게 할 것을 약속한다. 즉, 하나님은 "그들의 구원의 창시자를 고난을 통해 온전하게 함으로써" 이 약속을 성취하는데(히 2:10), 이것은 오직 성자가 스스로 인간의 몸을 취했기 때문에 가능하다. 성자는 우리의 고통, 약함, 두려움, 투쟁과 자신을 결합한다. 타락한 인간을 구하기 위해, 다름 아닌 하나님 자신이 우리 중 하나로서, 우리 중에, 우리를 위해 오신다. 칼 바르트(Karl Barth, 1886-1968)는 이 점을 다음과 같이 표현한다.

> 전능자는 약하고 무력한 모습으로, 영원한 자는 시간에 속하여 사멸하는 모습으로, 가장 높은 분은 가장 낮은 겸손의 모습으로 여기에서 계시며, 행동하며 말한다. 지극히 거룩한 자는 죄인들과 함께 정죄 받는다. 가장 영광스러운 자는 수치심으로 뒤덮여 있다. 영원히 사는 자는 죽음의 먹잇감으로 전락했다.[6]

육체를 가진 예수님의 생명은 그의 속죄 사역에서 필수적이며 예수님의 희생적인 죽음에서 절정에 이른다.

> 자녀들은 혈과 육에 속하였으매 그도 또한 같은 모양으로 혈과 육을 함께 지니심은 죽음을 통하여 죽음의 세력을 잡은 자 곧 마귀를 멸하시며 또 죽기를 무서워하므로 한평생 매여 종 노릇 하는 모든 자들을 놓아주려 하심이니 (히 2:14-15).

이런 방식으로 성자는 "모든 면에서" 우리처럼 되어서, 유일하게 우리 대신 자신을 바칠 수 있는 "자비롭고 충성스러운 대제사장이 된다"(히 2:17).

---

6   Karl Barth, *Church Dogmatics* (Edinburgh: T&T Clark, 1961), IV/1, 176.

하나님은 성육신한 그리스도 안에서 그리고 그리스도를 통해 인간의 고통을 경험하며, 오해부터 노골적인 배신까지 모든 것을 겪는다. 하나님은 멀리 떨어져서 전지한 신적인 방식이 아니라, 그리스도 안에서 진짜 유혹과 투쟁에 직면한 **개별적 인간이 경험하는 방식으로** 유혹을 알았다. 우리의 유혹은 그리스도에게 단지 관념이 아니다. 요한일서는 "세상"이 우리를 하나님과 교제에서 멀어지게 하는 세 가지를 말한다(요일 2:16).

(1) 육신의 정욕
(2) 안목의 정욕
(3) 이생의 자랑

새 아담, 마지막 아담으로서(고전 15:45) 예수님은 이런 유혹에 성공적으로 맞서고, 이 세 가지 방법으로 자신을 유혹하려는 악한 자에게 굴복하지 않았다(마 4:1-11). 아담은 실패했지만, 예수님은 실패하지 않았다.

일관되게 마태복음, 마가복음, 누가복음은 예수님의 세례에서 시작하여 광야 유혹, 처음 사역까지 보여 준다(마 3:13-4:17; 막 1:9-15; 눅 3:21-4:14). 따라서 예수님이 광야에서 시험받은 것은 우리를 위해 견뎌낼 모든 것을 대표하는 첫 번째 지표이다.

이 시험은 예수님이 유혹받은 유일한 사건으로 생각해서는 안 된다. 광야시험은 예수님의 전체 사역에서 벌어지고 있는 더 크고 심지어 우주적 싸움을 대표한다. 즉, 광야, 겟세마네, 궁극적으로 골고다는 전체를 대표한다. 골고다는 투쟁의 시작이 아니라 절정이다.

예수님은 자신의 삶 속에서 끊임없이 인간의 고뇌, 죄, 비참함을 다루었고, 생명을 다하기까지 정죄와 죽음을 다루었다. 이것이 기독교 전통이 그렇게 자주 그리스도의 대속적 삶과 죽음을 말하는 이유이다. 그리스도는 우리의 자리에서 우리를 위해서 살았고 우리를 위해 죽었다. 그리스도가 십자가에 가까워질수록 시험과 고통은 더욱 강해진다. 겟세마네에서 우리는 예수님의 "진실한 기도"를 읽을 수 있다. 즉, 이 시험은 너무나 무거웠으며, "땀이 땅에 떨어지는 핏방울 같이" 되었다(눅 22:44).

히브리서 기자는 이를 강조한다.

> 그는 육체에 계실 때에 자기를 죽음에서 능히 구원하실 이에게 심한 통곡과 눈물로 간구와 소원을 올렸고 그의 경건하심으로 말미암아 들으심을 얻었느니라(히 5:7; 참고, 마 26:36-46).

예수님은 공연을 위한 연극배우로서 기도한 것이 아니다. 성부에게 전적으로 의지하며, 실제적 고통을 떨쳐버리려고 기도했다(막 14:36, 39). 폭풍우가 예수님에게 사방에서 들이닥칠 때, 예수님은 외로움과 육체적 연약함 속에서 성부의 약속과 사랑에 머물렀다.

비록 우리 마음이 공포와 의심으로 가득 차서 의문을 품는 그 순간에도 하나님이 그리스도 안에서 우리를 인격적으로 이해한다는 것을 확신해야 한다.

예수님이 눈물을 흘리신 것은 성육신한 삶을 통해 타락한 인간의 쓰라린 고통을 경험했기 때문이다. 예수님의 고통과 몸부림은 우리의 눈물과 고통에 새로운 의미를 부여한다. 즉, 하나님은 죄와 고통 속에 있는 우리를 너무나 사랑해서 함께 죄와 고통을 겪는다.

예수님은 우리의 아름다움이나 고상함뿐만 아니라 우리의 연약함과 초라함도 동일하게 보신다. 최악의 상황에서도 예수님은 우리를 가장 잘 아신다. 예수님은 육체적으로 연약하고 기진맥진하고 무방비 상태일 때, 의문, 의심, 외로움에 직면하는 것이 무엇인지 잘 알고 있다. 너무나 자주 우리는 연약한 상황에 있는 자신을 발견할 때, 시기와 질투를 하거나 악의적인 방식으로 죄 많은 욕망에 우리 자신을 쉽게 내맡긴다.

예수님은 충분히 끊임없이, 참으로 우리처럼 육체에서 실시간으로, 실제 압박 속에서 발생하는 유혹을 받았다. 그러나 예수님은 기력이 쇠하고 갖은 조롱이 난무할 때도, 성부의 선과 사랑을 의심하지 않고 신실함을 잃지 않았다(예를 들어, 마 27:40-44; 눅 23:35-39).

삶의 고통 속에서 흔히 강력한 유혹과 무기력하게 만드는 의문이 생길 수 있는데, 이때 제대로 대처해야 한다.

하나님은 내 고통을 모르거나 관심이 없는가?
통제 불능인 내 삶은 하나님과 무관한가?
내가 고통 중에 다른 사람에게 부당한 대우나 오해를 받을 때, 하나님은 나를 돌보시지 않는가?

복음서에 따르면, 예수님과 하나님은 우리의 고통을 알고 이해한다.

> 그가 시험을 받아 고난을 당하셨은즉 시험받는 자들을 능히 도우실 수 있느니라(히 2:18).

이것은 공허한 몸짓이나 무의미한 약속이 아니다. 복음서에 기록된 유혹은 예수님이 육체적으로 쉬지 못해 약할 때가 아니라 심각하게 위태로울 때 보통 일어난다. 이런 면에서 예수님은 연약해서 몸부림치는 사람들을 충분히 이해할 수 있다.

예수님은 기도하고 눈물을 흘리고 몸부림치고 유혹을 받았지만, 항상 신실함을 유지했다. 우리가 히브리서에서 읽었던 것처럼 "그가 아들이시면서도 받으신 고난으로 순종함을 배웠다"(히 5:8). 여기서 영원한 하나님의 아들은 자신의 신적 지식을 이용하지 않는다.

하나님은 영원부터 모든 것을 아시지만 하나님으로서 아신다. 그런데 성육신으로 놀라운 일이 벌어진다. 즉, **하나님은 유혹받는다는 것이 무엇을 의미하는지 인간으로서, 남자로서, 개별적 인간으로서 알 수 있다.** 예수님은 전지한 신적 의미에서 유혹을 알지 못하지만, 우리 인간 편에서 유혹을 안다. 버트런드 러셀(Bertrand Russell)은 전혀 다른 맥락에서 "직접지"(knowledge by acquaintance)와 "간접지"(knowledge by description)를 구별하여 에세이를 쓴 적이 있다.[7] 간접지는 우리가 직접적인 경험이 없을 때, 어떤 형태로든지 중재를 통해 간접적으로 아는 것을 의미한다. 반면, 직접지는 실재를 묘사하는 중개자 없이 우리가 개인적으로 직접 아는 것을 의미한다. 이런 용어로 표현하면 하나님은 언제나 인간의 유혹, 죄, 심판의 실재를 간접지 방식으로 이해했다.

하나님은 모든 것을 알고 있다. 그러나 오직 유혹을 받고 고뇌를 경험한 성육신한 성자를 통해 하나님은 인간의 경험을 직접지 방식으로 얻는다.

예수님은 개인적인 경험을 통해 웃고, 이 세상을 떠난 사랑하는 사람을 그리워하는 것, 친구에게 실망하는 것, 심지어 부당한 피해를 보는 것이 무엇인지 안다. 이것이 "받으신 고난으로 순종함을 배웠다"라는 진술의 의미다.

히브리서는 예상하지 못한 결론을 내린다.

> [고통을 통해] 온전하게 되셨은즉 자기에게 순종하는 모든 자에게 영원한 구원의 근원이 되시고(히 5:9).

구원은 여기서 예수님의 전 생애와 관련이 있다. 즉, 우리와의 연대는 우리를 위한 희생 죽음으로 끝맺는다. 많은 사람은 하나님의 아들 예수가 아직 온전하지 않다는 것이 어찌 된 일인지 궁금해하면서, 예수가 온전하게 되었다는 말에 당황한다. 여기에서 "온전"은 마치 전에 예수님이 죄를

---

[7] 다음을 참조하라. Bertrand Russell, "Knowledge by Acquaintance and Knowledge by Description", *Proceedings of the Aristotelian Society* 11 (1910-1911): 108-128; 다음을 참조하라. "On the Nature of Acquaintance", *Monist* 24 (1914): 161-187. 마찬가지로, 성육신에서 성자가 마이클 폴라니(Michael Polanyi)가 설명한 "인격적 지식"(personal knowledge)을 획득하는지를 고려할 가치가 있을 것이다.

지었지만, 지금은 죄가 없다는 것을 의미하지 않는다. 오히려 충만함이나 완전을 나타낸다. 예수님은 한편으로 즐거움과 기쁨으로 충만하며 한편으로 고통과 투쟁에 시달리며 완전한 삶을 살았다.

예수님의 전체 삶은 육체적, 정신적, 감정적, 영적 고통이 탈진 상태에 이르는 골고다를 내다본다. 결국, 예수님은 그 고통 때문에 죽었다. 예수님은 추상적인 방법이나 영적으로 죽지 않았다. 복음서는 끔찍하고 잔인한 형벌 후에 예수님이 육체적으로 죽었다는 것을 분명히 확증한다. 예수님은 숨을 거두었다. 그의 옆구리에서 피와 물이 쏟아져 나왔다. 그는 죽음 자체의 구렁, 모든 육체적 고통이 향하는 심연으로 들어갔다. 이렇게 해서 예수님은 고난 중에 완전해지며 또한 "완전하기" 때문에 유일하게 다른 사람을 위해 자신을 바쳤다.

3. 우리는 그분의 상처로 치료된다

복음서 저자들은 예수님이 성령의 능력으로 성부의 따뜻한 돌봄을 구현한 것처럼, 예수님의 사역을 총체적으로 영적인 정결과 육체적인 치유로 제시한다. 창조의 영은 예수님을 통해 움직였고 만물을 새롭게 하는 사역을 시작했다.

예를 들어, 베드로의 장모는 예수님의 손길로 치유되었다. 즉, 열병이 떠나갔고, 장모는 일어나 예수님을 섬겼다(마 8:15). 이 치유가 일어난 후, 육체적 질병을 앓고 있는 사람뿐만 아니라 "귀신에게 압제당해서" 고통을 당하는 자들도 예수님에게 오기 시작했다. 예수님의 행위와 선언을 통해 하나님 목적의 핵심을 들여다볼 수 있다.

> 예수께서 말씀으로 귀신들을 쫓아내시고 병든 자들을 다 고쳤다(마 8:16).

이사야 53장에서 암시된 바와 같이 복음서가 몸의 치유와 예수님의 속죄 사역을 연결하는데, 우리는 때때로 이것을 간과한다.[8] 마태는 이렇게 설명한다.

> 이는 선지자 이사야를 통하여서 하신 말씀에 우리의 연약한 것을 친히 담당하시고 병을 짊어지셨도다 함을 이루려 하심이더라 (마 8:17).

이사야는 "슬픔을 알고 있는" "고난의 종"(man of sorrows)이 올 것을 말했다. 여기서 슬픔은 "병"으로 쉽게 번역된다(사 53:3).[9] 이 문맥에서 아는 것은 단지 지적 인정이 아닌 경험적 몰입을 의미한다.

> 그는 실로 우리의 질고를 지고 우리의 슬픔을 당하였다 (사 53:4).

---

[8] 우리는 아름답지만 복잡한 이사야서의 끝 부분에 끼여 있는 "종의 노래"(servant songs)를 발견한다(사 42:1-9; 49:1-13; 50:4-11; 52:13-53:12 [cf.], 사 51:13; 61:1-11). 이 본문에서 다른 사람을 대표하고 희생적으로 섬기는 낯선 종이 등장한다. 일관성 있게 이스라엘 공동체와 관련되어 있는데(cf. 사 41:8-10), 이 종은 전체를 대표할 수 있는 한 개인을 가리킨다(cf. 사 11:1-5; 32:1-8). 한 부분이 전체를 대표할 수 있는 남은 자 신학(Remnant theology)은 여기서 전개된다. 즉, 왕은 이스라엘을 대표하고, 이스라엘은 열방을 위한 축복으로 의도되었다(cf. 창 12:1-3). 그 기대는 하나님의 "종"에 의해 새롭게 되는 시대에 관한 것이다(사 42:1). 예수님은 자신의 정체성을 규정하고 전달하는 데 이 노래를 비중 있게 끌어오지만, 대부분은 예수님이 연관 짓고 있는 것을 처음에 인식하지 못한다.

[9] 다음을 참조하라. Ludwig Koehler and Walter Baumgartner, *The Hebrew and Aramaic Lexicon of the Old Testament* (New York: E. J. Brill, 1994), 318. 다음을 참조하라. Klaus Baltzer, *Deutero-Isaiah: A Commentary on Isaiah* 40–55, trans. Margaret Kohl, ed. Peter Machinist (Minneapolis: Fortress, 2001), 406-7. 이것은 새로운 것이 아닌데, 예를 들어, 루터 성경(Luther Bible)은 슬픔을 "병" 또는 "질병"을 의미하는 "크랑카이트"(Krankheit)로 번역한다. 다음을 참조하라. Jeremy Schipper, *Disability and Isaiah's Suffering Servant* (Oxford: Oxford University Press, 2011). 그는 이사야 53장의 *hlh* 형태가 종의 조건에 관하여 사용되는데, "인간이 겪는 신체적인 상해 이상의 장애를 암시한다고 주장한다"(Jeremy Schipper, *Disability and Isaiah's Suffering Servant*, 44).

따라서 백성의 상처가 고난의 종의 것이 되었고, 이제 상처는 백성보다 고난의 종에게 더 귀속된다.

우리의 육체적 고통은 예수님에게 정말로 중요하며, 하나님에게도 중요하다!

마치 우리의 진짜 존재가 영적 존재일 뿐 육체적 존재가 아닌 것처럼, 우리는 예수님이 물질적으로 만든 것을 지나치게 영적으로 만드는 경향이 있으며, 심지어 예수님의 육체적 고통을 영적 문제(죄)에 대응하여 신학적으로 논하기까지 한다. 예수님에게 육체적이고 영적인 것은 불가분의 관계이며, 예수님의 삶과 죽음은 이 모든 것을 말하고 있다.

예수님의 연대와 고통에 대해 누적된 것이 있다는 것을 주목하라. 예수님은 고통, 질병, 죽음을 받아들이고 경험하고 감싸 안는다. 대 바실레이오스(Basil the Great, 330-379)는 4세기의 용어로 그리스도가 "연약한 자를 고치기 위해 [우리 연약한 자의] 불결한 호흡을 기꺼이 들이마셨다"라고 주장한다.[10] 예수님은 이것을 십자가까지 짊어지고 세상의 죄와 질병에 짓눌린다.

그리스도가 우리와 동일시하는 것은 단순한 동정심 그 이상을 함의한다. 고난받는 종에 대한 이사야의 묘사에서 고난받는 종의 고난은 단순히 우리와 같을 뿐만 아니라 그 원인과 결과도 우리 안에 있다.[11]

---

10 Basil the Great, Michael Jinkins and Stephen Breck Reid, "God's Forsakenness: The Cry of Dereliction as an Utterance Within the Trinity", *Horizons in Biblical Theology* 19, no 1 (June 1, 1997): 45에서 재인용.

11 이사야 53장에 관한 배경 연구와 특히 신약성경에서 어떻게 이해되는지에 대한 자세한 내용은 다음을 참조하라. Darrell Bock and Mitch Glaser, *The Gospel According to Isaiah 53: Encountering the Suffering Servant in Jewish and Christian Theology* (Grand Rapids: Kregel, 2012); Peter Stuhlmacher and Bernd Janowski, eds., *The Suffering Servant: Isaiah 53 in Jewish and Christian Sources*, trans. Daniel P. Bailey (Grand Rapids: Eerdmans, 2004).

> 그가 찔림은 **우리**의 허물 때문이요 그가 상함은 **우리**의 죄악 때문이라 그가 징계를 받으므로 **우리**는 평화를 누리고 그가 채찍에 맞으므로 **우리**는 나음을 받았도다(사 53:5).

예수님은 우리의 모든 상한 것을 받아들이고, 우리의 모든 죄를 자기 어깨 위에 짊어졌다. 죄는 우주적 파탄을 초래하고, 인간은 하나님의 심판 아래 떨어졌다(cf. 창 3:14-19). 하나님은 예수님 안에서 타락한 인간의 손상을 스스로 떠맡았다(갈 3:13; cf. 신 21:23). 바울의 말을 살펴보자.

> 하나님이 죄를 알지도 못하신 이를 우리를 대신하여 죄로 삼으신 것은 우리로 하여금 그 안에서 하나님의 의가 되게 하려 하심이라(고후 5:21).

이사야는 이 구절에서 고난받는 종을 한 개인이며 동시에 대표자, 개별적인 사람이며 동시에 한 민족(이스라엘)이라고 말한다. 즉, 예수님은 한 사람과 전체 사람이 될 수 있다.[12] 새 아담 예수 안에서 특수한 것과 보편적인 것이 함께 나타난다. 예수님은 타락의 저주를 뒤집을 것이다. 오직 예수 안에서 심판이 이루어지고 사망이 패배하며, 오직 예수 안에 치유와 소망이 있다.

> 우리는 다 양 같아서 그릇 행하여 각기 제 길로 갔거늘 여호와께서는 우리 모두의 죄악을 그에게 담당시키셨도다(사 53:6).

이사야는 육체적 고통과 영적 상처가 얽혀있다는 것을 보여 주는데, 메시아의 삶과 죽음의 의미를 이해하려면 그 점을 올바로 인식할 필요가 있다.

---

12 인간이라는 용어는 개인적이고 보편적인 것을 동시에 전달할 수 있기 때문에, 사회적 성(gender)과 언어에 대한 논쟁을 훨씬 넘어선 중요한 신학적 의미를 지니고 있다. 이런 특별한 경우 이 용어는 보존될만한 가치가 있다.

이것은 당신의 특정한 고통이 당신이 행한 어떤 죄와 관련이 있다는 것을 의미하지 않는다. 관련이 없다. 우리의 특정한 고통을 포함하여 인간의 죄와 손상된 세계 사이의 우주적 연관성은 성경 이야기 전체에서 나타난다. 따라서 이 연관성을 충분히 이해해야만, 성자가 우리 중 하나가 되고 우리를 대신하여 우리의 죄의 모든 결과를 받아들였다는 의미를 파악할 수 있다.

이사야 이후 수 세기가 지나서 사도 베드로는 예수님이 이 메시아직을 성취했다는 것을 인식하고 이 주제를 다루었다. 베드로는 예수 자신이 "죄를 범하지 않았으며", 어떤 방식으로든지 거짓이 없으며, 결코 "욕하지 않았다"라는 것을 진술한다.

예수님은 저주에 저주로 맞대응하지 않고, 고난을 받아들이며 "오직 공의로 심판하시는 이에게 부탁한다"(벧전 2:23). 예수님은 우주적 문제라는 더 큰 맥락에서 자신에 대한 불의를 분명히 이해했다. 예수님의 성육신과 죽음의 목적은 우주적 구속이다. 예수님은 자신의 몸 안에서 그리고 몸을 통해 우리의 소망과 전체 세상의 소망이 된다.

> 친히 나무에 달려 그 몸으로 우리 죄를 담당하셨으니 이는 우리로 죄에 대하여 죽고 의에 대하여 살게 하려 하심이라(벧전 2:24).

이런 식으로 예수님은 "그가 상함으로 우리가 나음을 받았도다"라는 선지자의 예언을 성취했다(사 53:4, 11; 벧전 2:24). 잃어버린 양을 찾는 문자 그대로의 목자처럼 "영혼의 목자와 감독자"는 우리를 구하러 왔다.

> 그가 곤욕을 당하여 괴로울 때도 그의 입을 열지 아니하였음이여 마치 도수장으로 끌려 가는 어린 양 같이 … 그가 살아 있는 자들의 땅에서 끊어짐은 마땅히 형벌 받을 내 백성의 허물 때문이라(사 53:7-8).

이사야서와 복음서 저자들은 그리스도가 다른 사람들을 대신하여 고난을 겪었다고 말한다. 대제사장이 희생 제물이 되었다. 그리스도 자신이 하나님과 "사람" 사이의 유일한 중보자가 되었다. 그리스도는 자신을 우리와 너무 친밀하게 연결했고 강포와 거짓이 없음에도 불구하고 악인들과 함께 장사 되었다(사 53:9).

예수님은 우리의 죄와 질병을 자신에게 옮겨서 "자신의 영혼을 속건 제물로 드렸고", 그 결과로 "자손"(offspring)이 살아난다(사 53:10). 오직 예수님의 죽음으로 우리는 생명과 자유를 확신할 수 있다. 우리는 죄악의 파멸을 위해 만들어지지 않았으며, 예수 안에서 살 수 있도록 다시 만들어졌다. 이것이 예수님이 "친히 나무에 달려 그 몸으로 우리 죄를 담당"하심으로써 성취한 것이다(벧전 2:24). 그 결과 우리는 예수 안에서 죽고, 지금은 예수 안에서 살고 있다(고후 5:14; 갈 2:19-20).

우리의 대표가 우리를 대신하여 기꺼이 고통을 겪은 것은 이것을 성취하기 위한 것이다.

"그는 자기 영혼이 수고한 것을 보고 만족하게 여길 것이다."

왜냐하면, 이 "종"은 "많은 사람을 의롭게 하며" "그들의 죄악을 친히 담당할 것이기 때문이다"(사 53:11). 다른 이들과 연합하고 연대하는 이 독특하고 고통받는 종은 "자기 영혼을 버려 사망에 이르게 하며 범죄자 중 하나로 헤아림을 받는다."

그 결과 "그는 많은 사람의 죄를 담당하며 범죄자를 위하여 중보기도를 한다"(사 53:12). 예수님은 우리 중 하나가 될 뿐만 아니라 우리를 위해 하나가 된다. 예수님은 우리 죄와 고통을 안아주고, 인간의 반역과 관련된 심판을 받고, 소망을 가져다준다.

이사야는 이 모든 영적 사역을 육체적 구현의 관점에서 묘사한다. 영적인 것과 육체적인 것은 하나다. 우리는 영적인 존재만이 아니기 때문에, 육체적 염려를 배제한 채 우리 죄와 죽음을 극복할 수 없다. 정말로 거룩한 그리스도의 몸 안에서 그리고 몸을 통해서, 이전에 죽음만이 지배했던 곳에서 새로운 생명이 시작된다.

신학자 폴 L. 가브릴류크(Paul L. Gavrilyuk)는 이렇게 기록한다.

> 고대 기독교 관점은 하나님이 고통에 정복당하지 않았다는 것을 지지한다. 왜냐하면, '하나님이 고통에 참여하여서 고통의 경험을 변화시켰기 때문이다.' 성육신에서 하나님은 고통을 치유하고 인간 본성을 구속하기 위해서 … 인간의 고통을 자신의 것으로 만들었다.[13]

영원한 비참이 하나님의 관심이 아니다. 즉, 하나님은 우리 자신의 죄로 인한 재앙과 인간의 죄로 인한 우주적 결말에서 우리를 자유롭게 하려고, 고통 속으로 직접 들어간다.[14] 이 이야기의 결말은 영원한 희생자 예수가 아니라 소망과 갱신을 약속하기 위해 죄와 고통을 정복한 영원한 구원자 예수이다.

우리가 우리 자신의 아픔에 직면하면, 확신을 잃기 쉽다. 이것을 알고 있는 히브리서 저자는 우리에게 하나님의 거룩하고 구속적인 사랑의 위대한 계시인 예수님을 가리킨다.

> 형제들아 우리가 예수의 피를 힘입어 성소에 들어갈 담력을 얻었나니 그 길은 우리를 위하여 휘장 가운데로 열어 놓으신 새로운 살길이요 휘장은 곧 그의 육체니라(히 10:19-20).

---

[13] Paul L. Gavrilyuk, "God's Impassible Suffering in the Flesh: The Promise of Paradoxical Christology", in *Divine Impassibility and the Mystery of Human Suffering*, ed. James F. Keating and Thomas Joseph White (Grand Rapids: Eerdmans, 2009), 143. 더 자세한 역사적 논의는 다음을 참조하라. Paul L. Gavrilyuk, *The Suffering of the Impassable God: The Dialectics of Patristic Thought*, Oxford Early Christian Studies (Oxford: Oxford University Press, 2004).

[14] 다음을 참조하라. Gavrilyuk, "God's Impassible Suffering in the Flesh", 145.

우리는 하나님의 놀라운 겸손과 자기 육체를 통해 생명을 주는 예수의 사랑에 놀란다. 히브리서 저자는 만일 하나님이 그리스도 안에서 기꺼이 우리를 용납하고 구원한다면, 믿음으로 그리스도와 연합한 우리는 두려워하기보다는 확신을 갖고 하나님께 나가야 한다고 주장한다.

> 우리가 마음에 뿌림을 받아 악한 양심으로부터 벗어나고 몸은 맑은 물로 씻음을 받았으니 참 마음과 온전한 믿음으로 하나님께 나아가자 또 약속하신 이는 미쁘시니 우리가 믿는 도리의 소망을 움직이지 말며 굳게 잡고 (히 10:22-23).

4. 결론

하나님은 먼지를 맛보거나 아프거나 배가 고플 수 없다. 또한, 죽을 수 없다. 이러한 경험은 몸을 가진 창조물에만 적용된다. 성부는 사랑으로 성령 안에서 자기 아들을 보내어 진정한 육체를 가진 온전한 사람이 되게 하였다. 오직 이런 방식으로 죽을 수 없는 영원한 주님은 고통과 죽음의 현실에 들어갈 수 있고, 빛이신 하나님은 마귀의 어둠에 맞설 수 있다.

하나님은 생명으로 가득 채우기 위해 오직 성육신을 통해 무덤에 들어갈 수 있다. 예수님의 죽음은 그의 인성의 육체적인 면과 영적인 면 모두를 포함한다. 예수님은 육체적으로 고난을 겪었고 실제로 죽었다.

예수님은 우리에게 영원한 하나님의 사랑과 헌신에 대한 가장 위대한 계시이기 때문에, 그의 대속적 삶과 죽음은 우리를 위해 모든 것을 바꾼다.

> 하나님의 약속은 얼마든지 그리스도 안에서 예가 된다(고후 1:20).

고난의 쓰라림이 우리를 압도할 때, 깨어진 관계가 우리의 시야를 비틀고 절망에 빠진 우리를 짓누르고 위협할 때, 실현되지 않은 소망이 우리를 조롱하는 것처럼 보일 때, 우리는 우리 중 하나가 되고 우리의 자리에서 자신을 바친 고난의 종 예수를 바라본다. 그렇게 함으로써, 예수님은 세상의 실재(reality)와 이야기를 바꿨다. 예수님은 어둠에 빛을, 죽음에 생명을, 절망에 희망을 가져왔다. 예수 안에서 모든 것 심지어 우리의 병과 슬픔조차도 다르게 보일 것이다.

우리는 하나님이 우리의 육체적 고통에 관심이 있는지를 궁금해하며 이 장을 시작했다.

단지 고난에 직면했을 때, 우리의 고통이 문제가 되는가?

우리는 그리스도의 고난과 우리의 고난 사이에 실제로 관련성이 있는지 궁금했다. 이 연관성은 예수의 삶에 관한 복음서 이야기 전체를 기초로 한다. 예수의 삶은 시련과 유혹으로 점철되었고, 육체적 죽음으로 마무리되었다. 예수님은 성육신으로 우리 중 하나가 되어서 그분의 삶, 죽음, 부활은 우리에게 적용되었고, 우리의 죄와 죽음을 파괴하고 새로운 생명으로 대체하였다. 따라서 우리는 믿음으로 부활하신 왕이신 예수와 연합하여 산다.

지상에서 그리스도 몸의 역할을 하는 교회는 이제 **십자가 중심적 방식으로** 하나님의 변혁적인 임재와 사랑을 표현한다. 그리스도의 몸으로서 **우리는 이제 고통을 공동체적으로 이해한다**. 한 사람이 다치면, 우리가 모두 다친다. 한 사람이 투쟁하면, 우리가 모두 투쟁한다. 한 사람이 쓰러지면, 우리가 모두 쓰러진다.

즉, 하나님의 아들이 성육신하고 기꺼이 우리를 대신하여 우리의 죽음까지 맞닥뜨렸기 때문에 성자의 고통, 어려움, 아픔은 우리의 고통, 우리의 어려움, 우리의 아픔이다.

그리스도의 몸으로서 우리는 세상과 대립하여 그리스도의 삶을 살아냄으로써 "그리스도의 고통을 완성한다." 현재 우리의 죄와 고통이 그리스도가 죽은 이유이다. 예수님은 우리를 통해 상처 입은 사람들을 계속 어루만지고 치유한다. 그리스도 사역에서 이런 위로와 치유 사역 그리고 궁극적으로 그리스도의 십자가가 성취한 것은 우리에게 진정한 샬롬을 맛보게 한다.

그리스도의 몸으로서 우리는 하나님의 현재 사역에 성령을 통해 참여한다. 즉, 우리가 서로의 고통에 참여함으로써 그리스도는 샬롬이 흔들리지 않고, 죄와 고통이 더 이상 없는 때를 다시 열망하게 한다. 우리는 십자가 그늘에서 안전하기 때문에, 성령으로 말미암아 서로의 허물과 슬픔을 짊어지고 격려와 은혜의 말을 전할 수 있다(살전 5:9-11).

사도 바울은 우리의 고난과 예수님의 고난을 연관 짓는데, 이것은 우리의 고난 중에 서로 격려할 수 있는 근거를 제공한다.

> 찬송하리로다 그는 우리 주 예수 그리스도의 하나님이시요 자비의 아버지시요 모든 위로의 하나님이시며 우리의 모든 환난 중에서 우리를 위로하사 우리로 하여금 하나님께 받는 위로로써 모든 환난 중에 있는 자들을 능히 위로하게 하시는 이시로다 그리스도의 고난이 우리에게 넘친 것 같이 우리가 받는 위로도 그리스도로 말미암아 넘치는도다(고후 1:3-5).

하나님이 고통 속에 있는 우리를 위로하기 때문에, 우리는 다른 사람에게도 하나님의 위로를 베풀 수 있다. "그리스도의 사랑이 우리를 강권할 때"(고후 5:13-15), 우리는 상처 입은 사람들에게 성육신하고 부활한 그리고 우리와 연합한 성자를 가리킬 수 있다. 그래서 이제 우리는 예수님의 고난과 연결된 육체적 고통과 죽음을 경험한다. 즉, 예수님의 생명과 죽음은 이 끔찍한 고통이 마지막이 아니라는 것을 의미한다.

우리는 항상 예수님을 통해서 고통을 이해해야 한다. 고통은 우리를 은혜와 치유로 되돌려 놓을 것이다. 즉, 믿음으로 우리가 볼 수 있는 것은 이 고통이 창조 질서에 위배되는 것뿐만 아니라 선한 창조가 훼손되었다는 것 그리고 심지어 창조물을 갱신하고 자유롭게 하는 창조주를 가리키고 있다는 것이다.

제8장

부활하신 하나님
(Risen and Remaining)

> 사망이 한 사람으로 말미암았으니
> 죽은 자의 부활도 한 사람으로 말미암는도다
> (고전 15:21).

> 구걸하는 자는 음식을 얻게 될 것이다.
> 몸이 불편하고 장애가 있는 자는 치유될 것이다.
> 우리는 부활의 소망으로 선을 찾고 악을 미워할 수 있다.
> 부활이 없다면 한 가지 속담이 널리 퍼질 것이다.
> 즉, 인생은 짧으니 먹고 마시자.
> - 닛사의 그레고리우스(Gregory of Nyssa),
> "부활절 설교"(Paschal Sermon).

> 그리스도인은 새 창조에 대한 부활 경험으로 살아가는 사람이다.
> - 한스 슈바르츠(Hans Schwarz),
> 『인간』(The Human Being).

당신이 하나님에 대해, 목적에 대해, 소망에 대해 정말로 믿는 것은 무엇인가?

이러한 것들에 대한 당신의 생각을 우리의 몸에 적절하게 적용하고 있는가?

같은 질문을 하는 두 가지 이야기로 시작해 보자.

1. 하나님이 죽는다면?

태양이 떠오를 때, "미치광이"(『즐거운 학문』[The Gay Science]에 나오는 등장인물-역자 주)가 등불을 켜고 다른 사람들이 하루를 시작하는 시장으로 향했다.[1] 그는 크게 외쳤다.

"나는 하나님을 찾고 있다!

나는 하나님을 찾고 있다!"

사람들은 유치한 미치광이의 말에 귀 기울이지 않았고, 하나님을 믿지 않았다. 또한, 미치광이가 단순히 미친 것이 아니라 우스꽝스럽다고 생각했다. 그들은 행복해하며 이 미치광이를 조롱하며 비웃었다.

> 어떤 사람이 묻기를 [하나님이] 길을 잃었는가?
> 또 다른 사람은 묻기를 하나님이 아이처럼 길을 잃었는가?
> 아니면 하나님이 어디에 숨어 있는가?
> 혹시 우리를 두려워하는가?
> 어디 먼 곳으로 떠나버렸는가?
> 그들은 소리치며 웃었다.

---

[1] 나는 이 단락과 다음 단락에서 다음의 책을 설명하고 인용할 것이다. Friedrich Nietzsche, *The Gay Science*, trans. Walter Kaufmann (New York: Vintage, 1974), 181-82. 별도의 언급이 없는 한, 모든 직접 인용문은 이 두 페이지에서 나온다.

미치광이는 사람들의 말에 전혀 주눅 들지 않고 "그들 한가운데로 뛰어 들어가서 날카롭게 쳐다보았다." 그리고 모여 있는 사람들에게 되물었다.

미치광이는 외쳤다.
"하나님은 어디에 있는가?"
"여러분은 내가 하는 말을 들어야 한다.
여러분과 내가 하나님을 죽였다.
우리는 모두 살인자다.
우리가 어떻게 이런 일을 했는가?
우리가 어떻게 바다를 남김없이 다 마실 수 있는가?"

미치광이는 하나님의 존재를 믿는 것이 어리석다는 군중의 논리에 아랑곳하지 않고 질문을 계속했다. 모여 있는 사람들에게 하나님은 단지 인간의 상상력이 꾸며낸 허구에 지나지 않았다. 즉, 신은 없으며 세상을 다스리는 어떤 존재도 없다.

마술사가 모자에서 토끼를 꺼내는 것처럼, 놀랍게도 미치광이는 누가 실제로 미쳤는지 보여 준다!

즉, 착각 속에 사는 사람은 미치광이가 아니라 모여 있는 사람들이다. 사람들은 하나님을 찾을 수 있고, 하나님이 살아 있다는 미치광이의 생각을 비웃었다.

그런데도 사람들은 삶에 의미, 목적, 논리가 있다고 가정한다. 미치광이는 모여 있는 불신자들을 비웃으며 이렇게 물어본다.

우리는 무한한 무(nothing)를 헤매는 것이 아닌가?
공허한 숨결을 느끼지 못하는가?
더 냉정해지지 않았는가?
밤이 계속 우리를 궁지로 몰아넣지 않는가?

하나님은 죽었고, '우리가 그분을 죽였다.'

많은 사람에게 충격적이게도 '하나님을 인정하지 않는' 세상은 자유와 기쁨이 없으며 필연적으로 무의미와 공포에 사로잡힌다는 것을 발견한다. 끔찍한 깨달음은 서서히 형성되지만, 선과 **악**의 차이에 대한 우리의 이해에 초월적인 닻이 없으면, 그 이해는 흐릿해지고 어둡게 된다.[2]

만약 하나님이 없다면 아무도 듣지 않는다. 아무도 돌보지 않는다. 사랑, 아름다움, 명예, 현실이 정박할 곳은 없다. 한때 가졌던 이러한 선과 악에 대한 미덕은 순진한 아이 손에 들린 풍선과 같다. 소년은 언제든지 쉽게 풍선을 잡을 수 있다고 생각하며 재미 삼아 풍선을 놓는다. 당연히 풍선은 하늘로 날아가 버리고 사라진다.

미치광이는 모여 있는 사람들보다 더 지혜로운 하나님이 없다면 의미, 용서, 소망은 단순하고 허황된 생각에 불과하다고 결론지었다. 그는 지치지도 않고 사람들이 알아들을 때까지 계속 몰아붙였다.

"살인자 중 살인자인 우리 자신을 어떻게 위로할 것인가?

누가 우리에게서 이 피를 닦아 내겠는가?"

만약 인간이 죽인 하나님이 지극히 거룩한 분이 전혀 아니었다면, 구원은 불가능하다. 고통은 의미가 없다. 배신, 거짓말, 이기심, 탐욕, 욕정, 심지어 다른 사람을 해치더라도 비난할 수 없다. 모든 것은 힘과 능력으로 환원될 뿐이다.[3]

죄책감을 어떻게 해야 할까?

"우리 몸을 깨끗이 할 수 있는 물이 있는가?

어떤 속죄의 제사, 어떤 성스러운 계획을 세워야 하는가?"

---

[2] 다음을 참조하라. Friedrich Wilhelm Nietzsche, *Beyond Good and Evil: Prelude to a Philosophy of the Future* (New York: Vintage, 1989).

[3] 다음을 참조하라. Friedrich Nietzsche, *The Will to Power*, ed. Walter Kaufmann (New York: Vintage, 1968).

사실 하나님을 죽임으로써 인간은 자체적으로 신격화되거나 신이 되었다.

미치광이가 나타나기 전에, 사람들은 자신들의 불신이 의미하는 것에 대해 솔직하지 못했다. 사람들은 자신들이 믿음과 신념 그리고 확신이 없는 것을 드러내지 않았다. 그런데 미치광이는 조금도 꺼리지 않고 그들에게 단호하게 정직을 요구했다.

"미치광이는 잠시 침묵한 후에, 모여 있는 사람들을 다시 바라보았다. 그들 역시 놀라며 입을 다문 채 미치광이를 응시했다."

얼마의 침묵이 지난 후 미치광이는 등불을 내던지고 "내가 너무 일찍 왔다"라고 분명히 말했다. 미치광이가 보기에 사람들은 하나님이 없다고 주장하면서도, 여전히 기독교를 빙자한 종교도시에 살고 있었다. 그들은 우주적 질서를 파괴했으면서도 우주적 목적을 위한 열망에 매달렸다. 만약 정말 하나님이 죽었다면 멀리 있는 천국과 지옥에 관한 염려를 미루는 것이 유일한 결론은 아니다.

그 미치광이는 다른 사람들이 이해하지 못한 것을 이해했다. 즉, 하나님의 부재는 현재의 삶 그리고 그 의미를 찾기 위한 싸움과 관계가 있다. 우리 목적을 위해 우리 고통, 우리 상처, 우리 두려움, 우리 소망과 관련이 있다.

19세기 철학자 프리드리히 니체(Friedrich Nietzsche, 1844-1900)가 들려주는 이야기는 정신을 번쩍 들게 한다. 비록 우리가 니체의 무신론을 거부하지만, 적어도 하나님을 부정하는 결론에 대한 그의 솔직함에 박수를 보낼 수 있다.

이제 더 오래된 이야기를 생각해 보자.

2. 빈 무덤?

우리는 십자가에서 나약하고 연약한 인간을 본다. 사람들은 십자가에서 꼼짝도 못 하는 예수님을 조롱했다.

> 그가 남은 구원하였으되 자기는 구원할 수 없도다(막 15:31).

예수님을 십자가에 매달았던 대제사장과 서기관들뿐만 아니라 함께 달린 죄수들도 "예수님을 욕했다"(막 15:32).

일찍이 예수님과 그의 가르침을 따르던 많은 사람조차도 예수님의 죽음이 끝이라고 생각했다. 용기와 결의는 사라지고 절망과 환멸이 그 자리를 대신했다. 나사렛 예수의 마지막 말은 하나님에게 버림받는 것에 대한 염려를 불러일으켰다(막 15:34).

예수님은 죽었다. 하나님의 침묵은 끔찍했다. 짙은 안개처럼 일상의 세상은 마치 아무런 일이 없었던 것처럼 다시 굴러가기 시작했다.

몇몇 사람은 무슨 일이 있었는지 또 어떤 일이 일어났는지 명확히 알지 못했지만, 여전히 믿었고 소망했다. 아리마대 요셉은 그중 한 명이었다.[4] 요셉은 "하나님의 나라를 기다리며 용기 내어 빌라도에게 갔다"(막 15:43).

요셉은 무엇을 원했는가?

"예수의 몸"이다(막 15:43). 그리스도의 몸을 위엄 있게 대해야 한다고 확신하면서 위험을 감수했다. 빌라도는 요셉이 존경받는 사람이기 때문에 요셉의 요청을 받아들였다. 그러나 빌라도는 "예수가 이미 죽었다는 말을 듣고 놀랐다"(막 15:44).

---

4   아리마대 요셉은 부자일 뿐만 아니라 유대인 지도자이며 "선하고 의로운 사람"(마 27:57; 눅 23:50)이며, "존경받는 공회원"(막 15:43)이다. 요셉 역시 중간에 예수님의 제자가 된 것이 분명하다(요 19:38).

예수님이 강하고 위협적인 존재라고 생각하는 것은 어렵지 않다. 예수님은 한때 수많은 추종자가 있었고, 그 수는 점점 늘어나고 있는 것처럼 보였다. 빌라도는 기적과 치유 그리고 이적을 보고받았다. 예수님은 정치적 게임을 하려고 하지 않았고 종교나 사회를 전혀 두려워하지 않았다. 예수님은 너무 강해 보였다.

그러나 지금 그의 힘은 어디에 있는가?

예수는 단지 매장해야 할 시체에 불과하다. 빌라도는 예수의 죽음을 믿기 어려웠지만, 예수의 죽음을 확인하자마자 장사를 치르도록 요셉에게 예수님을 건넸다. 무거운 돌이 예수의 무덤 입구에 있었다.

그 돌은 일종의 결말을 암시한다. 유대인의 왕은 더 이상 없다. 왕도, 나라도 없다. 그저 공상적인 꿈에 불과하다.

예수의 추종자들은 무덤에 있는 예수의 몸을 생각했다. 죽은 자들은 세정, 향료 바르기, 수의 입히기 등의 보살핌이 필요하다. 그런데 장례를 치른 지 이틀 후 여인들이 무덤에 도착했을 때, 돌은 굴려져 있었고 햇빛은 한때 어두웠던 무덤을 비추고 있었다.

여인들은 무엇을 보았는가?

그리스도의 몸이 없어졌다. 예수님은 사라졌다. 그런데 "흰 옷을 입은" 한 청년이 무덤 근처에 앉아 있었다. 여인들이 실망하고 있을 때, 흰 옷 입은 청년은 선포했다.

> 놀라지 말라 너희가 십자가에 못 박히신 나사렛 예수를 찾는구나 그가 살아나셨고 여기 계시지 아니하니라 (막 16:6).

그런 다음 흰 옷 입은 사람은 그들에게 가서 베드로와 다른 사람에게 알리라고 말한다. 예수는 갈릴리에서 그들을 만날 것이다.

너희가 거기서 만날 것이다(막 16:7).

그리고 마가복음의 마지막에서 우리는 이 이야기의 놀라운 결말을 읽는다.

여자들이 몹시 놀라 떨며 나와 무덤에서 도망하고 무서워하여 아무에게 아무 말도 하지 못하더라(막 16:8).[5]

놀랍게도 마가복음은 모든 것을 설명하거나 모든 질문에 답을 하지 않는다. 오히려 독자에게 무언의 질문을 명확하게 제시함으로써 끝을 맺는다.

예수가 부활했다는 것은 무엇을 의미하는가?

왜 여인들은 놀라며 떨었는가?
좋은 소식인 복음서의 마지막 말이 두려워한다는 것이 적절한가?
여인들은 두려워했는데, 무엇이 그렇게 무섭고 놀랄만했는가?

마가는 독자에게 해결되지 않은 문제를 던진다.
즉, 만약 십자가에 못 박히고 무덤에 묻힌 예수가 살아 있다면, 그것은 예수에 관해 무엇을 의미하는가?
하나님에 관해, 인간에 관해, 우리 몸에 관해 그리고 나에 관해 무엇을 의미하는가?

---

[5] 많은 성경은 여전히 마가복음 16:9-20을 포함하지만, 이 구절들은 원본의 일부가 아니라 후에 본문에 추가된 것으로 널리 받아들인다. 좀 더 자세한 내용은 다음을 참조하라. R. T. France, *The Gospel of Mark*, in New International Greek Testament Commentary (Grand Rapids: Eerdmans, 2002), 685-88; Bruce M. Metzger, *Textual Commentary on the Greek New Testament*, 2nd ed. (New York: United Bible Societies, 1994), 101-107. 이 논쟁에 관한 원탁 토론은 다음을 참조하라. David Alan Black, ed., *Perspectives on the Ending of Mark: Four Views* (Nashville: Broadman & Holman, 2008).

3. 믿음의 결과

철학자 니체와 마가복음의 저자는 많은 공통점이 있다. 두 작가 모두 강력한 이야기를 들려준다. 두 사람 모두 독자에게 어떤 형태의 믿음을 요구하거나 좀 더 정확히 말하면, 독자들이 이미 갈등하는 믿음의 상태에 살고 있다는 것을 밝히며 선택을 요구한다. 요구 중 하나는 하나님 임재의 자유와 이미 받아들인 하나님의 관심에 수반하는 냉정한 공허함을 긍정하라는 것이다.

다른 하나는 우리 중 하나로서 가까이 오신 하나님을 받아들이도록 격려한다. 하나님의 아들인 이 예수는 동정심이 많을 뿐만 아니라 강력하다. 심지어 죽음보다 더 권위가 있다. 예수는 무덤에서 일어났다.

당신은 어떤 이야기를 믿는가?

니체 시대의 많은 사람은 하나님을 부정하거나 무시하는 것이 인간의 자유로 이어진다고 순진하게 상상했다. 그러나 니체의 미치광이는 청중들에게 피할 수 없는 사실을 드러낸다. 즉, 인격적인 하나님의 임재, 통치, 힘을 부정하는 것은 인간의 평화와 질서가 아닌 무정부 상태로 이어진다.

전능자(almighty) 하나를 죽임으로써 **권세자들(mighties)**이 자신들의 본성을 드러내려고 한다. 그것은 결국 선이나 아름다움, 진리가 아니며, 지배하거나 지배당하는 가혹한 인간의 권력일 뿐이다. 그 미치광이는 죽음뿐만 아니라 삶 자체도 두려워해야 하는 무시무시한 세상을 폭로한다.

미치광이에 대한 니체의 담화는 많은 독자를 놀라게 한다. 왜냐하면, 메시지가 그리스도인들에게 맞선 것으로 보이기 때문이다. 그러나 니체가 비판하는 대상은 여전히 환상 속에 살고 있다고 믿는 그리스도인이 아니라 신적 임재를 부인하지만, 초월적인 의미를 간직할 수 있다고 생각하는 어리석은 불신자이다. 니체가 직면한 문제는 마을 사람들이 미치광이를 조롱하는 것처럼 기분 나쁘게 들리는 "새로운 무신론"과 같은 현대적 경향이 아니라 하나님의 부재이다. 즉, 하나님 없이 우리는 외롭게 자신을 위해 의미를 부여해야 한다.

니체는 자신의 신용을 위해 기꺼이 정직한 중개인이 되려고 한다. 만약 하나님이 없다면, 우리는 가식적 행동을 멈추고 어두운 심연을 인정해야 한다. 이런 결론은 우리가 우리 몸을 어떻게 보고 몸의 고통과 죽음 자체를 어떻게 이해하는가에 심오한 영향을 끼친다.

그리스도인에게 메시아 예수의 성육신과 부활은 신적 임재와 권세에 대한 위대한 증언이다. 우리는 이미 그리스도의 삶과 죽음이 우리 믿음과 고통에 대해 제시하는 것을 생각해봤는데, 이제 빈 무덤의 중요성을 살펴보자. 그리스도의 부활이 없다면 이 세상에 존재하는 불의, 잔인함, 불균형, 고통, 고난, 심적 절망이 우리를 망가뜨릴 것이다. 그러나 그리스도의 생명, 죽음, 부활에 비추어 우리는 이 세상의 고통에 맞서며 선언할 수 있다.

"이것은 원래 모습이 아니야."

"그렇게 되지 않을 거야."

이제 가장 중요한 부활을 살펴보자.

4. 두려워하지 말고 경배하라

마가복음은 빈 무덤을 떠나는 여인들이 "**두려워했다**"라는 것을 알려 준다.

예수가 부활했다면 그 의미는 무엇인가?

마태는 좀 더 구체적으로 기록한다. 마태복음의 마지막 장은 빈 무덤과 "눈같이 흰" 옷을 입은 "번개 같은" 주의 천사를 소개한다(마 28:2-3).

천사들은 여인들에게 무엇이라고 말하는가?

"두려워 말라."

왜 그렇게 말했을까?

제2부 제8장 부활하신 하나님(Risen and Remaining)

십자가에 못 박히신 예수를 너희가 찾는 줄을 내가 아노라 그가 여기 계시지 않고 그가 말씀하시던 대로 살아나셨느니라(마 28:5-6).

마태와 마가의 진술은 일치한다. 여인들은 "두려워하며" 빈 무덤을 떠난다. 그런데 마태복음은 좀 더 구체적으로 기록한다. 마태는 이 여인들이 하나의 감정이 아니라 감정의 소용돌이를 경험한 것으로 말한다. 그래서 "그들은 두려움과 **큰 기쁨**으로 무덤을 급하게 떠났다."

여인들은 왜 두려움과 기쁨 사이에서 주저하는가?

복음서는 우리에게 선택하라고 요구하지 않는다. 사실, 만약 우리가 그들의 이야기를 이해하고 사실로 받아들인다면, 우리는 두려움과 기쁨의 조합을 느낄 것이다.

그다음에 여인들은 무엇을 하는가?

그들은 달려간다.

여인들이 제자들에게 말하려고 달려갈 때 실제로 예수님과 마주치게 된다. 여인들을 불안하게 만드는 것 중 하나는 너무나 평범하고 일상적인 것이다. 바로 "예수님을 만난 것이다." 예수님은 친숙하고 따뜻하게 "평안하냐"라고 인사를 한다(마 28:8-9). 여인들이 예수님을 마지막으로 보았을 때, 예수는 심하게 채찍에 맞고 피를 흘렸다. 그런데 이제는 그들 앞에 살아있는 온전한 모습으로 서 있다. 이 급격한 반전을 고려할 때에, 예수의 인사는 매우 소박해 보인다.

부활하신 예수를 보고 제자들은 무엇을 하는가?

그들은 예수의 몸을 만지고 싶어 한다!

여자들이 나아가 그 발을 붙잡고 경배하니(마 28:9).

선하고 신실한 유대인으로서 제자들은 오직 살아계신 한 분 야훼(Yahweh)만을 경배한다. 그러나 지금 이 사람, 개별적 인간이 다름 아닌 바로

"생명의 주님"인 창조주로 밝혀진 것이다(행 3:15). 예수님은 하나님의 말씀으로 인정되며 만물은 그에게서, 그를 통하여, 그를 위하여 만들어졌다(cf. 요 1:1; 고전 8:6; 골 1:16).

따라서 제자들은 예수님을 경배해야만 한다. 그들은 거룩한 하나님 앞에, 거룩한 땅에 있다. 제자들은 예수님을 어떻게든 하나님과 동일시한다.[6] 제자들이 완전히 이해한 것은 아니지만, 경배할 만큼 충분히 이해했다. **만지고, 절하고, 하나님과 동일시하고, 경배한다.**

예수님은 "무서워하지 말라"라고 대답한다(마 28:10). 그런 다음 그 여자들과 동일시하며 관계를 재설정한다.

> 내 형제들에게 갈릴리로 가라 거기서 나를 보리라 하시니라(마 28:10).[7]

예수님의 육체적 모습을 본 사람들은 그를 경배했다. 비현실적 관념이나 공허한 생각이 아니라 **육체적 임재 때문에 경배했다.** 예수님은 많은 사람을 치유했고, 심지어 죽은 사람 몇몇을 다시 살렸다(마 9:25; 눅 7:13-15; 요 11:43-44).[8] 그러나 어느 누구도 다시 살아난 사람들을 경배하지 않았다. 이 빈 무덤은 무엇인가 달랐다.

예수님은 성부의 사랑과 성령의 능력으로 부활했다. 즉, 예수님은 단지 부활한 창조물일 뿐만 아니라 부활한 주님이다(cf. 요 2:21; 롬 4:29; 10:9; 벧

---

[6] 초대 교회가 하나님의 충만한 자기 계시에 대해 충실하게 응답하며, 예수님을 신적 정체성에 어떻게 통합했는지에 관한 자세한 내용은 다음을 참조하라. Richard Bauckham, *Jesus and the God of Israel* (Grand Rapids: Eerdmans, 2008).

[7] 다음을 참조하라. 그들은 이 예수님을 "듣고" 자신들의 눈으로 "보고" "주목하여 보았고" "손으로 만지기까지 했다"(요일 1:1). 이 예수님은 살았고, 죽었고, 죽은 자들에게서 부활한 인격화된 생명의 말씀이다. "이 생명이 나타내신 바 된지라 이 영원한 생명을 우리가 보았고 증언하여 너희에게 전하노니 … 우리가 보고 들은 바[이다]"(요일 1:2-3). 이렇게 부활한 예수를 만나는 것은 하나님의 자녀들과 그리고 하나님 자신과의 사귐으로 이끌리는 것이다(cf. 요일 1:3).

[8] 그들은 언젠가 다시 죽을 것이다. 따라서 죽은 자들의 일시적 부활(예를 들어 나사로)과 죽은 자(예수님)의 부활로 확보되는 영원한 생명을 구별할 수 있다.

전 1:21). 부활하여 타락에서 자유로운 예수님은 죄 용서의 닻이 되고, 하나님과 새로운 교제를 약속했다(행 13:30-39; 롬 6:3-5).

사람들은 부활하신 예수님을 유일한 신적 존재로 인식하였다. 예수님은 다름 아닌 인자, 영원한 "권세와 영광과 나라"를 받은 자이다(단 7:14; 마 17:9; 눅 9:22). 다니엘이 말한 이 고귀한 천상의 인물은 이제 창조를 새롭게 하고 자기 백성을 구원하는 부활의 예수로 밝혀진다.[9]

5. 우리의 망설임

> 아직도 의심하는 사람들이 있더라(마 28:17).

이 세부적인 내용은 저자의 깊은 현실주의(부활은 사람을 혼란스럽게 한다)와 확신(주님은 이러한 의심을 해결해 준다)을 보여 준다. 상반된 두 가지 반응은 합쳐지는 듯하다. 즉, "제자들은 예수님을 경배했지만 의심하는 자들도 있었다"라거나 "일부는 망설였다"라고 해석할 수 있다.

제자들은 무엇을 또는 왜 망설였는가?

제자들은 예수님을 눈으로 "보기" 때문에, 예수님의 육체적인 임재를 의심하지 않았다. 의심이나 망설임은 경배에 관한 것이다. 어떤 이들은 경배하기 시작하는데, 그들은 자신들을 쳐다보고 있는 사람을 경배한 것이다.

이것은 하나님의 정체성에 관해, 일반적으로 하나님의 창조에 관해 그리고 특별히 인간에 대한 헌신에 관하여 무엇을 말하는가?

---

[9] 다음을 참조하라. N. T. Wright, *The Resurrection of the Son of God*, Christian Origins and the Question of God 3 (Minneapolis: Fortress, 2003), 719-738.

진정한 하나님 외에 다른 대상을 영화롭게 하거나 경배하는 것은 신성모독으로 여겨지며, 돌팔매질을 당할 수 있다. 그런데 지금 제자들은 이전의 랍비(rabbi), 스승이자 친구인 예수님을 보고 있다. 도마의 놀라운 고백을 반영하듯이, 제자들은 이 예수님을 지상의 주가 아닌 "나의 주 나의 하나님"으로 인식한다(요 20:28; cf. 롬 1:4).

하나님을 만나는 사람은 누구나 경배로 응답해야 한다. 따라서 명백한 딜레마는 이것이다.

부활하신 그리스도를 경배하느냐 아니면 하지 않느냐?

중립은 없다. 그러나 부활한 구주를 경배하는 사람들은 자신들의 몸에 대한 하나님의 의도와 복음이 현재의 고난에 대해 무엇을 말하는지 그 의미를 발견한다.

우리는 부활한 예수님을 바라볼 때만 우리의 고통, 의문, 몸부림을 이겨낼 용기를 찾을 수 있다. 우리는 부활한 메시아를 보면서 자신의 백성을 너무 사랑해서 우리의 고통, 굶주림, 연약함을 포함하여 참된 피와 살을 취해서 자신의 백성 중 하나가 된 하나님을 경배한다. 예수님은 고통, 굶주림, 연약함까지 그 모든 것을 무덤으로 가져갔다. 또한, 성령 하나님의 권능으로 죽은 자 가운데서 살아나고 죄, 죽음 그리고 마귀에 대한 하나님의 위대한 승리를 선포했다.

동일한 하나님의 영이 우리에게 부어진 것은 최종적인 몸의 부활을 보장한다(롬 8:11). 우리는 부활하신 그리스도를 보면서 하나님 사랑의 깊이, 우리와의 연대, 죽은 자 가운데서 맨 처음 살아난 예수님을 통해 만물을 새롭게 하는 동정하는 힘을 발견한다. 우리는 망설임을 멈추고 경배를 시작해야 한다.

6. 예수님의 육체 부활

지난 100년에 걸쳐 일부 현대 성경학자들은 흔히 예수님이 육체적으로 무덤에서 부활하지 않았다고 주장한다.[10] 이러한 학자들은 부활을 인간에 대한 실존적 진리를 가리키기 위한 단순한 신화로 치부하며, 역사적 사건으로 믿지 않는다. 대신 예수님에 관한 이야기에서 영감을 얻은 '부활'을 우리의 마음에서 일어나는 새로운 소망과 새로운 가능성으로 해석한다. 따라서 인간 예수님이 죽은 자 가운데서 문자적으로 부활했다는 것을 믿을 필요가 없다.[11]

그러나 사도들은 전혀 다른 견해를 밝힌다. 사도 바울은 이렇게 선언한다.

> 그리스도께서 만일 다시 살아나지 못하셨으면 우리가 전파하는 것도 헛것이요 또 너희 믿음도 헛것이며(고전 15:14).

예수님의 주권에 대한 사도적 선언과 영구적 의미에는 분명히 예수님의 육체적 부활에 대한 확증이 필요하다.[12] 육체적 부활이 없다면, 당연히 먹고 마시며 무의미한 고통과 싸움에 매이지 않을 것이다(고전 15:32).

---

10 루돌프 불트만(Rudolf Bultmann, 1884-1976)과 더욱 최근의 주창자 존 도미니크 크로산(John Dominic Crossan, 1934-)이 모형화한 사고방식의 고전적 예를 참조하라. 육체적 부활을 거부하는 다양한 접근에 대한 유용한 논평은 다음을 참조하라. David Ferguson, "Interpreting the Resurrection", *Scottish Journal of Theology* 38 (1985): 287-305.

11 많은 현대 신학자들의 본보기처럼 육체적 부활을 부정하는 접근방식의 결과에 대한 파괴적 비평은 다음을 참조하라. Paul D. Molnar, *Incarnation and Resurrection: Toward a Contemporary Understanding* (Grand Rapids: Eerdmans, 2007). 슬프게도 작은 실수가 아니라 매우 큰 실수가 있다. 몰나르(Molnar)가 자세히 보여 주듯이, 문자적인 예수님의 육체적 부활을 긍정하지 않는 것은 무덤에 관해 말하는 것뿐만 아니라 예수님의 인격과 궁극적으로 삼위일체 하나님과 구원에 영향을 미친다. 덧붙이자면, 예수님의 부활을 부정하는 것은 육체적으로 고통받는 자들에 대한 목회 사역을 의미 없게 만든다.

12 예를 들어 다음을 참조하라. Larry W. Hurtado, *Lord Jesus Christ: Devotion to Jesus in Earliest Christianity* (Grand Rapids: Eerdmans, 2003), 476. 래리 허타도는 초기 기독교 입장과 후기 기독교 문서(예를 들어 도마 복음서)를 구별한다.

예수님은 자기 죽음과 부활을 연결하며, 스스로 자신의 목적을 드러낸다.

> 내가 내 목숨을 버리는 것은 그것을 내가 다시 얻기 위함이니(요 10:17).

다시 말해 예수님이 무덤에서 살아난 것은 흥미롭게도 따로 떨어진 사건을 의미하지 않는다. 조지 앨든 래드(George Eldon Ladd)가 결론을 내리듯이, 예수님의 부활은 "예수님 죽음의 본질적 완성이다. 부활은 예수님 죽음의 목적이다."[13]

육체적 부활(예수님과 우리의 부활!)은 범기독교(catholic) 정통의 필수적인 주장이다.[14] 이 책은 만성적인 고통과 다양한 장애에 직면한 사람들에게 그리고 궁극적으로 죽음이 조롱하는 모든 흔적을 가진 사람들에게 진정한 위안과 소망을 주기 위해, 예수님의 육체적 부활이 반드시 필요하다는 것을 보여 준다. 만약 예수님이 무덤에서 부활하지 않았다면, 예수님은 아무 말씀도 하지 못하신다. 그러나 만약 예수님이 실제로 부활했다면, 예수님은 우리의 고통과 몸부림을 통해 계속 말씀하신다.

7. 보고 만져라

누가복음 역시 예수님의 육체적 부활을 분명히 주장한다. 한 주의 첫날에 예수님의 제자들은 무덤이 비어있다는 것을 발견하고, 예수님이 "부활했다"라고 선언한다(눅 24:1-12, 특히 6절). 엠마오로 가던 두 사람은 신비롭

---

[13] George Eldon Ladd, *I Believe in the Resurrection of Jesus* (Grand Rapids: Eerdmans, 1975), 34. 래드는 자신의 책 전반에 걸쳐서 진정한 육체적 부활이 사도들의 이해와 메시지의 중심이라는 것을 분명히 한다.
[14] 여기서 가톨릭은 그리스도 육체의 부활이 동방정교회, 로마가톨릭, 모든 주요 역사적 개신교 전통에 의해서 확인되었기 때문에 "보편적"이라는 의미다.

고 흥미로운 대화를 나눈다(눅 24:13-35, 특히 27절; cf. 45절).[15] 예수님은 그 후 최근에 일어난 사건을 이야기하는 제자들에게 다가가서 "평강이 있을지어다"라고 말했는데, 제자들은 놀랐다(눅 24:36). 누가는 제자들이 놀란 이유를 "그 보는 것을 영으로 생각"했기 때문이라고 설명한다(37절). 예수님이 육체에서 분리된 영이 맴도는 환상처럼 보였다고 설명하는 것이 누가에게 쉽고 간편한 방법일 것이다. 그러나 누가는 그렇게 전하지 않는다. 예수님은 제자들에게 이렇게 묻는다.

> 어찌하여 두려워하며 어찌하여 마음에 의심이 일어나느냐(눅 24:38).

그리고 예수님은 철학적으로 설명하기보다는 자신의 몸을 보여 준다.

> 내 손과 발을 보고 나인 줄 알라 또 나를 만져 보라 영은 살과 뼈가 없으되 너희 보는 바와 같이 나는 있느니라(눅 24:39).

살과 뼈!
마찬가지로, 예수님은 부활 후에 도마를 만나서 육체적 확인을 허락한다.

> 네 손가락을 이리 내밀어 내 손을 보고 네 손을 내밀어 내 옆구리에 넣어보라 그리하여 믿음 없는 자가 되지 말고 믿는 자가 되라(요 20:27).

부활한 메시아는 자신의 육체를 버리지 않고 계속 육체로 살면서 창조물에 대한 하나님의 긍정을 보여 준다. 메시아는 죽은 자 가운데서 육체적

---

[15] 자세한 내용을 위해 다음의 훌륭한 작품을 참조하라. Richard B. Hays, *Reading Backwards: Figural Christology and the Fourfold Gospel Witness* (Waco, TX: Baylor University Press, 2014). 다음을 참조하라. Christopher J. H. Wright, *Knowing Jesus Through the Old Testament,* 2nd ed. (Downers Grove, IL: IVP Academic, 2014).

으로 부활했다.

예수는 여전히 예수다!

예수님은 제자들에게 자신의 손과 발을 보여 준 후에 음식을 달라고 했다. 귀신은 구운 생선을 먹을 수 없지만, 예수님은 "받아서 그 앞에서 먹었다"(눅 24:43). 매우 주목할 만한 것은 이러한 행위가 너무나 평범하고 너무 인간적이라는 것이다.

8. 같지만, 다른 …

예수님은 같지만 뭔가 다르다. N. T. 라이트(N. T. Wright)가 말하듯이, 복음서가 제시하는 부활한 예수는 "분명하게 몸으로 구현된 인간이다. 즉, 예수님의 몸에는 새롭고, 예상하지 못한 그리고 설명할 수 없는 특징이 있다."[16] 라이트는 적절한 언어를 찾기 위해 애쓰면서, 예수님에 대한 "신체 변형"(transphysicality)이나 "변형된 육체성"(transformed physicality)에 대해 말한다.

부활한 예수의 몸은 이전과 분명히 똑같은 몸이며, 그의 옆구리, 손, 몸에는 여전히 상처 자국이 남아 있다. 또한, 예수님은 먹고 말하고 만진다. 그러나 예수님은 죽음 자체를 극복했고 모든 고통에서 벗어났다. 이 문제는 우리가 부활한 메시아에 대해 이해하는 것뿐만 아니라 부활에 대한 그리스도인의 소망을 인식하는 데 매우 중요하다. 예수님은 같지만 다르다.[17] 예수의 부활은 우리를 위한 것이다.

---

16 Wright, *Resurrection of the Son of God*, 661.
17 고전적 정통은 부활, 승천, 영화(heavenly session, 천국에서 성부의 오른쪽에 앉음을 의미-역자 주)의 용어로 진정한 인간의 몸을 가진 예수님이 인성을 계속 유지하는 것과 관련한 질문을 풀어낸다. 다음을 참조하라. Thomas Aquinas, *Summa Theologica* 4.3.Q54-59, trans. Fathers of the English Dominican Province (1947; repr., Allen, TX: Christian Classics, 1981), 2307-2336.

초대 교부인 알렉산드리아의 디디무스(Didymus of Alexandria, 313-398)는 때때로 고대 세계에서 청각장애인 디디무스로 알려져 있는데, 고린도전서 15장에 기록되어 있는 바울의 약속을 신중하게 숙고했다. 디디무스는 부활의 "새 창조"가 우리를 망치는 것이 아니라 그리스도 안에서 우리를 새롭게 하는 것으로 인식했다. 요점은 같은 몸을 가진 사람이라는 것이다.

> 아무튼, 부활한 몸은 소멸하는 몸과 다르지만 동일하다.[18]

여기서 디디무스가 사용한 유비는 어린이나 성인으로까지 자라는 유아에 대한 것이다. 어린이와 성인은 다른 두 사람이 아니라 동일한 한 사람이다.

"두 주체나 두 사람이 아니라 두 단계에 있는 한 사람이다."

부활한 예수는 죽은 예수와 동일하며 이제는 영화롭게 된다. 우리도 그러할 것이다. 우리는 부활할 것이며, 육체적 고통을 포함하여 죄와 고난에서 벗어날 것이다. 이전과 같지만, 분명히 다르다.

나는 부활에 관해 대화할 때, 얼굴이 어두웠던 한 친구가 생각난다. 우리는 깊이 생각했는데, 나는 마지막에 그가 말한 것을 간단히 설명하는 글을 보내 달라고 부탁했다. 그 친구에게 받은 편지를 직접 보여 주고자 한다.

> 나는 선천성 심장병 환자이며, 골격계에 문제가 있어서 매일 목발을 짚고 다녀야 한다. 태어날 때부터 신체적 장애가 있었고, 여러 번 심장과 다리 수술을 받았다. 그런데도 현대 의학은 내 몸을 제대로 고치지 못했고, 앞으로도 고치지 못할 것이다. 나는 가슴에 15센티미터 흉터가 생기는 날이 있을 줄 몰랐다. 그 흉터는 내가 살아 있을 필요가 없다는 절망감을 느끼

---

18 Didymus of Alexandria, *Commentary on the Psalms 259, 1 Corinthians Interpreted by Early Christian Commentators*, trans. and ed. Judith L. Kovacs (Grand Rapids: Eerdmans, 2005), 271에서 재인용.

게 하고, 손상된 무릎관절 때문에 목발 없이 몇 발자국도 제대로 걸을 수 없다는 것을 생각나게 한다. 나는 무릎을 꿇고 기도한 적이 없다. 주님이 언젠가 신부로 맞을 여자를 만나게 한다면, 나는 그녀에게 프러포즈할 때도 일어서지 못할 것이다.

그러나 이런 현실은 내가 그리스도를 통해 하나님의 구원 사역과 동떨어진 죄 때문에 절망적인 장애를 앓았다기보다는 오히려 하늘 아버지와의 교제를 위해 영적으로 회복되어야 할 필요가 있음을 의미한다. 나에게 장애는 구원과 생명을 위해 그리스도를 전적으로 의존해야 한다는 것을 상기시켜 준다. 나는 그리스도가 나의 장애를 온전히 회복하시리라 확신한다. 그리스도는 시련을 통해 나를 인도함으로써 다가올 새 창조에 대한 열망을 주었다. 그때 그리스도는 나를 육체적으로 회복시킬 것이며, 나는 [그리스도가 영원히 제거할] 내 죄에 의해 방해받지 않고 회복된 친교 안에서 그리스도를 바라볼 것이다.

첫째, 나는 그리스도처럼 되고, 죄의 저주로부터 자유롭게 될 부활의 날이 오기를 소망한다.
둘째, 나는 평생 씨름해 온 육체적 결함에서 벗어나 그리스도가 나에게 부활한 육체를 선물로 줄 것을 소망하며 기뻐한다.

내가 무릎을 굽힐 수 있을 날이 올 것이며, 그날에 처음으로 예수님의 발 앞에서 예수님을 마주 보고, 구속받은 자녀로서 그 앞에 절할 것이다. 그날에 나는 예수님의 손길로 완전히 부활한 마음으로 예수님을 사랑하고 포옹할 것이며, 죽음의 세력에서 자유롭게 될 것이다.
오, 그날이 속히 오기를!

미래의 내 친구는 지금 내 친구와 똑같다. 내 친구는 죄와 슬픔의 탄식에서뿐만 아니라 육체적 고통과 고뇌에서 자유롭게 될 것이다. 내 친구는 몸과 영혼, 고통과 찬양, 탄식과 갈망을 본능적으로 연결한다. 내 친구의 육체적 자유는 분명히 다가오고 있지만, 아직은 아니다.

9. 무엇에서 구원받았는가?

그리스도인으로서 우리는 구원에 관해 이야기하곤 한다. 구원은 성경 언어와 이미지에서 자주 발견된다. 그러나 때때로 곰곰이 생각해 봐야 한다.
무엇에서 구원을 받았는가?

성경 전체를 통해 구원의 이미지는 많은 것을 전달한다. 하나님 백성은 압제자에게서(출 14:30; 신 33:29; 시 18:3), 가난의 횡포에서(시 34:6), 무지에서(사 45:14-25), 심지어 인자한 하나님에 대한 안식 경험을 손상하는 죄에서 구원받았다(시 80편). 하나님의 아들은 죄, 죽음, 마귀에게서 우리를 구해 준다. 내가 여기서 강조하고 싶은 것은 번영과 평화의 때에 쉽게 잊히지만, 공동체나 개별적으로 하나님 백성을 위한 때가 항상 돌아온다는 것이다.

우리는 **죽음의 횡포에서** 구원을 받았다. 바울은 분명히 표현한다.

> 맨 나중에 멸망 받을 원수는 사망이니라 (고전 15:26).

우리의 아픔과 고통은 죽음에서 절정에 이른다. 즉, 우리의 힘은 궁극적으로 약해지며 호흡은 멈추고 육체는 생명을 잃게 될 것이다. 그러나 하나님의 말씀이 와서 새 생명을 불어넣는 것은 분명하다. 이 말씀은 태초에 세상을 창조했고 이제는 은유가 아닌 실제로, 사망에서 생명으로 우리를 일으킬 것을 약속한다.

부활한 주 예수는 죽음을 이겼고, 생명을 수여하는 영을 통해 절망할 필요 없이 죽음에 접근한다. 왜냐하면, 우리에게 죽음이 끝이 아니기 때문이다. 따라서 "소망 없는 다른 이처럼" 슬퍼하지 말아야 한다(살전 4:13). 우리를 규정하는 것은 죽음이 아니라 예수님의 부활과 생명이다. 예수님이 부활했기 때문에 죽음에 대한 두려움이 우리를 짓밟을 수 없다. 그렇다고 해서 현재의 투쟁과 고통을 무시하거나 우리가 사랑하는 사람이 죽을 때에, 어떤 상실감을 깊이 느끼지 말아야 한다는 것을 의미하지 않는다. 그러나 부활 때문에 죽음의 암흑이 마지막이 아니다. 우리는 확실한 소망이 있다.

우리는 돌이킬 수 없는 최후의 죽음에서 구원받았다. 우리는 부활할 것이다. 진정한 그리스도인의 소망은 영혼의 불멸에 근거하지 않고, 약속된 육체적 부활에 근거한다. 우리는 아픔과 고통에서 구원받을 것이다. 우리의 희미해진 기억은 끝날 것이다. 우리는 죽음에서 구원을 받는데, 그리스도의 죽음과 부활로 죽음을 **관통하여** 구원받는다. 왜냐하면, 우리는 죽어도 살기 때문이다(요 11:25).

여기서 우리는 십자가에 매달린 예수님을 향한 비웃음을 떠올린다.

> 그가 남은 구원하였으되 자기는 구원할 수 없도다(마 27:42; 막 15:31; 눅 23:35).

아이러니하게도 예수님이 비웃는 자들의 구원과 영생을 확보할 수 있는 유일한 길은 자신을 구하는 것이 아니라 자신을 죽음에 넘겨주는 것이다.

오직 예수는 자기 죽음과 부활로 다른 사람들의 생명을 확보할 수 있었다(롬 5:10). 바울은 신자에게 큰 위안을 주며 결론을 맺는다.

> 우리 주 예수 그리스도로 말미암아 우리에게 승리를 주시는 하나님께 감사하노니(고전 15:57).

그러나 예수의 죽음과 부활로 확보된 이 승리는 우리가 부활할 때 비로소 완전히 경험할 것이다.

예수님의 관심은 나사로를 포함하여 일시적으로 다시 살리는 것에 머물지 않는다. 예수님이 약속한 "영원한 생명"은 끝없는 고난이나 고통의 삶이 아니다. 하나님도 그런 약속을 절대 하지 않았다. 그런 영원한 삶은 선물이 아니라 저주일 것이다. 오히려 하나님의 아들은 새로운 생명, 영원한 생명, 궁극적으로 죄와 저주에서 해방된 삶을 약속했다(cf. 요 5:26-29). 이 삶은 자유롭게 삼위일체 하나님을 경배하며 죄와 사망의 결과에서 벗어난다.

10. 예수, 승천한 우리의 대제사장

죽은 자의 부활을 포함하여, 우리는 지상에 천국의 궁극적 회복을 기대한다. 그러나 지금으로서는 새 창조가 실현되지 않았기 때문에 기다려야 한다. 우리는 현재의 고통 가운데서, 천국에 있는 대제사장이 우리의 인성과 연약함을 충분히 이해한다는 것을 기억해야 한다.

히브리서 7장은 "예수는 영원하기 때문에" 제사장직을 영원히 수행한다고 약속한다(히 7:24). 예수님은 무덤에서 부활했을 뿐만 아니라 하늘로 승천하였고, 지금도 하나님 보좌 우편에 계신다(눅 22:69; 행 2:33; 5:31; 히 1:3). 이것은 히브리서 저자에게 큰 위안이다. 왜냐하면, 예수님이 유일하게 "하나님께 나아가는 자들을 온전히 구원하실 수 있다"라는 것을 의미하기 때문이다(히 7:25).

이처럼 약속된 구원은 그리스도 안에서 온전하고 완전하다. 예수님은 한 사람의 어떤 부분을 구원하는 데 관심이 있을 뿐만 아니라 한 사람 전체를 완전히 구원하는 데 관심이 있다. 또한, 히브리서 저자는 "그가 항상 살아 계셔서 그들을 위하여 간구하심이라"라고 근거를 밝힌다(히 7:25; cf. 롬 8:34). 우리는 이 본문을 읽자마자 우리를 위해 끊임없이 기도하는 예수의 그림을 그린다.

불행히도 이런 그림을 떠올리며 성경을 읽으면, 문제가 발생한다. 마치 승천하신 예수가 성부 하나님께 우리를 사랑하라고 끊임없이 기도하기 때문에, 성부 하나님이 마지못해 그 기도에 응답하는 것처럼 보일 수 있다. 마치 모든 것이 성부 하나님에게 맡겨지면, 우리를 완전히 멸망시킬 것처럼 보인다. 만약 이런 식으로 하늘의 중보 기도(heavenly intercession)를 이해한다면, 하나님에 관한 우리의 관점에 심각한 문제가 발생한다.

결과적으로 분노에 사로잡힌 성부 하나님과 동정심과 사랑으로 가득한 성자를 겨루게 한다. 이러한 그림이 성경에서 실제로 가르치는 것과 상반된다는 것은 쉽게 알 수 있다. 성부 하나님은 세상을 너무나 사랑하여 성령의 능력으로 성자를 세상에 보내서 구원을 베푸셨다(요 3:16).

구원은 삼위일체 하나님의 행위이다(cf. 고전 12:4-6; 고후 13:14; 갈 4:6; 벧전 1:1-2). 예수님이 드리는 하늘의 중보기도는 하나님 사랑의 결실이지 하나님 사랑의 이유가 아니다. 우리는 삼위일체의 각 위격을 경쟁시켜서는 안 된다.

우리는 승천하신 예수님이 하나님의 백성을 위해 "항상 살아 계셔서 그들을 위하여 간구한다"(히 7:25)라는 내용을 읽을 때, 예수님이 중보자로서 하나님과 우리의 연결고리임을 확인하게 된다(딤전 2:5). 다시 말해, 예수님은 우리를 향한 하나님 사랑을 자신의 몸으로 구현하듯이, 우리의 필요와 의존을 하나님 앞에서 구현한다. 자기의 백성에 대한 하나님의 약속은 성자가 마리아의 자궁에서 인성을 취할 때뿐만 아니라 죽음과 부활 이후 하나님의 보좌로 승천할 때도 성자의 몸에서 발생한다. 즉, 성육신하신 그리스도의 지속적인 임재가 중보이다. 그리스도는 중보자이며 성취되고 구현된 기도이다. 그리스도는 항상 살아서 중보한다.

17세기 청교도 신학자인 존 오웬(John Owen)은 성육신에서 죽음까지, 부활에서 승천까지 복음 이야기 전체를 마음에 간직하도록 권면한다. 복음은 우리가 분리할 수 없는 하나의 이야기, 하나의 진리이다.[19] 특히 우리

---

19 신학자나 성경학자들이 때때로 선물과 같은 "그리스도 사건"을 그리스도의 성육신,

는 예수가 여전히 성육신한 주님으로 남아 있다는 것을 잊고, 승천을 무시하는 경향이 있다.[20] 오웬은 "근본적 신앙 항목"을 이렇게 말한다.

> 예수는 지상에서 대화를 나누었는데, 동일한 몸으로 하늘에 있다. 그뿐만 아니라 예수의 이성적 영혼의 기능은 여전히 작동한다.[21]

예수의 한 인격에 신성과 인성이 분리되지 않고 완벽하게 연합되어 있다. 푸아티에의 힐라리(Hilary of Poitiers, 310-367)는 이렇게 결론을 내렸다.

> 육체를 취함으로써 … [성자는] 우리의 전체 본성을 얻었고 우리처럼 되었지만, 이전의 모습을 잃지 않았다.[22]

성자는 여전히 온전한 하나님이지만, 성육신으로 인해 항상 완전한 인간이다.

하나님 우편에 계신 예수님이 지금도 여전히 인간이라는 것은 우리의 구원을 보장하는 데 필수적이다.[23] 예수님의 몸이 어디에 그리고 어떻게 되는가에 대한 논의는 차치하더라도,[24] 예수님의 온전한 인성은 그분이 영

죽음, 부활, 승천으로 요약하는 이유이다.
20 John Owen, *The Works of John Owen*, ed. William H. Goold (London: Banner of Truth Trust, 1965), 1:247.
21 Owen, *The Works of John Owen*, 1:238-239.
22 Hilary of Poitiers, *On the Trinity* 11.16, in Nicene and Post-Nicene Fathers, 2nd Series (1899; repr., Peabody, MA: Hendrickson, 1994), 9:207.
23 예를 들어 다음을 참조하라. Kelly M. Kapic and Wesley Vander Lugt, "The Ascension of Jesus and the Descent of the Holy Spirit in Patristic Perspective: A Theological Reading", *Evangelical Quarterly* 79, no. 1 (2007), 23-32; Gerrit Scott Dawson, *Jesus Ascended: The Meaning of Christ's Continuing Incarnation* (London: T&T Clark, 2004).
24 어디에 그리고 어떻게 가능한지 논쟁의 여지가 있다. 그러나 예수가 자기 몸을 버리지 않는다는 것은 고전적 정통의 일부분이다. "어디"에 관한 최근의 논의는 다음을 참조하라. T. F. Torrance, *Space, Time, and Resurrection* (Grand Rapids, Eerdmans, 1976); and Douglas Farrow, *Ascension and Ecclesia* (Grand Rapids: Eerdmans, 1999).

원한 중보자와 영원한 중재자이며, 주님의 방식으로 육체적 몸을 가진 것을 의미한다.[25]

> 우리 모두의 눈으로 상처 난 예수의 몸을 볼 것이다.[26]

예수님이 하나님 우편에 앉아 있는 하늘의 왕에 관해 설명하는 구절 외에 (눅 22:69; 골 1:3; 히 1:3; 벧전 3:22), 하나님 우편에 서 있는 몇 구절이 있다.

예수님이 서 있는 것은 항상 방심하지 않고 염려하며 자신의 백성을 맞이하려는 것을 보여 준다(행 7:55-56). 인자 예수는 십자가에 못 박히고 부활하고 승천한 메시아로서 죄를 용서하고 최종 샬롬을 허락하는 권위를 가지고 판사와 변호사 역할을 수행한다(단 7:13-14; 시 110:1; cf. 눅 5:24; 6:22). 예수님은 또한 자기 백성을 변호하며, 영원히 보살피며 인도한다. 예수님은 왕과 주로서 자기 종들을 지켜보며, 죽음의 위협에 직면한 자녀들에게 은혜와 진정한 돌봄을 보여 준다.

11. 용기를 내어 살라

부활에 대한 기독교적 확신은 이 세상을 벗어나는 것이 아니라 바로잡는 것이다. 부활은 이 세상을 부정하지 않으며, 오히려 신자들의 경험에

---

25 이것에 대한 탁월한 신학적, 목회적 설명은 도슨(Dawson)의 *Jesus Ascended*를 참조하라. 성찬식에 관한 루터파와 개혁파 논쟁이 이 지점에서 발생하는데, 왜냐하면 성찬예식의 빵과 포도주 "안에", "함께", "아래"에 있는 승천한 그리스도에 관한 의문이 계속되는 예수의 인성을 훼손하기 때문이다. 이 논의에 더 관여하지 않고 우리 논의를 이어가 보자.

26 Owen, *Works*, 1:239. 오웬은 이렇게 덧붙인다. "우리가 믿는 예수의 몸은 하나님의 신실함을 성육신에서 매우 자주 증언한 것처럼 육체, 피 또는 뼈가 없는 천상의 구조가 아니며, 예수의 몸은 실체, 본질 또는 필수적 구성요소 등 어떤 면에서도 변화가 없으며, 우리를 위해 고난을 겪은 몸과 동일한 바로 그 몸이다. 하나님이 사람이 짓지 않은 거룩한 처소에 머물고 다스린다는 면에서, 예수의 몸은 여전히 성전이다."

대한 정직한 평가를 도와주며, 그 이상으로 회복에 대한 진정한 소망을 두게 한다. 고통은 현실이지만 유일한 현실은 아니다.

니체의 말이 옳다. 만약 신이 정말로 죽었다면, 우리가 정말로 신을 죽였다면, 세상의 역학(dynamics)은 힘의 관점에서 설명할 수 있다. 그러나 부활은 우리의 생각을 바꾼다. 그러한 면에서 명백한 약점은 진정한 힘이 될 수 있다. 심지어 다른 사람을 살리기 위해 당신은 기꺼이 죽으려고 할 수 있다. 왜냐하면, 당신의 생각뿐만 아니라 당신이 부활하기 때문이다.

성육신과 십자가는 신적 공감뿐만 아니라 신적 섭리를 의미한다. 예수의 삶에는 목적이 있다. 즉, 예수는 죽은 자 가운데서 살아난 부활의 첫 열매로서, 창조물을 새롭게 하고 샬롬의 미래를 약속한다. 그러나 만약 메시아인 예수의 육체적 부활과 승천이 없다면, 이 중 어느 것도 진실이 될 수 없다. 예수의 육체적 부활이 핵심이다. 왜냐하면, 세상과 인간에게 소망은 다시 창조되는 세상에 대한 물질적 소망이기 때문이다.

우리는 하나님이 자기 창조물을 부끄러워하지 않는다는 것과 창조물의 안팎을 새롭게 한다는 것을 결코 잊어서는 안 된다. 구원은 우리를 심리적으로 바르게 세울 뿐만 아니라 격양된 기질에 일종의 감정적 평온을 가져다준다. 기독교 영성의 일부 심리적 모델이 인간 내면 세계에 모든 관심을 집중할 때, 기독교적 삶이 몸으로 구현된 관계 중 하나라는 것을 충분히 인식하지 못한다. 우리 몸에서 일어나고 있는 그리고 일어날 일이 중요한 이유는 우리가 누구인지 그리고 하나님이 하는 일이 무엇인지 밝혀주기 때문이다.

십자가에 못 박히고 부활한 그리스도는 하나님과 이웃에 대한 사랑을 새롭게 하는 유일한 길이다. 그리스도의 부활은 특정한 시간과 공간에서 발생한 역사적 사건일 뿐만 아니라, 무한하신 하나님이 세상의 파탄과 죄를 완전히 궤멸시키고 미래를 열어젖힌 사건이다. 즉, 부활한 그리스도와 지금 연결된 자들에게 샬롬의 약속된 미래를 보여 준다(갈 2:20). 현재의 고통과 예상되는 죽음이 우리를 규정하지 않는다. 그리스도가 우리를 규정한다.

12. 결론

그리스도의 부활은 우리 자신의 궁극적인 육체의 부활을 확증하고 예시한다. 우리 삶의 본질과 의미는 우리가 처한 현재 상황에 국한되지 않는다. 즉, 우리는 이미 도래한 하나님 나라에 살고 있지만, 완전히 실현된 하나님 나라에 사는 것은 아니다. 그리스도와 연합한 그리스도인은 그리스도와 함께 죽지만 또한 그리스도의 부활과 함께 살아나고(롬 6:8; 골 2:12; 3:1-4), 부활하여 그리스도에게 올라갈 것이다. 왜냐하면, 부활하신 그리스도는 지금 하늘에 계시기 때문이다. 그리스도는 우리와 연합했기 때문에, 우리 삶에 들어와서 절대 분리되지 않으며 인생의 비전을 확실히 형성할 것이다(골 3:1).

왜 진정한 육체적 부활이 필요했을까?

성부 하나님은 성령의 능력으로 성자를 보냄으로써 이 땅을 방문한 것뿐만 아니라 이 세상을 새롭게 하고 타락한 자신의 백성을 구원하였다. 어거스틴은 이렇게 말했다.

> 그리스도가 죽은 자 가운데서 부활한 것은 … 하나님이 안전하게 보호하기 때문에, 인성의 어떤 부분도 상실하지 않았다는 것을 충분히 보여 준다.[27]

우리 몸이 우리의 기대를 저버릴 때, 고통이 절대 떠나지 않을 때, 탄식이 우리 영혼을 휘감을 때, 그리스도의 부활은 우리에게 큰 위로가 된다. 이러한 시기에 우리는 교회가 시대를 걸쳐 고백한 말을 반복할 필요가 있다. 그리스도는 죽었다. 그리스도는 부활했다. 그리스도는 다시 올 것이다.

---

27 Augustine, *True Religion, in On Christian Belief*, ed. Boniface Ramsey, 1/8 in Works of Saint Augustine (New York: New City Press, 2005), 49 (16.32).

제3부

함께 살아가는 하나님
(Life Together)

제 9 장 믿음, 소망, 사랑(Faith, Hope, and Love)
제10장 타인에게 죄 고백하기(Confession and the Other)
제11장 신실하신 하나님(Faithful)

제9장

믿음, 소망, 사랑
(Faith, Hope, and Love)

> 내가 산 자들의 땅에서
> 여호와의 선하심을 보게 될 줄 확실히 믿었도다.
> 너는 여호와를 기다릴지어다
> 강하고 담대하며 여호와를 기다릴지어다
> (시 27:13-14).

> 여호와께서 내 음성과 내 간구를 들으시므로
> 내가 그를 사랑하는도다
> 그의 귀를 내게 기울이셨으므로
> 내가 평생에 기도하리로다
> (시 116:1-2).

사도 바울은 사랑에 대한 묵상을 이렇게 마무리한다.

> 그런즉 믿음 소망 사랑 이 세 가지는 항상 있을 것인데 그 중의 제일은 사랑이라(고전 13:13).[1]

이것은 고린도 교회가 논쟁하고 자기 홍보하는 것보다 "훨씬 더 탁월한 방법"이다(고전 12:31). 우리는 믿음으로 힘을 얻고, 소망으로 격려를 받고 사랑으로 충만한 사람들처럼 살 수 있다. 세 가지 신학적 덕목인 믿음, 소망, 사랑은 가장 중요한 기독교 이미지이며, 특별히 성육신, 십자가, 부활, 축제와 연결된다.

우리는 이미 성육신, 십자가, 부활을 다루었다. 즉, 하나님은 우리와 함께하시는데(성육신), 그것은 우리를 위한 것이며(십자가), 새로운 생명으로 우리 고통을 바꿀 것이다(부활). 우리는 이후에 성만찬(Lord's Supper)에 초대받는 것(유월절)을 논의할 것인데, 그것은 우리의 궁극적인 자유와 소망의 맛보기다.

우리가 단지 복음을 선포할 뿐만 아니라 그 이야기 안에서 살아가기 때문에, 이러한 말씀과 이미지는 그리스도인에게 무척 중요하다. 복음 안에서 산다는 것은 하나님 은혜와 자비의 통로가 되며, 우리 약한 자매와 형제가 삼위일체 하나님의 말씀, 임재, 행위를 생각나게 하여 그들을 강하게 한다는 것을 의미한다. 즉, 하나님 백성의 삶은 고통받는 사람들에게 영양분을 공급하는 울타리가 된다. 따라서 고통에 대한 우리의 고찰은 몸과 영혼, 마음과 의지, 의심과 약속, 좌절과 사랑에 대한 총체적인 관심을 요구

---

[1] 나는 이전에 발표한 글에서 관점을 수정하여 많은 부분을 가져올 것이다. 이 에세이는 이번 장뿐만 아니라 책 전체에 힘을 실어줄 것이다. 원본인 다음을 참조하라. "Faith, Hope, and Love: A Theological Meditation on Suffering and Sanctification", in *Sanctification: Explorations in Theology and Practice*, ed. Kelly M. Kapic (Downers Grove, IL: InterVarsity Press, 2014), 212-231.

한다. 오직 이와 같은 총체적인 평가만이 우리 주님의 십자가와 부활에 충실한 것이다.

그러므로 우리는 고통에 대한 현실적이고 정직한 평가와 현재 고통이 전부가 아니라고 분명히 말하는 급진적인 소망을 유지한다. 기독교적 삶에는 한 개인이 아니라 하나님의 백성이 필요하다. 오직 우리는 투쟁 속에서 믿고 소망하고 사랑할 수 있다.

1. 믿음

> 나의 믿음 없는 것을 도와 주소서(막 9:24).

쇠렌 키르케고르(Søren Kierkegaard, 1813-55)는 자신의 도발적인 작품인 『두려움과 떨림』(*Fear and Trembling*)에서 아브라함 이야기를 다시 들려준다. 키르케고르는 에필로그에서 "믿음이 최고의 열정이다", "어떤 세대도" 그가 보기에 "이전 세대와 다른 지점에서 시작하지 않는다"라고 반복해서 말한다.[2] 그가 주목한 것은 누군가 아브라함 이야기와 약속을 들으면서 기독교 신앙에서 자랄 수는 있지만, 믿음은 불가피하게 인격적 실재라는 것이다. 믿음은 끊임없이 신앙심이 깊은 사람을 요구하기 때문에, 우리가 건너뛸 수 있는 것이 아니다.

다른 말로 하면, 하나님은 우리 각자와 개인적으로 대면하기 때문에 우리 각자는 여기에 응답해야만 한다. 이후에 살펴보겠지만, 이러한 모습은 믿음이 살아 있는 기독교 공동체 안에서 가장 잘 이해된다고 생각한다. 그러나 지금은 하나님을 인격적으로 신뢰하라는 키르케고르의 요청을 들어보자.

---

2   Søren Kierkegaard, *Fear and Trembling; Repetition*, ed. Howard Vincent Hong and Edna Hatlestad Hong (Princeton, NJ: Princeton University Press, 1983), 121-122.

제3부 제9장 믿음, 소망, 사랑(Faith, Hope, and Love) 187

키르케고르는 덴마크의 많은 사람이 복음을 넘어서 진보했다고 자부하는 것을 염려하면서, 자신의 독자들에게 "어느 사람도 믿음보다 앞설 수 없다"는 것을 상기시킨다. 키르케고르는 수동적인 믿음도 그리스도인의 생활에서 믿음의 활동으로 설명한다. 즉, 특별 은사를 받았든지 그렇지 않든지 상관없이, "믿음을 가진 사람은 신앙 안에서 제자리걸음을 하지 않는다."[3]

키르케고르는 믿음을 사랑과 비교하는데, 믿음은 정적인 용어가 아니기에 끊임없이 우리 전체를 감동하게 하고, 마음을 어루만진다. 믿음의 사람은 사랑에 빠진 사람처럼 "멀어지거나 다른 것으로 옮겨가지 않는다."

왜냐하면, 믿음[또는 사랑]을 넘어서 다른 것으로 옮겨가는 것은 믿음의 실재에서 믿음에 대한 "설명"으로 바꾸는 것이기 때문이다.[4] 하나님에 대한 일련의 주장을 처음 받아들인 것처럼, 믿음은 발전의 정지점이 아니라 생활하고 인식하고 배후에 있는 실재에 대해 반응하는 양식이다. 따라서 목표는 믿음을 넘어서는 것이 아니라 믿음으로 사는 것이다.

종교개혁자 마틴 루터(Martin Luther, 1483-1546)에게 돌아가 보자. 키르케고르에게 영감을 준 루터는 이번 장의 마지막 부분에서 주요 대화의 상대이다.[5] 이신칭의 교리를 상술하는 것 외에, 루터는 그리스도인의 존재 방식으로써 믿음을 설명했다. 그는 복잡한 인간 경험에 대한 놀라운 감각을 가졌다. "성화"(sanctification)와 "성화된"(sanctified)에 관한 루터의 언어 사

3　Kierkegaard, *Fear and Trembling*, 122.
4　Kierkegaard, *Fear and Trembling*, 123.
5　『두려움과 떨림』(*Fear and Trembling*)은 "키르케고르가 속한 바울과 루터의 전통에서" 나온다(Ronald M. Green, "'Developing' *Fear and Trembling*", in *The Cambridge Companion to Kierkegaard*, ed. Alastair Hannay and Gordon D. Marino [Cambridge: Cambridge University Press, 1998], 278). 키르케고르와 루터에 관한 좀 더 자세한 내용은 다음을 참조하라. Craig Hinkson, "Luther and Kierkegaard: Theologians of the Cross", *International Journal of Systematic Theology* 3, no. 1 (2001): 27-45. 키르케고르는 인격과 상황 때문에, 개인에 대한 믿음의 요구를 강요하는 경향이 있었다. 반면 루터는 놀랍게도 특별히 약하고 고통 중에서 믿음을 유지할 때, 자신에게 도움 주는 사람들의 필요를 알았다.

용은 성화의 진보적인 특징보다 확정적인 것에 초점을 맞춘다. 즉, 칭의된 사람은 성화된 사람이다.[6] 따라서 하나님의 선민은 오직 믿음으로 의롭게 되고 또한 성화된다. 루터는 그리스도인에 대한 믿음의 중요성을 절대 경시하지 않는다. 왜냐하면, 성화는 믿음에서 자라며, 항상 하나님 은혜의 사역으로 여겨지기 때문이다. 키르케고르는 몇 세기 후에 이것을 자신의 방식으로 말한 것이다.

루터가 믿음을 강조한 것도 그리스도인이 질병과 싸우는 것에 대한 키르케고르의 견해에 영향을 줬다.[7] 건강을 상실한 사람은 16세기든지 3천년이든지, 일반적으로 평화와 정체성에 대한 감각을 잃는다. 비록 육체와 영혼의 정확한 관계를 추적하는 것이 불가능하더라도, 육체적 불편은 영적 시련을 동반한다. 인간의 삶은 육체적 고통으로 심각하게 제한받는다.

루터는 이런 어려운 시기에, 의심의 안개가 신자의 시야를 가린다는 것을 이해했다. 그런 이유로 마귀의 조롱은 이러한 시기에 더 커지곤 한다. 루터는 이러한 삶을 직접 살았기 때문에, 이것을 잘 알고 있다.

때때로 루터는 심각한 육체적 질병을 겪었고, 자신이 죽음 직전에 있었다고 생각했다.[8] 그의 아내와 친구들뿐만 아니라 루터 자신도 이러한 질병

---

6   오스발트 바이어(Oswald Bayer)는 이렇게 언급했다. 루터에게 "오직 이신칭의는 모든 것이 다 이루어진 것을 의미했다. 즉, 믿음으로 사는 것은 이미 새로운 삶이다. 그런데도 루터는 '성화'에 관해 말할 때, 단지 칭의에 관해 말한다. 루터에게 칭의와 성화는 성화가 칭의를 따르는 것처럼, 구별된 별개가 아니다. 루터는 성화에 관하여 말하면서, 칭의 사건의 원리적 측면을 강조한다"(*Living by Faith: Justification and Sanctification* [Grand Rapids: Eerdmans, 2003], 59).

7   In a survey of the two-volume collection of *Luther's Correspondence and Other Contemporary Letters*, ed. and trans. Preserved Smith and Charles M. Jacobs (Philadelphia: Lutheran Publication Society, 1918), 루터는 나이가 들고 경험이 많아지면서, 육체적 고통의 역경에 대한 민감성이 더욱 뚜렷해지는 것 같다. 루터와 그의 지인들은 이러한 시련을 마주하고 더 나은 성찰을 한다. 다른 언급이 없으면, 루터의 편지는 이 책에서 인용한 것이다.

8   루터 아내의 전기를 보면, 아마도 그녀에게 "가장 큰 도전은 다양한 질병으로 고통당하는 루터가 많은 경우에 그 증상을 무시할 때 간호사, 의사, 상담사로서 그를 돌보는 것이다"라고 전해진다. "루터는 심각한 우울증, 현기증 발작, 변비, 다리에 화농, 신장

으로 두려워했다.⁹ 루터는 이 어려운 시기를 잘 견뎌내지 못했다. 루터는 영적 도전과 함께 엮인 육체적 고통을 볼 때, 마치 자신을 큰 상처와 고통을 남기는 폭풍과 불가피하게 싸우는 선원처럼 생각했다. 그는 이러한 폭풍 속에서 난류(亂流)를 극복하기 위해 "모두 도와야 한다"라고 믿었다.¹⁰

예를 들어, 1527년에 루터는 멜란히톤(Melanchthon, 1497-1560)에게 편지를 써서 자신이 일주일 내내 얼마나 아팠으며, "사망과 지옥에" 있었는지 설명했다. 루터는 이렇게 말했다.

> 나는 하나님에 대한 절망과 신성모독의 파도와 돌풍으로 거의 그리스도를 잃어버릴 뻔했다. 그러나 하나님은 성도의 기도에 감동해서 나를 불쌍히 여기기 시작했고, 스올(lowest hell)에서 나의 영혼을 구해 주셨다.¹¹

루터는 성도가 육체적, 정서적 고통을 겪을 때, 자주 믿음을 갖기 위해 애써야 하고, 세상에서 뒤틀린 하나님과 그분의 사역 이미지로 인해 고통을 받는다는 것을 알았다. 그리스도인은 이러한 시기에 다른 성도의 믿음과 기도에 크게 의지한다. 왜냐하면, 성도의 믿음과 기도로 유지되거나 "구출되기" 때문이다.

루터는 니콜라스 하우스만(Nicholas Hausmann)에게 편지를 보낸 적이 있는데, 전염병이 자신의 지역에서 끝나는 것처럼 보이는 순간에도, 자신이

결석에 시달렸다"(Rudolf K. Markwald and Marilynn Morris Markwald, *Katharina von Bora: A Reformation Life* [St. Louis: Concordia, 2002], 124).

9 *Luther's Correspondence*, letters 765, 766, 403-407. 다른 사람과 자신이 직면한 죽음을 다루는 것에 관한 자세한 내용은 다음을 참조하라. Neil R. Leroux, *Martin Luther as Comforter*: Writings on Death (Leiden: Brill, 2007).

10 루터가 특별히 아플 때, 얼마나 자주 돌봄과 안위를 위해 자신의 "목사"를 의존했는지 참조하라. Martin J. Lohrmann, "Bugenhagen's Pastoral Care of Martin Luther", *Lutheran Quarterly* 24, no. 2 (2010), 125-136.

11 *Luther's Correspondence*, letter 768, 409. 루터는 다른 곳에서 "절망과 죽음, 신성모독 속에서도 복되도다. 그리스도!"라고 쓴다(*Luther's Correspondence*, letter 786, 428).

매우 큰 고통 가운데 있다는 것을 설명했다.

루터의 가정에 고난이 최소한 세 번 이상 덮쳤는데, 심지어 루터의 아들 한스(Hans)는 영양실조와 병에 걸렸고, 죽음 직전에 있는 것처럼 보였다.[12] 루터가 직접 아픈 것은 아니지만 사랑하는 사람들이 병에 걸린 경우, 루터는 또다시 "그리스도의 뜻"이라는 것을 인정하면서도 "불안과 공포" 속에 여전히 고심했다. 그는 하우스만에게 "자신의 믿음이 실패하지 않도록" 기도 요청을 했다.[13]

루터는 믿음의 중요성을 의심하지 않았지만, 자신이 스트레스를 받을 때 얼마나 연약해질 수 있는지도 결코 잊지 않았다. 실제로 위태로운 것은 그의 신체적 상태뿐만 아니라 하나님의 선과 섭리에 대한 확신이었다.

루터의 삶은 교황과 다른 권력 구조에 투쟁하는 것을 포함하여 다양한 전투로 특징지어지지만, 그의 근본적인 전투는 믿음의 전투라는 것을 항상 인식하고 있는 듯하다. 데이비드 C. 스타인메츠(David C. Steinmetz)가 결론을 내리듯이, "루터에게 핵심 문제는 여전히 하나님에 대한 문제이다. 하나님의 자비와 동정심은 하나님의 숨어계심을 배경으로 한다."[14] 루터가 반복해서 고민한 것은 다음과 같다.

하나님은 정말로 애정이 가득한가?
하나님은 루터와 같은 죄인을 자신의 거룩한 임재 안으로 기꺼이 받아들이시는가?
루터의 마음은 이 하나님을 예배하는가?
또는 두려워만 하는가?

---

12 전염병이 발생했을 때 루터는 누가 남아야 하고 누가 떠나야 하는지를 간추려 말하는데, 이 흥미로운 답변에 관하여 다음을 참조하라. Martin Luther, "Whether One May Flee From a Deadly Plague", in *Luther's Works*, ed. Jaroslav Jan Pelikan and Helmut T. Lehmann, American ed. (St. Louis: Concordia, 1968), 43:119-138.
13 *Luther's Correspondence*, letter 779, 420. 루터는 눅 22:32을 언급하는 것으로 보인다.
14 David C. Steinmetz, *Luther in Context* (Grand Rapids: Baker, 1995), 31.

헤이코 오버만(Heiko Oberman)이 말했던 것처럼, 루터는 "하나님과 마귀" 사이에서 살았기 때문에 기독교 분투의 유용한 모델이 된다.[15] 루터가 중병에 시달릴 때 죄, 죽음, 마귀의 삼중 도발은 언제나 가까이 있었다.

이 세상은 원죄 때문에 질병을 포함하여 심판과 파괴가 시작되었다. 질병으로 인한 고통은 자기 죄에 대한 인식을 일깨워주기도 한다. 그래서 신적 심판을 상상하는 신자의 민감성은 증가한다. 이러한 고통을 안고 사는 사람들은 종종 죽음의 어둠, 즉 마귀가 사자처럼 돌아다니게 하는 어둠에 대해 더 잘 알게 된다. 나는 10장에서 더 자세히 다루려고 한다. 이렇게 연약하고 위태로울 때, 하나님의 은혜로운 통치를 신뢰하는 것이 성도의 능력이다. 따라서 필요한 것은 빛, 바로 믿음의 빛이다.[16]

의심할 여지 없이 루터는 질병 때문에 영적인 시련을 겪었다. 루터 서신의 고전 모음집(classic collection) 편집자들이 말한 것처럼, 루터의 고난에는 "영적 침체"가 동반되곤 했다.[17] 유스투스 요안(Justus Joan)은 루터가 이른 아침에 "심각한 영적 시련"을 겪은 후, 갑자기 육체적 고통을 극복한 것을 직접 목격했다.[18]

그날 저녁 루터는 귀가 윙윙거리는 것으로 시작해서 이내 거의 실신할 정도가 되었다. 루터는 유스투스에게 시원한 물을 빨리 뿌려달라고 간청했을 뿐만 아니라 열렬히 기도하기 시작했다. 유스투스가 기록한 것처럼, 루터는 주기도문과 다양한 시편을 낭송했다. 루터는 주로 육체적으로 약

---

15 Heiko Augustinus Oberman, *Luther: Man Between God and the Devil* (New Haven, CT: Yale University Press, 1989).

16 어느 시점에 루터는 고통, 박해, 악에 대한 인내를 통한 분투가 실제로 "그리스도인의 삶"이며, 그것들로부터 자유롭기 위하여 영광의 반대편에 있는 것을 함의한다는 결론을 내리는 것 같다(*Luther's Correspondence*, letter 217, 275).

17 *Luther's Correspondence*, letter 768, 409, fn. 3. Cf. Letter 779, 420. 루터는 니콜라스 하우스만(Nicholas Hausmann)에게 계속되는 시련에 관하여 이야기하는데, 그것은 반복되는 질병으로 보인다.

18 *Luther's Correspondence*, letter 765, 404. 루터는 여기에서 영적인 시련과 이후의 육체적인 투쟁을 직접 연결시키지 않는 것으로 보인다. 그러나 여러 면에서 영적 시련과 육체적 투쟁은 관련이 있다.

했기 때문에 루터의 친구들은 육체적 도움을 주었지만, 루터에게 친구들의 격려와 위안도 중요했다. 친구들은 루터에게 희망을 상기시켰는데, 이것에 관하여 더 이야기해 보자.

루터는 그 방에 있는 한 명 한 명 모든 사람에게 가서 "제발 저를 위해서 기도해 주세요"라고 요청했다.[19] 루터는 자신의 죽음이 임박했다고 생각하고, 자기 아내 카티(Katie)를 마지막으로 격려하다가 갑자기 기도하는 것을 번갈아 가며 했다. 그러나 루터는 죽지 않았고, 육체적 고통은 가라앉았다. 다음날 그가 더 안정되었을 때, 루터는 방금 "학교"에 다녀왔으며 "어제 자신의 영적 시련이 저녁에 있었던 신체적 질병보다 두 배나 컸다"라고 전했다.[20] 영적 시련이 신체적 취약성을 유발하는지 또는 신체적 취약성이 영적 시련으로 이어지는지 논쟁이 있을 수 있지만, 루터가 그랬던 것처럼, 우리도 자주 이 두 가지 투쟁을 한다.

1528년 루터는 허포드(Herford)에서 제라드 빌스카프(Gerard Wilskap)에게 보내는 편지에서 자신이 젊었을 때부터 질병으로 인해 고통을 받았고, 지금 가장 극심한 상황에 부닥쳐 있다는 것을 밝혔다. 루터는 "그리스도가 지금까지 승리했지만, 매우 가느다란 실로 나를 붙잡아주셨다"라고 기록했다.

그래서 루터는 "다른 이들을 구했지만 나 자신을 구할 수 없다"라고 말하면서 간절하게 기도를 요청했다.[21] 루터는 사망에서뿐만 아니라 사랑하는 하나님에 대한 신성 모독, 의심, 불신에서 "구원되기"를 원했다. 루터는 다른 사람들이 자신을 위해서 하나님께 탄원하도록 요청했는데, 그러

---

19 *Luther's Correspondence*, letter 765, 406. 유스투스 요나스(Justus Jonas)는 루터와 있었던 사건 다음날 대화를 나누었던 것을 기록하여, 도시 교회 목사인 부겐하겐(Bugenhagen)에게 편지를 썼다. 왜냐하면, 요나스는 "고통 중에도 최고의 열정으로 가득 차서 말했던 루터의 말이 잊히는 것을" 원하지 않았기 때문이다(*Luther's Correspondence*, letter 764, 403-404).
20 *Luther's Correspondence*, letter 765, 407.
21 *Luther's Correspondence*, letter 786, 428.

한 기도가 "자유로운 포로처럼, 안전하게 고통을 받는 자처럼, 살아 있지만 죽은 상태인 사람"을 위해 제공된다는 역설을 인정한다.[22] 심지어 하나님 백성이 죽었고, 노예가 되었고, 안전하지 않다고 믿고 싶은 유혹을 느낄 때도, 하나님은 그들의 기도를 사용하여 진심으로 살아 있다는 것과 자유롭고 안전하다는 것을 느끼도록 돕는다.

루터는 믿음의 중요성뿐만 아니라 의존성을 인식했다. 다른 사람의 기도와 존재는 우리가 약해 있는 동안 우리 주변에 울타리를 제공한다.[23]

하나님은 기도로 표현되는 다른 이들의 믿음을 자유롭게 사용하여 고통을 겪는 그리스도인들의 믿음을 바로 세우고 지지한다. 믿음은 한 사람이 그리스도인이 되는 수단일 뿐만 아니라 기독교적 삶의 본질적 방식이다. 상처받은 신자는 고통의 시절을 버텨내기 위해 다른 성도를 의지하곤 한다. 그런데 루터와 종교개혁자들은 믿음의 개념에 있어서 경솔한 개인주의(brash individualism)라고 비난을 받기도 한다.

루터의 병에 관한 기록을 보면, 루터는 결코 순전히 개인적인 활동으로서 믿음을 상상하지 않았다. 게다가 한 개인은 믿도록 부르심을 받았지만, 믿음은 사실상 지역에 설립된 교회와 유기적인 관계 안에서만 손상되지 않을 수 있다. 그리스도의 지체 중 누가 아프더라도, 몸을 건강하게 유지하는 일반적인 방법의 하나는 다른 지체가 좀 더 부담하는 것이다. 만약 발목이 부러지면 다친 사람은 본능적으로 체중을 강한 다리에 좀 더 둔다. 이것은 약한 다리를 업신여기기 때문이 아니라 다른 한쪽 다리가 짐을 감당해야만 온전히 건강한 상태로 돌아갈 수 있기 때문이다. 마찬가지로 그리스도인은 서로의 짐을 나누어 져야 한다(cf. 갈 6:1-5).

---

22 *Luther's Correspondence*, letter 768, 409.
23 오버만에 따르면, 루터는 다른 사람의 기도에 의존하는데, 특히 건강에 관하여 더 의존한다. 루터는 병들었을 때, 다른 사람들이 자신을 위해서 기도하지 않는 것처럼 보일 때, 주저하지 않고 책망하려 했다(Oberman, *Luther*, 311).

우리는 성경, 루터와 키르케고르의 이러한 통찰력에 근거해서, 아파하는 순례자를 위해 그리스도의 몸을 둘러싸는 믿음, 기도, 자비의 행위를 제공할 뿐만 아니라 상처 입은 성도의 육체적, 사회적, 심리적 필요에 주의를 기울여야 한다(cf. 고후 1:4-7).

그러므로 성도가 하나님의 은혜와 공급을 확신하지 못하거나 고난 중에 있을 때, 그리스도의 몸은 그들에게 믿음의 피난처와 양식을 공급한다. 그리스도의 몸으로서 우리는 신적 무관심, 심판 또는 유기(abandonment)에 관한 염려를 함께 직면할 수 있다. 개인적 신앙의 불꽃은 혼자 있을 때 약해지지만, 진정한 공동체 안에서 믿음의 불은 밤을 밝게 비춘다.

2. 소망

> 내 영혼아 네가 어찌하여 낙심하며 어찌하여 내 속에서 불안해하는가 너는 하나님께 소망을 두라 그가 나타나 도우심으로 말미암아 내가 여전히 찬송하리로다(시 42:5).

> 나의 주 하나님, 다시 한번 소망을 향한 용기를 주소서.
> 자비로운 하나님, 다시 한번 소망을 주소서.
> 메마른 내 마음을 풍요롭게 하소서(키르케고르).[24]

기독교 신앙은 하나님의 존재를 긍정하는 데 그치지 않고, 하나님의 거룩한 호의와 세심한 공급을 신뢰하라는 훨씬 더 어려운 부르심을 포함한다.

존 칼빈(John Calvin)은 믿음을 이렇게 설명했다.

---

[24] Søren Kierkegaard, *The Prayers of Kierkegaard* (Chicago: University of Chicago Press, 1956), 40.

우리를 향한 하나님의 자비에 대한 견고하고 확실한 지식이며, 이 지식은 그리스도 안에서 자유롭게 주어진 약속의 진리 위에 세워진 것이다. 하나님의 지식과 진리는 성령을 통해 우리 마음에 계시가 되었고, 우리의 가슴에 인봉되었다.[25]

"견고하고 확실한 지식"을 유지하는 것은 일이 잘 풀릴 때 어렵지 않지만, 세상의 고통, 불행, 불의, 절망, 위선은 선하고 은혜로운 하나님에 대한 우리의 확신을 가로막는다. 또한, 오래 계속되는 육체적 고통은 병자와 간병인 모두에게 절망과 피로를 쉽게 유발한다. 그러나 믿음을 품은 소망은 성화에 중추적 역할을 한다.

육체적 고통은 기독교 소망을 위협한다. 그래서 고통받는 성도는 영적 양식을 위해 다른 신자를 많이 의지해야 한다. 그들은 복음의 약속을 몸으로 구현함으로써 우리를 강하게 한다. 칼빈이 정의한 믿음은 [사실 불의와 고통으로 가득 찬] 세상이 작동하는 방식을 경험적으로 관찰한다고 해도, 주님의 자비에 대한 확신을 약하게 만들지 않는다. 그러나 칼빈의 확신은 성자와 성령의 실재에 "기초한다." 그리스도의 약속과 성령의 능력은 당연히 하나님의 백성과 관련되어 있다.

앞서 "믿음"이라는 제목으로 우리가 홀로 하나님을 믿고 말하려고 할 때, 성도가 **우리를 위해 하나님께 아뢰는 것**에 주목했다. 더 나아가 우리가 직접 들을 수 없을 때, 성도는 **하나님 대신에 우리에게 말하도록** 부름을 받았다. 성도의 기도는 우리의 믿음을 유지하게 하며, 성도의 선포는 우리의 소망을 불러일으킨다.

소망은 긍정적인 사고로 성취되지 않고 말씀과 성례(sacraments)의 약속을 받아들이는 것으로 성취된다. 물론 혼자서도 성경을 읽을 수 있고 빵과

---

25 John Calvin, *Institutes of the Christian Religion*, Library of Christian Classics (Philadelphia: Westminster, 1960), 1:3.2.7.

포도주를 먹고 마실 수 있다. 하지만 교회 공동체생활은 우리가 혼자가 아니라 한 몸이라는 것을 일깨워주고, 우리 영혼을 강하게 한다. 여기에서 개별적 존재와 공동체가 결합하게 되는 것이다.

성례가 집행되고 말씀이 선포될 때, 성령은 신비롭게 우리를 이끌어 하나님과 교통하게 한다. 예를 들어, 시편은 자주 불안에서 소망에 이르는 과정을 보여 준다.[26] 때때로 시편은 포기나 위기의식으로 시작하지만, 시인 자신이나 독자가 회상하고 기대할 것을 호소한다. 예를 들면, 대대로 신실하신 창조주 하나님을 기억하라. 하나님의 구원, 지속적인 돌봄, 변함없는 사랑 이야기를 기억하라.

이러한 기억은 고통을 겪는 사람에게 여호와가 우리를 결코 떠나거나 버려두지 않는다는 것을 보증함으로써, 소망의 불을 다시 지핀다. 이런 기억은 이스라엘의 포로 생활과 같은 민족의 고통이나 육체적 고통을 겪는 사람들에게 위로를 제공한다.

공동체가 부르고 암송한 시편은 자손 대대로 하나님 신뢰에 대한 그들의 기억을 표현한 찬송가(hymnbook)를 제공하고, 타락한 세상에서 삶의 투쟁을 부정하지 않는 하나님 백성의 소망을 새롭게 한다. 이런 노래는 삶의 고통과 어려움을 확인시켜주지만, 이 시기에도 우리에게 하나님을 신뢰하도록 요청한다. 시편은 고통의 의미나 고통에 대한 하나님의 신비로운 목적이 무엇인지 의미심장하게 설명하려고 하지 않는다. 대신에, 여호와를 신뢰할 수 있으며 자신의 백성을 향하여 동정심으로 가득 차 있는 그분의 성품을 나타낸다.

절망에서 소망으로 옮겨갈 때, 상처 입은 성도는 도르테 죌레(Dorothee Soelle)가 염려하는 것처럼 여호와에게 멸시받지 않는다. 오히려 그토록 샬롬을 갈망하는 위태로운 세상을 통해 여전히 신비롭게 찾아오는 구속자의

---

26 다음을 참조하라. Claus Westermann, *Praise and Lament in the Psalms* (Atlanta, GA: John Knox, 1981). Cf. Walter Brueggemann, *The Psalms and the Life of Faith* (Minneapolis: Fortress, 1995).

자애로운 관심을 떠올린다.²⁷

루터에게 다시 돌아와서, 우리는 그의 "시편 서문"에서 당시 숭배하던 인기 있는 성인들(saints)의 전설에 관한 책과 비교하면서 시편의 가치를 높이 평가한 것을 볼 수 있다. 루터가 보기에 성인들의 영화로운 삶을 묘사한 그런 이야기는 우리에게 "아무것도 말하지 않는다."²⁸

루터에게 인간의 언어 능력은 동물과 구별되는 중요한 측면이다. "모든 경우에 모든 사람은" 시편에서 자신들의 분투에 대해 말하는 말씀을 쉽게 발견하기 때문에, 시편은 이런 방식으로 우리에게 반향을 일으킨다. 여기에서 우리가 말문이 막힐 때, 말할 수 있는 단어를 찾을 수 있다.

다르게 말하면, 무슨 말을 해야 할지 모를 때에 공동체는 거룩한 말씀을 말하거나 노래할 수 있다. 루터가 보기에 낭만적으로 묘사된 성도의 삶은 "분파와 파벌의 시작"을 촉진해서 "성도의 교제에서 멀어지게 하는" 경향이 있다.²⁹ 시편의 아름다움은 깊은 절망에서 소망의 영광으로 공개적으로 옮겨간다는 것이다. 즉, 고통을 과소평가하거나 하나님의 약속을 경시하지 않는다. 시편이 "총천연색으로 묘사하는" 교회는 성도를 격려하고, 고통받는 사람을 위로하고, 교만한 자를 겸손하게 할 수 있다.³⁰ 따라서 루터가 부친의 죽음을 듣고서 슬퍼하며 시편을 통해 많은 위로를 받았다는 것은 당연하다.³¹

우리는 시편으로 하나님에게 소리 내어 기도할 수 있을 뿐만 아니라 자기 백성을 향한 하나님의 음성을 들을 수 있다. 시편은 하나님 백성의 삶을 포함하여, 창조 세계를 세심하게 다루는 하나님을 신뢰할 수 있다는 것을 우리에게 보여 준다(시 8; 93; 104; 148). 즉, 하나님은 자신의 양이 사망

---

27 Dorothee Soelle, *Suffering* (Philadelphia: Fortress, 1975), 1-32.
28 Martin Luther, "Preface to the Psalms", in *Martin Luther: Selections from His Writings*, ed. John Dillenberger (New York: Doubleday, 1962), 39.
29 Luther, "Preface to the Psalms", 40.
30 Luther, "Preface to the Psalms", 40-41
31 Oberman, *Luther*, 311.

의 음침한 골짜기를 다닐 때도 돌보는 목자이다(시 23; 28; 80). 또한, 지혜와 사랑으로 다스리는 주님이며(시 5; 25; 36; 86; 89; 136), 때에 따라 필요를 채우시는 하나님이며(시 94편), 우리가 시련 가운데 있어도 찬양받기 합당한 분이다(시 95편). 시편은 하나님 백성을 향한 구원과 사랑을 거듭 강조하며 소망을 새롭게 한다.

마찬가지로 히브리서는 분투하는 회중에게 확장된 설교와 같은 기능을 한다.[32] 구약성경의 증언을 많이 의존하는 히브리서는 성경에서 발견되는 믿음에 대한 가장 광범위한 토론 중 하나를 담고 있으며, 소망 중에 성장하는 믿음을 설명한다.

히브리서 11장은 우리를 아브라함 시대에서 신구약 중간기까지 안내하며, 하나님 백성의 역사를 잘 보여 준다. 또한, 하나님의 신실하심에 비추어 믿음을 제시하면서 개인적 믿음에 대한 훌륭한 예를 제공한다. 히브리서 10:23은 "또 약속하신 이는 미쁘시니 우리가 믿는 도리의 소망을 움직이지 말며 굳게 잡고"라고 우리에게 말한다. 신실한 성도의 삶은 하나님의 신실하심이 계시되는 수단을 제공한다.

11장에서 저자는 앞서간 성도에게 신실하신 하나님께 소망을 두라고 요청한다. 노아, 사라, 야곱을 생각하든지, "자신의 죽음을 부활로 받아들인 여자들을 생각하든지 간에"(히 11:35), 하나님의 성품과 약속이 이들의 믿음을 뒷받침한다. 즉, 이것은 시편처럼 부정이나 도피를 통한 소망을 제공하지 않는다. 오히려 하나님이 과거에 성도를 구원하신 방식과 미래에 대한 종말론적 약속을 바라봄으로써 소망을 제공한다. 성도는 심한 고통, 육체적 연약, 죽음의 위협에도 불구하고, 여호와에게 소망을 품는다. 윌리엄 레인(William Lane)이 "전체 그리스도인의 삶은 기독론과 종말론의 관점에서 생생하게 각인되었다"라고 결론짓는 것처럼, "소망"은 히브리서 전체

---

32 William L. Lane, *Hebrews 1-8*, ed. Ralph P. Martin, Word Biblical Commentary 47a (Dallas: Word, 1991), liii-lxii.

에 걸쳐서 사용된다.[33]

이 모든 이야기는 약속된 메시아를 가리킨다. 그분은 이 땅에 오셨고 자신의 백성을 위해 대제사장으로서 고난을 당했다. 지금 하나님 우편에 앉아 계시기 때문에, 현재 우리가 불안한 것처럼 보여도(히 6:20) 우리의 미래를 보장한다(히 10:12). 하나님 백성은 선포된 말씀을 통해 십자가에 달리고, 부활 승천한 그리스도 안에서 소망을 발견할 수 있다.

그러므로 우리의 소망은 하나님의 구속 행위와 신뢰할 말한 임재에 대한 확신에서 자라난다. 더욱이 우리가 육체적으로나 정신적으로 연약할 때, 소망을 두기 위해서 우리 자신을 의지해서는 안 된다. 왜냐하면, 하나님은 우리를 위해 이 선언을 하고 노래할 다른 사람을 허락하시기 때문이다. 즉, 우리와 함께하는 성도는 하나님을 대신해서 우리에게 말하며, 하나님이 자신의 백성을 절대 잊지 않는다는 것을 기억나게 한다. 예수 그리스도의 아버지 하나님은 병든 자를 고치고 궁핍한 자를 보살필 때 장차 올 일을 미리 맛보게 한다.

예수 그리스도가 복음의 소망이기 때문에, 하나님의 백성은 십자가에 못 박히고 부활한 그리스도의 복된 소식을 서로에게 선포할 수 있다. 우리가 연약할 때, 이 소망을 스스로 선포하는 것이 불가능할 수 있다. 하지만 전례(liturgy)에서나, 또는 성도에 의해서 소망이 주어질 때, "그리스도가 부활했다"라는 말을 들을 때, 우리는 "그분이 참으로 부활했다!"라고 응답할 수 있다.

---

33 William L. Lane, *Hebrews* 9-13, ed. Ralph P. Martin, Word Biblical Commentary, 47b (Dallas: Word, 1991), 288. 여기서 레인은 수많은 사람을 언급하는데, 다음의 책에서 인용한다. O. Michel, "Zur Auslegung des Hebraerbriefes", *Novum Testamentum* 6 (1963): 189-191, 347.

3. 사랑

> 사랑 안에 두려움이 없고 온전한 사랑이 두려움을 내쫓나니 (요일 4:18).

고통받는 자들에게 그리스도의 몸은 믿음을 제공하고 필요한 복음의 소망을 은혜롭게 공급한다. 고린도전서 13장에서 믿음, 소망, 사랑 중 사랑을 가장 위대한 것으로 언급하는데, 바울은 이 세 가지에 대한 이해와 그것들이 서로에게 어떻게 영향을 미치는지 알려 준다.

아무리 좋은 은사라도 무질서하게 나쁜 곳에 사용될 수 있다. 사랑 없는 믿음은 진심 어린 기도를 비인격적인 것으로 대체함으로써, 분투하는 성도를 깎아내리며 모욕할 수 있다. 마찬가지로 사랑이 결여된 소망은 무감각한 행동주의 형태로 변할 수 있고, 심정을 헤아리는 은혜를 싸구려 상투적인 문구나 무엇인가를 해야만 하는 비인격적인 비전으로 대체하는 오만으로 나타날 수 있다.

따라서 만약 믿음과 소망이 고난 중에 있는 우리에게 무엇인가를 의미한다면, 사랑으로 우리에게 다가와야 한다. 다시 말하면, 믿음과 소망은 오직 그리스도의 인격과 사역을 통해 성취되어 주어진 사랑으로 올바르게 적용되어야 한다.

우리는 사랑을 위해 부르심을 받았기 때문에 사랑에서 벗어나려고 해서는 안 된다. 그러나 이 타락한 세상에서 사랑은 실제적인 고통이 따른다. 니콜라스 월터스토프(Nicholas Wolterstorff)는 자기 아들의 죽음을 슬퍼하면서 다음과 같이 쓴다.

> 고통은 존재하는 어떤 것보다 깊은 곳에 있는 신비이다. 실재에 대한 의구심이 없는 신비이다. 고통은 모든 사람에게 알려지는 동안 자신의 얼굴을 감춘다. … 우리는 모두 고통을 겪는다. 어떤 이들은 부유하고, 어떤 이들은 밝다. 어떤 이들은 강건하고, 어떤 이들은 존경을 받는다. 그러나 우

리는 모두 고통을 겪는다. 왜냐하면, 우리가 모두 소중히 여기고 사랑하는 것이 있기 때문이다. 즉, 현재 우리가 소중히 여기고 사랑하는 것은 고통을 초래한다. 우리 시대의 사랑은 고통스러운 사랑이다. … 예수님이 말씀하기를, 이것은 하나님 명령이다. 즉, "네 이웃을 네 몸처럼 사랑하라." 하나님은 사랑으로 우리에게 명령하면서, 우리를 고통으로 초대한다.[34]

우리가 하나님 사랑을 받아서 다른 사람에게 전해줄 때, 하나님 사랑을 가장 구체적으로 경험한다. 하나님은 자기 백성을 통해 사랑을 표현하고, 위로를 베푼다. 이것은 사회학적 관찰뿐만 아니라 하나님 존재와 사역의 관계성에 대한 신학적 분석의 결과이다.

그리스도 안에서 우리 연합의 한 측면은 서로 연합하는 것이다. 교회는 그리스도의 몸으로서 "몸 가운데서 분쟁이 없고 오직 여러 지체가 서로 같이" 돌본다(고전 12:25). 그리스도와의 연합의 결과, 성도의 연합은 우리를 향한 주님의 사랑에 근거하여 힘을 얻고, 우리를 통해 서로에게 그리고 우리 주변 세계로 흐른다. 우리는 바울의 언급에서 애정 어린 사랑의 모습을 본다.

> 만일 한 지체가 고통을 받으면 모든 지체가 함께 고통을 받고 한 지체가 영광을 얻으면 모든 지체가 함께 즐거워하느니라(고전 12:26).

마찬가지로 모든 사람의 믿음은 각자의 믿음을 강화한다. 소망이 약해진 사람은 다른 사람의 섬김을 통해 소망을 얻는다. 믿음과 소망은 전체 몸을 연합시키는 사랑에서 본질적인 성격, 힘, 결과를 만들어낸다. 믿음과 소망은 사랑에서 자라날 때, 배고픈 사람들을 위한 음식과 병약한 자들을 위한 약과 같다. 그러므로 우리는 믿음, 소망, 사랑이 필요하며, 사랑이 없으면 세 가지를 모두 잃게 된다.

---

34 Nicholas Wolterstorff, *Lament for a Son* (Grand Rapids: Eerdmans, 1987), 89.

여기에서도 루터는 우리를 도와준다. 그는 불완전한 사랑의 표현일지라도, 공동체의 맥락에서 제대로 작동하는 고통과 성화의 관계를 보여 준다. 에릭 W. 그리치(Eric W. Gritsch)는 성도의 교제를 교회로 정의하는 관점을 분석할 때, 루터가 성도의 교제를 위한 부르심에서 성령의 사역을 강조했다는 것을 설명한다.

> 따라서 교회는 케이크의 재료같이, 그리스도와 서로 연합한 사람들로 구성된다. 즉, 어느 사람도 자신을 위하지 않고, 오히려 사랑의 교세 안에서 다른 사람과 잘 어울린다. 루터는 내적 혼란과 유혹을 겪을 때마다—특별히, 1527년에 질병, 친구의 죽음, 다양한 형태의 영적 **시련**(Anfechtung)에 시달릴 때, "**형제들의 위로**"(consolatio fratrum)에 의지했다. 루터에게 친교는 말씀과 성례를 통해 그리스도와 이웃에게 자신을 바치는 진정한 소통을 의미한다. 그리스도가 십자가에서 세상을 위해 자신을 비운 것처럼(빌 2:5-11), 그리스도인은 사랑으로 이웃에게 자신을 비워야 한다.[35]

루터는 죄 많은 성도 사이에서 살아가는 혼란을 알고 있기 때문에, 교회의 완벽주의적인 초상화에 속지 않았다. 그러나 냉소주의는 하나님과 교제하고 치료하는 능력이 기도, 말씀, 성도의 사랑에서 발견된다는 루터의 신학적 본능을 결코 몰아내지 못했다. 그리스도의 몸으로서 성도는 서로 그리고 자신들의 머리인 그리스도와 연결되어 있으므로, 루터는 자신 있게 결론을 내린다.

> 우리가 고통을 느낄 때, 고난을 겪을 때, 죽을 때, 고통 중에 있는 것은 우리만이 아니다. 그리스도와 교회가 우리와 함께 죽음의 고통을 겪는다는

---

35 Erich W. Gritsch, "Introduction to Church and Ministry", in Martin Luther, *Church and Ministry 1*, Luther's Works 39, ed. J. J. Pelikan, H. C. Oswald, and H. T. Lehmann (Philadelphia: Fortress, 1999), xiv.

것을 믿고 확신하자.³⁶

사랑의 행렬 안에서, 루터는 그리스도와 연합이라는 강력한 개념을 통해 교회와 구주를 함께 이해한다.

우리가 고통 중에 있을 때, 함께하는 성도는 우리 성화의 수단으로써 매우 중요하다. 따라서 우리는 궁극적으로 우리 동료를 주목하지 않고, 그들과 함께 그리스도 안에서 하나님의 계시를 바라본다. 믿음, 소망, 사랑은 모두 단순히 성도의 공동체에서 나오지 않으며, 궁극적으로 삼위일체 하나님을 가리키며, 삼위일체 하나님에게서 나온다. 이것은 우리가 기독론의 핵심적인 이미지 즉, 성육신, 십자가, 부활로 돌아가기를 멈출 수 없는 이유이다.

---

36 Martin Luther, quoted by Jane E. Strohl, "Luther's Fourteen Consolations", in *The Pastoral Luther: Essays on Martin Luther's Practical Theology*, ed. Timothy J. Wengert (Grand Rapids: Eerdmans, 2009), 320. 310-324쪽을 보라. 다음을 참조하라. Robert A. Kelly, "The Suffering Church: A Study of Luther's theologia crucis", *Concordia Theological Quarterly* 50, no. 1 (1986), 3-17.

제10장

타인에게 죄 고백하기
(Confession and the Other)

> 함께 살아가는 것이 서로를 보호한다.
> - 아일랜드 속담.
>
> **너희 죄를 서로 고백하며 병이 낫기를 위하여 서로 기도하라**
> (약 5:16).

"무너진 세상의 무게를 느끼는 것이 고통이다."

조시(Josh)는 이렇게 말했다. 조시의 고통은 철학적 논쟁이 아니라 만성 질환을 앓는 아내와 죽어가는 아버지와 함께 겪는 아픔이다. 조시는 직접 고통을 겪는 당사자가 아니라 돌보는 사람인데, 병든 아내와 아버지에게 조시의 존재는 은혜였다. 그러나 조시와 그의 아내, 그의 아버지는 모두 목회적 돌봄이 필요했다.

애니(Annie)는 암에 직면한 젊은 여성이다. 그녀는 항암 치료를 받으면서 자신이 남자아이로 오해받은 횟수를 정확히 말해 주었다.

일곱 번이었다!

그녀가 견뎌낸 감정적, 육체적 상처는 어두운 곳으로 그녀를 몰아갔지만, 그 상처들은 그녀에게 빛, 은혜, 소망의 기회를 열어주었다. 애니는 이런 믿음의 순례에서 그녀를 지탱해 줄 다른 사람이 필요했다.

사만다(Samantha)는 어려서부터 만성적인 고통을 겪었다. 이제 할머니인 사만다는 여전히 불편을 겪으며, "끊임없이 아프다"라고 말했다. 섬유근육통 진단을 받은 그녀는 아무도 자신의 고통을 인정하지 않는 느낌을 받기도 했다. 아직 젊은 몇몇 의사는 사만다의 고통을 받아들이기보다는 오히려 타박했다. 그들은 사만다의 고통을 분명히 알지 못했기 때문에, 그녀가 가장 필요할 때 그녀의 고통을 인식하거나 공감할 수 없었다. 그래서 사만다는 다른 사람들과 자기 자신마저 의심하게 되었다.

나는 몇 년간의 연구, 상담, 가르침을 통해 수많은 이야기를 들었다. 이것은 그중 일부이며, 일반적으로 이름과 신원(身元)을 변경하였다. 이 책 전체에서 소개하는 이야기는 나를 신뢰한 사람들에게 들은 이야기다. 고통을 겪고 있는 이들의 실제 이야기다. 하지만 당신이 이 책을 읽고 있다면 다른 이름, 다른 증상, 다른 난관으로 쉽게 다른 이야기를 추가할 수 있을 것이다.

나는 우리 가족의 아픈 경험으로 인해 매일 고통에 직면한 사람들에게 특별한 관심이 있다. 일반적으로 3개월 이상 지속되는 육체적 고통을 만성적 통증으로 정의한다. 다시 말해, 지난 90일 동안 매일 심한 고통을 겪었다면, 당신은 육체적 고통으로 인해 더 이상 놀라지 않으며 91일째 날에 잠에서 깨어날 것이다. 물론 불편함이 완화되지 않는다. 안타깝게도 이 고통이 새로운 일상과 현실이 된다. 근육의 위축에서 마비에 이르기까지 모든 방식의 문제가 일상에서 발생한다.

어떤 사람은 고통이 심할 때 혼자 있기를 원하지만, 혼자 있는 것은 더 위험하다. 우리는 심각한 육체적 고통 때문에 쓰라린 좌절, 자책, 절망에 빠지고 만다. 또한, 이미 육체적 고통으로 견디기 너무 힘든데, 영적이고 감정적 고통까지 더해진다. 따라서 만성적 고통을 겪는 사람이 일반인보다 자살 위험이 더 크다는 것은 놀라운 일이 아니다.[1] 여기에서 육체적 고통이 유일한 문제는 아니다.

우리는 다차원적 창조물이다. 우리 몸을 다치면 우리 지성, 감정, 의지, 영혼까지 고통을 당한다.[2] 나는 육체적 고통을 겪는 사람들, 특히 극심한 육체적 고통에 직면한 많은 그리스도인이 심판받는 느낌과 씨름하고 있다는 것을 확신하게 되었다.

1. 고통과 형벌?

지속적인 육체적 고통에 익숙하지 않은 사람들은 만성적인 고통을 겪는 사람들이 형벌 받는 것에 대한 두려움이 있다는 것을 알면 놀랄지도 모른다. 그러나 오랜 시간 고통을 겪은 사람들은 **고통**(pain)이라는 용어가 어원적으로(역사적으로) 라틴어 '형벌', '벌칙', '징벌'을 의미하는 **"포이나"** (*poena*)에서 왔다는 것을 안다면 놀라지 않을 것이다.[3]

우리는 수 세기에 걸쳐서 고통과 형벌을 연결하는 감정적 충동을 공유한다. 나는 듣고 보고 물어보고 연구할수록, 개인적 고통이 심판의 표시라고 느끼는 것이 일반적인 기독교적 경험이라고 확신한다.

나는 유산이라는 가슴 아픈 경험을 한 경건한 부부와 이야기를 나누었던 적이 있다. 이들에게 유산은 처음이 아니었다. 이 부부는 매우 경건했지만, 유산이 자기들의 어떤 죄 때문에 발생했다고 두려워했다. 이 부부는 어떤 설명을 위해서 자신들의 삶을 계속 살펴보았다.

---

1 D. A. Fishbain, "The Association of Chronic Pain and Suicide", in *Seminars in Clinical Neuropsychiatry* 3, no. 4 (July 1999): 221-227.
2 우리는 우리 몸 이상일 수 있지만, 우리 몸 이하는 아니다. 더 많은 숙고를 위해 제4장을 참조하라.
3 "고통"의 어원에 대한 전체 역사는 다음을 참조하라. *The Oxford English Dictionary*, ed. J. A. Simpson and E. S. C. Weiner, 2nd ed. (Oxford: Clarendon, 1989), 11:66-68.

우리는 이 정도 자아 성찰 수준으로 무엇을 찾아낼 수 있을까?

우리는 죄를 발견한다. 우리는 자존심, 질투, 분노, 그밖에 다른 것을 발견한다. 이들은 내가 아는 매우 신실한 그리스도인이지만, 이 고통이 자신들의 죄의 결과인지 염려했다. 물론 두 사람 모두 죄인이라는 것은 맞는 말이다. 우리의 삶을 충분히 돌아보면 죄인이라는 것을 발견할 것이며, 우리가 생각하는 것보다 더 끔찍할 수 있다. 이런 식으로 이 부부는 유산의 고통을 개인적인 형벌로 경험했다.

그러나 고통을 겪는 사람들만 고통을 형벌로 연결 짓는 것은 아니다. 미묘하지만 유의미한 방식으로, 고난을 겪지 않는 사람도 인간이 고통당하는 것을 죄의 결과로 연결한다. 그래서 우리는 "당신은 당신의 죄 때문에 육체적인 고통을 겪는 중이다"라고 말하는 것이 불편하다. 하지만 우리가 의도하든 안 하든, 고통을 겪는 사람에게 그러한 인상을 주곤 한다.

때때로 이런 비난을 직접 들을 수 있다. 사람들은 당신에게 아직 발견되지 않은 어떤 죄(예를 들어 거짓말, 사기, 게으름)가 있을 것이며, 죄 때문에 당신이 고통을 겪는 중이라고 말한다(cf. 욥의 친구). 다른 한편으로, 우리 문화에서 이런 비난이 더 미묘하고 간접적인 경우가 많지만, 그렇다고 해서 상처를 적게 받는 것은 아니다.

우리 문화의 성공과 건강에 집착하는 연관성으로 인해, 우리는 때때로 질병이 고통을 겪는 사람의 잘못으로 말하곤 한다. 그러나 그렇지 않다. 짐(Jim)은 글루텐(gluten)을 자주 섭취했기에 육체적 고통을 가지게 되었다. 만약 니콜(Nicole)이 더 오래 모유로 자녀를 키우지 않았다면, 유방암에 걸리지 않았을 것이다. 만약 스탄(Stan)이 매일 아스피린을 조금 먹었다면, 심장마비를 피할 수 있었을 것이다. 이와 같은 사례는 너무 많다.

우리는 일반적으로 고통이 죄 때문이라고 사람들 앞에서 대놓고 말하지는 않지만, 모든 사람은 판단과 비난의 긴장감을 느낄 수 있다. 즉, 인과관계로 연결된 것처럼, 육체적 고통은 개인적인 부족과 그로 인한 죄의 결과이며 정당한 형벌로 느낀다.

문화적으로 우리는 형벌이라는 말을 모욕적으로 여기기 때문에 잘 사용하지 않는다. 그러나 만성적인 고통을 실제로 겪는 사람들은 여전히 고통을 징벌로 많이 생각한다. 우리 문화는 이러한 비난을 공개적인 방식으로 하는 예도 있지만, 더 자주 미묘한 방식, 심지어 수동적 공격방식으로 한다.

그럼 우리는 무엇을 해야 하는가?

이 논의에서 단순히 죄를 무시하는 것은 좋은 방법처럼 보일 수 있다. 우리는 '고통과 형벌을 연결하는 것이 불합리하고 사람들이 육체적으로 충격을 받기 때문에, 결코 그들의 죄에 관해 말해서는 안 되며, 그들의 몸을 건강하게 만드는 것에 대해 말해야 한다'고 결론짓고 싶은 유혹을 당연히 받는다. 이런 심정은 고통을 징벌로 환원하지 않고 오히려 연민의 마음과 더 나은 신학을 반영하기 때문에 충분히 공감할 수 있다.

고통을 겪는 자들의 건강을 증진하는 방법에 관해 이야기하는 것은 결코 잘못된 것이 아니다. 그러나 죄에 관한 논의에서 너무나 쉽게 샛길로 빠질 수 있기 때문에, 균형을 잃고 다른 극단으로 가고 싶은 유혹을 받는다. 불행히도 우리는 이런 방식으로 사람들을 다치게 하는 것에 대한 두려움으로 고통을 겪는 사람들을 충분히 돕지 못한다.

우리는 지나치게 단순한 징벌 개념을 거절해야 하지만, 죄가 현실적 문제라는 사실을 놓쳐서는 안 된다. 죄는 만성적인 고통을 겪는 사람들에게도 현실적 문제이다. 단순히 매일 죄를 직면하는 것은 죄에서 우리를 자유롭게 하지 못한다. 그뿐만 아니라 우리를 더 사악하게 만들지 않는다. 그러나 죄를 직면하는 것은 죄와 무너진 세상과 우리 삶에 대한 경각심을 높여주는 경향이 있다. 직관과 달리, 고통을 겪고 있는 사람들은 비교적 고통에 자유로운 사람들을 도울 수 있다.

고통당하는 사람들은 우리 몸을 포함해서 세상이 완전하지 않으며, 고난과 죽음의 고통이 우리를 떠나지 않는다는 것을 상기시켜 준다. 이런 형제자매들과 함께 우리는 아직 완전히 실현되지 않은 샬롬과 소망의 약속을 볼 수 있다. 우리는 이러한 역학관계를 이해하기 위해서, 왜 고난을 겪고 있는 사람들이 단지 자신들뿐만 아니라 세상에 있는 죄의 실재(reality)에 대한 경각심을 가졌는지 알아야 한다.

2. 고통과 죄 인정하기

그리스도인이 육체적 고통을 하나님의 형벌로 해석하려고 하지 않는 데에는 그럴만한 이유가 있다.[4] 그러나 육체적으로 고통을 겪는 사람들은 자신들의 죄에 대한 인식이 높아지곤 한다. 여기가 까다로운 지점이다. 나는 고난 중에 있는 사람이 다른 사람보다 더 죄가 많다고 말하는 것이 절대 아니다. 예수님은 죄와 고난을 너무 단순하게 동일시하는 것에 대해 경고한다(눅 13:4-5). 그러나 계속되는 깊은 고통을 겪는 사람들은 자신들의 죄, 심지어 무너진 세상에 대한 경각심을 가진다. 그 의미를 설명하고자 한다.

사람들은 아이가 "나, 나, 나"라고 자기중심적으로 생각하며 자기 뜻대로 되지 않는다고 떼를 쓰며 소란을 일으킬 때, "미운 두 살"이라고 말한다.

방을 가로질러 장난감을 던지지 않고 언성을 높이지 않는 마흔 살의 어른보다 저 두 살짜리 아이가 더 큰 죄인인가?

아니면 우리가 모두 관심 있는 것을 얻고자 투쟁하고 있으므로, 마흔 살의 마음과 두 살의 마음은 참으로 비슷한가?

두 살짜리와 마흔 살짜리의 큰 차이점 중 하나는 마흔 살짜리가 사회적 기대와 예절에 대해 통달했다는 점이다. 다시 말해, 마흔 살짜리는 두 살짜리보다 더 효과적으로 죄를 숨기는 법을 알고 있을 뿐이다.

마찬가지로 노년층은 신체적, 감정적, 정신적으로 기력이 약해져서 때때로 이전에 절대 하지 않았을 말과 행동을 하는 경향이 있다. 어느 가정에 사랑받고 존경받는 여가장(女家長)이 있었는데, 그녀는 마지막 몇 해 동

---

[4] 이러한 해석을 따라 내려가는 주의사항은 특별히 이 책의 제3-4장을 참조하라.

안 육체적 고통이 너무 커서 가족들과 함께 지내기가 어려워졌고, 큰 상처가 되는 말과 행동을 했다. 사실 우리 중 대부분은 그런 기질이 있지만, 내면 세계를 적절히 통제해서 외부에 들키지 않을 뿐이다.

여기에 흥미로운 점이 있다. 즉, 우리가 지치고 끊임없이 고통을 겪을 때, 우리 죄를 숨기는 능력이 약해진다는 점이다. 따라서 우리가 곤란을 겪을 때, 괜찮은 척하는 것이 훨씬 더 어려워진다.

내가 아는 어떤 여자처럼, 매일 깨어날 때마다 두통이 있다면 어떻겠는가? 이 고통은 우리 중 많은 사람이 때때로 경험하는 일반적인 두통이 아니며, 이 여자가 설명하는 것처럼 "머리통을 쥐어뜯거나 죽고 싶은" 정도의 두통이다. 화장실은 창문이 없는 유일한 공간이기 때문에, 이 여자는 빛을 피해 화장실 문을 잠가야 할 때도 있었다.

게다가 이 여자는 다른 빛이 들어오지 않도록 문 밑 틈새를 수건으로 가리곤 했다. 이 여자는 바닥에 누운 채 고통 속에 그저 울기만 했다. 육체적 절망에 있는 사람은 심하게 자책하기도 한다. 루터는 방에 갇힌 채 때때로 그 방에 있는 유일한 존재를 악마로 생각했다. 사탄은 때로는 진실된, 때로는 진실되지 않은 기억과 후회로 루터를 고발한다. 고발은 상처를 입히고 비참한 상황을 더욱 가중시킨다. 외로이 고통을 겪는 것이 더 죄인을 만드는 것은 아니지만, 비난과 지속하는 슬픔에 대한 우리의 방어 능력을 무력하게 만드는 경향이 있다.

신체적으로 건강한 사람의 몸은 제대로 기능하며 더 많은 에너지가 넘치고, "조화롭게 하는" 능력이 있다. 우리는 선하고 건강하다고 자신을 세상에 내세울 수 있을 뿐만 아니라 실제로 죄로 인한 큰 문제가 없다는 것을 쉽게 확신할 수 있다. 우리는 자신과 다른 사람에게 숨기면서, 우리의 범죄를 무시할 수 있다.

그러나 만성적이거나 극심한 고통이 닥치면, 우리는 마음의 평온함과 복원력을 잃어버리고 기진맥진하여 제대로 서 있지 못한다. 간절히 원했던 삶과 마음을 잃어버린다. 만약 우리가 고립되면 다른 사람의 지원을 받지 못하고, 침체와 다른 종류의 어둠에 취약하게 된다.

그렇다면 우리는 무엇을 해야 할까?

3. 자기에게 복음 전하기의 가치와 한계

고통과 침체에 시달리고 있을 때, 당신은 그리스도인으로서 어떻게 해야 하는가?

마치 무거운 콘크리트 조각에 짓눌려 숨 쉬고 생각하고 살아가는 것이 힘들 정도로 죄의 무게를 느낄 때, 당신은 어떻게 하겠는가?

최근 수십 년간 상당히 인기를 끌게 된 한 가지 묘안은 "**자기에게 복음 전하기**"(preaching the gospel to yourself)이다. 나는 이 방법이 도움이 되지만, 충분하지 않다고 생각한다. D. 마틴 로이드 존스(D. Martyn Lloyd-Jones, 1899-1981)는 이 개념을 『영적 침체와 치유』(*Spiritual Depression*, CLC)의 처음 부분에서 대중에게 소개했다. 로이드 존스는 침체가 시작될 때, 우리가 자신에게 **말하기보다는 귀 기울여 들어야 한다**는 것을 말한다.

> 우리는 우리 자신에게 말하는 것 대신에 우리 자신이 우리에게 말하는 것을 들어야 한다.[5]

로이드 존스는 우리 자신을 매우 꾸짖으며 내부 고발에 귀 기울이고, 부정적인 것에 초점을 맞추고, 우리의 죄만을 보기가 얼마나 쉬운지 올바르게 관찰한다. 이 내면의 음성은 우리에게 정죄, 두려움, 좌절을 가져다준다 (cf. 요일 3:20).

---

5 D. Martyn Lloyd-Jones, *Spiritual Depression: Its Causes and Its Cure* (Grand Rapids: Eerdmans, 1965), 20.

이에 대해 로이드 존스는 시편 기자가 자신에게 담대하게 그리고 단호하게 말한 본보기를 따르라고 우리에게 격려한다.

> 내 영혼아 네가 어찌하여 낙심하며 어찌하여 내 속에서 불안해하는가
> (시 43:5).

시편 기자는 자신의 영혼에 **귀 기울이지 않고 오히려 말한다.**

> 너는 하나님께 소망을 두라 그가 나타나 도우심으로 말미암아 내 하나님을 여전히 찬송하리로다(시 43:5).

시편이 계속되면서, 저자는 스스로 하나님의 성품과 약속을 떠올리게 한다. 이것은 우리가 우리 자신에게 진실한 것을 말하고 그로 인해 하나님에게 위로와 용기를 받으라는 좋은 본보기다. 즉, 하나님이 어떤 분인지, 무엇을 했는지, 복음이 어떻게 실제로 좋은 소식인지 우리 마음을 다해 하나님에게 초점을 맞춰야 한다. 이런 현실을 수용하고 침체에 머물지 않는 내면의 풍경(mental landscape)을 확실히 갖춰야 한다.

또한, 로이드 존스는 우리에게 저항의 수준을 높이라고 권고한다.

> 너 자신에게 반대하고, 다른 사람에게 반대하고, 마귀와 전 세상에 반대하라. 그리고 자기 자신에게 말하라.
> "그가 나타나 도우심으로 말미암아 내 하나님을 여전히 찬송하리로다."[6]

더 많은 지혜가 여기에 있다.

---

[6] Martyn Lloyd-Jones, *Spiritual Depression*, 21.

어거스틴, 루터, 웨슬리도 유사하게 예수의 복음과 그의 나라를 수용하라는 복음 전하기를 자기에게 하라고 권고했다. 그런데 자기에게 복음 전하기의 약점은 지나치게 개인적이고 더 큰 공동체의 지체로서 우리를 도외시하는 것이다. 그래서 고립되었을 때 근본적으로 불안정하다. 로이드 존스는 "영적 생활에서 가장 중요한 기술(art)은 자신을 대하는 방식을 아는 것이다"라고 주장한다.

그런데 이러한 주장은 우리가 우리 자신을 다루는 법을 항상 알지 못한다는 것과 우리 자신을 신뢰할 수 없다는 문제를 무시한다. 따라서 우리는 다른 사람이 필요하다. 물론 로이드 존스는 이것을 가장 잘 알고 있다. 그것이 설교의 가치를 매우 강하게 믿은 이유 중 하나이다. 내가 여기서 살펴보려는 것은 자기 대화(self-talk)나 공적 설교가 아니라 기독교적 고백 행위이다. 왜냐하면, 여기에 우리가 죄와 투쟁하며 정죄에 시달릴 때, 무엇을 해야 하는지에 대한 고전적 기독교 개념이 담겨 있기 때문이다.

우리는 신약 시대의 신자들이 상호 고백하고 때때로 공개적으로 고백한 증거를 가지고 있다.[7] 개신교 신자들은 고백을 로마가톨릭 전통과 자주 관련지어 생각하지만, 고백은 언제나 성경적인 요청이며 세대를 걸친 실천이었다.[8] 개신교는 중요한 것을 쓰레기와 함께 버리지 않도록 주의해야만 한다.

나는 고백 행위, 특히 동료 신자에게 고백하는 것은 고군분투하는 성도에게 매우 중요하다고 생각한다. 우리가 곧 살펴보겠지만, 육체적 고통을 직면한 자들은 죄에 대한 경각심이 높기 때문에, 이들에게 고백 행위는 정죄의 목소리 가운데 생명을 주는 믿음의 열쇠 중 하나가 된다. 이는 육체

---

[7] 다음을 참조하라. Scot McKnight, *The Letter of James*, in New International Commentary on the New Testament (Grand Rapids: Eerdmans, 2011), 445-48; Everett Ferguson, *Early Christians Speak* (Abilene, TX: Abilene Christian University Press, 1987), 181-191.

[8] 다음을 참조하라. Thomas N. Tentler, *Sin and Confession on the Eve of the Reformation* (Princeton, NJ: Princeton University Press, 1977).

적으로 고통을 당하는 자들이 더 큰 죄인이기 때문이 아니라 때때로 그들의 삶과 이 세상에 존재하는 죄에 대해 좀 더 깨어 있으며, 용서와 은혜에 대한 필요를 더 깊이 느끼기 때문이다. 우리는 신적 동정심과 자비의 선물이 필요하지만, 우리가 상대적으로 건강할 때, 영적 궁핍의 더 어두운 현실을 보지 못한다.

4. 죄 고백과 동료 신자

하나님은 우리가 소원과 이상이라는 상상의 세계가 아닌 현실 세계에서 살아가라고 부르신다. 죄에 대한 고백은 현실 세계를 외면하지 않고, 하나님 앞에서 우리 자신을 직시하도록 하는 것이다. 죄 고백은 우리 삶을 하늘 아버지의 위로와 애정으로 되돌려 놓는 좋은 기회이다. 하나님은 우리 죄를 용서하고, 우리를 깨끗하게 하고, 상처를 치유하고 일상의 삶으로 다시 갈 수 있도록 힘을 북돋는다. 또한, 우리는 단순히 한 개인이 아니라 그리스도 몸의 지체이기 때문에, 고백이 그 공동체와 어떤 관계가 있는지 그리고 그 상황에서 어떻게 보일지 물어볼 가치가 있다.

디트리히 본회퍼가 『성도의 공동생활』(*Life Together*, 1938)에서 논의한 것을 숙고해 보자.[9] 1930년대 후반 독일은 극심한 압박의 상황에서 외국과의 갈등으로 개인적인 죄와 고백에 관한 논의를 피하고, 대신 정치적, 사회적 악에 집중하였다. 본회퍼는 그런 집단적 악에 대한 인식을 밝혔고, 그것에 저항하는 그의 헌신이 잘 기록되어 있다. 그런데도 본회퍼는 고백이 그리스도인의 삶에서 여전히 중요한 부분이라는 것을 알고 있었다. 본회퍼는 특히 이 책의 토론과 관련된 세 가지 질문에 답을 찾으려고 했다.

---

9   모든 인용은 권위를 인정받고 있는 판본에서 가져왔다. Dietrich Bonhoeffer, *Life Together*, trans. Daniel W. Bloesch and ed. Geffrey B. Kelly, in Dietrich Bonhoeffer Works 5 (Minneapolis: Fortress, 1996), 1-140.

1) 왜 다른 사람은 고백에 도움이 되는가?

우리는 왜 다른 그리스도인보다 하나님에게 우리의 죄를 인정하기가 더 쉽다고 생각하는가?

우리는 하나님에게 고백하는 것이 더 어렵다고 생각할 수도 있다. 왜냐하면, 하나님은 거룩하고, 정의롭고 모든 것을 아는 반면, 동료 신자는 우리와 같은 죄인이기 때문이다. 본회퍼는 "우리가 하나님에게 죄 고백할 때, 우리 자신을 기만하기 때문에" 하나님에게 고백하기가 더 쉽다고 넌지시 말한다.[10]

즉, 우리는 실제로 죄를 전혀 하나님에게 고백하지 않고, 대신 "우리 자신에게 죄를 고백하고 또한 우리 자신을 용서한다."[11] 우리가 때때로 우리 자신에게 죄를 고백하고 스스로 용서하고 있다는 것을 알기 때문에, 결과적으로 우리는 실제로 용서받았는지 확신하지 못한다. 우리가 자신을 너무 쉽게 용서하는 것은 고백에 대한 냉소적 태도를 유발한다.

기독교적 고백은 동정심만을 요구하지 않고 정직을 요구한다. 만약 우리가 하나님께 정직하지 않다면, 개인적으로 하나님께 고백해도 용서받는 것이 아니다. 따라서 동료 신자들과 친구들은 본회퍼가 말하는 "자기기만의 울타리"(circle of self-deception)에 갇히지 않도록 도울 수 있다.[12]

우리는 다른 그리스도인 앞에서 죄를 고백할 때, 이 자기기만의 울타리를 벗어날 수 있다. 나에게 그리스도 안에 있는 은혜의 수단은 나 자신이 아니라 우리 형제자매이다. 나는 나 자신에게 은혜를 전달할 수 없다. 나는 나 자신에게 하는 방식으로 우리 형제자매를 통제하거나 방해할 수 없다.

---

10 Bonhoeffer, *Life Together*, 112-113.
11 Bonhoeffer, *Life Together*, 113.
12 Bonhoeffer, *Life Together*.

다른 사람에게 죄를 고백하는 목적은 "너무 걱정하지 마, 그렇게 나쁘지 않아" 또는 "큰일 아니야, 모든 사람이 그렇게 생각해"라는 어설픈 위로를 받으려는 것이 아니다. 앞서 언급한 것처럼, 죄 고백의 목표는 현실을 고려하고 진실을 정직하게 마주하는 것이다. 그렇지 않다면 다른 사람에게 죄를 고백하는 것은 아무 소용이 없다. 우리는 모두 특정한 죄를 명명하는 것을 두려워하기 때문에, 다른 사람에게 죄를 고백하기가 어렵다. 그러나 하나님께 용서, 치유, 정결, 회복을 경험하기 위해서 우리의 범죄, 질병, 더러움, 소외가 제거되어야 한다. 정직한 청산이 필요하다.

따라서 죄 고백을 듣는 사람들은 적어도 안전하고 신뢰할만해야 하며, 우리는 그들에게 열려 있어야 한다. 일반적으로 죄 고백을 들을 수 있는 사람들은 우리를 잘 섬기기 위해 고백된 것과 일치하는 충분한 삶과 영적인 경험이 있어야 한다. 후에 고백을 들을 수 있는 자격에 관해 자세히 다룰 것이다.

우리를 알고 있으며 또 앞으로 함께 있을 사람 앞에서 죄를 고백하는 것은 참으로 어렵다. 본회퍼는 이것을 잘 알지만, 우리를 격려한다. 구체적으로 말하는 것이 모호하게 고백하는 것보다 훨씬 고통스럽지만, 구체적으로 고백해야 한다. 하나님은 우리의 죄를 용서하신다. 일반적인 죄뿐만 아니라 특정한 죄도 용서한다. 그런데도 우리는 이것을 믿기 어려울 수 있다.

16세기 하이델베르크 요리문답(Heidelberg Catechism)은 기독교 신앙을 추상화시키지 않고 개인적인 방식으로 고백하는 데 유용한 도구이다. 이 요리문답은 계시, 믿음에 따른 칭의, 속죄 등의 교리를 무시하지 않고, 그리스도인에게 이렇게 고백하도록 한다.

> 하나님은 다른 사람에게뿐만 아니라 나에게도 순전한 은혜로 죄 용서, 영원한 의와 구원을 베푸셨다.[13]

---

[13] Heidelberg Catechism, Q&A 21.

어떤 사람이 지은 끔찍한 죄는 너무 커서 아직 용서되지 않았다고 믿기 쉽다. 나는 하나님이 용서할 수 있다고 생각한다. 내 죄는 용서되었다. 목자가 내 이름을 알고 나를 인격적으로, 구체적으로 부른다. 그 목자는 나를 위해, 내 죄 때문에, 내 새로운 삶을 위해 자신을 바친다. 이것들은 추상적 개념이 아니라 우리 마음을 자유롭게 하는 개개인을 위한 사실이다. 우리는 자신 밖에서 다른 사람들을 통해 복음을 들을 필요가 있다. 신실한 형제자매가 개인적으로 나에게 전하는 복음은 나 스스로가 할 수 없는 강력한 능력을 갖춘다.

2) 누가 고백을 들을 자격이 있는가?

우리는 세 가지 진실을 마주해야 한다. 즉, 우리는 죄를 짓고, 용서와 은혜가 필요하며, 용서받은 것을 확신할 수 있는 최고의 사람이 아니다. 용서받은 것을 확신하지 못하는 경우, 이는 적어도 죄를 하나님 앞에서만 은밀하게 고백할 뿐만 아니라 다른 사람에게 고백할 필요가 있다는 것을 의미한다.

우리는 하나님 앞에서조차 우리 죄에 대해 정직하기가 쉽지 않다. 이것을 안다면, 우리 자신을 너무 신뢰하는 것을 피해야 한다. 우리가 스스로에게 "당신에게 동정하는 대제사장이 있고 그분 안에서 죄가 용서받았다"라고 선언할 때, 우리는 그 말을 좋아하지만 실제로 우리에게 개인적으로 적용하지 못한다.

우리는 우리 죄를 너무 잘 알고 있으며, 그 말을 우리 자신에게 단순히 반복하더라도 우리를 더 진실하게 만들지 못한다. 게다가 우리는 자기 확신이 없어서 공동체보다는 고립을 추구한다. 다른 사람들을 피하고 숨기를 좋아하고, 밝은 빛보다는 어두운 곳에 있는 삶을 원한다.

어떻게 이 순환의 고리를 끊을까?

다른 사람의 도움으로만 가능하다.

그러나 만약 우리의 죄 고백을 듣고 하나님의 은혜와 용서를 우리에게 제시할 다른 사람이 필요하다면, 어디서 찾아야 하는가?
그들에게 필요한 자격은 무엇인가?
결국, 누가 우리의 고백을 들어야 하는가?

본회퍼는 짧게 답한다. 즉, 자격을 갖춘 사람은 죄인이며, 그리스도 십자가 아래 머물러야 한다.

아이러니하게도 그리스도인은 때때로 실제적인 죄에 대해 들었을 때 놀라운 행동을 한다. "경건한 공동체는 아무도 죄인이 되는 것을 용납하지 않기 때문에", 경건은 믿음, 소망, 사랑의 적이 된다.[14] 죄를 경멸하는 공동체에서, 우리는 자기 죄를 감추고 진실보다는 거짓으로 살아간다. 하지만 그리스도인이라는 정의에 따라 우리는 우리의 죄를 부정하지 않고 인정할 필요가 있다. 죄를 숨기는 것은 해로운 습관이며, 성도 사이의 참된 교제를 가로막는다(잠 28:13).

반면, 고백은 개인과 공동체를 치유한다. 그렇다고 해서 일반적으로 우리가 전체 공동체에 우리의 죄를 고백하라는 의미는 아니다. 그렇게 하지 말아야 할 충분한 이유가 있다. 일반적으로 우리의 고백은 우리 죄만큼 공개되어야 한다. 흔히 '사적인 죄'(private sins)로 여겨지는 것은 한두 사람에게 고백하는 것이 합리적이다. 그러나 어떤 죄는 전체 공동체와 그리스도의 이름에 너무 영향을 미치기 때문에, 온전한 회복을 위해서 전체 공동체에 고백할 필요가 있다(cf. 마 18:15-20).

그러나 훨씬 더 일반적으로 일부분은 전체를 대표한다. 즉, 공동체에 소속된 한두 명에게 죄를 고백하고 그들에게 내 죄가 용서받았다는 것을 듣는 것은 "전체를 만나는 것이다. 전체 성도가 소속된 공동체는 이 한두 사

---

14 Bonhoeffer, *Life Together*, 108.

람을 통해 내 고백을 들은 것이다."[15] 죄인들은 형제자매의 고백을 듣고 용서를 선언할 수 있지만, 자신들이 십자가 아래에 머물 때만 선언할 수 있다. 기독교 고백을 주고받는 것은 진정한 그리스도인의 우정에서 변하지 않는 부분이 되어야 한다.

십자가 그늘에서 먼저 안식하는 사람만이 죄를 고백하는 사람에게 신적 위로를 전할 수 있다. 이 점에서 본회퍼는 "심리학자"와 "그리스도인" 사이를 구별하는데, 우리 시대 심리학에 지나치게 의지하는 것은 중요한 것을 놓칠 수 있다.

> 가장 위대한 심리학적 통찰, 능력, 경험으로 이해할 수 없는 한 가지가 있는데, 그것은 죄라는 것이다. [세속적인] 심리학적 지혜는 결핍, 연약, 실패가 무엇인지 알고 있지만, 인간의 불경건을 규명하지 못한다. … 심리학자와 함께 있을 때는 나는 아픈 사람일 뿐이다. 그러나 그리스도인과 함께 있을 때, 나는 죄인이 될 수 있다.[16]

나는 심리학자들을 높이 평가하지만, 본회퍼의 염려는 관심을 가질만하다. 현대 교회는 성도에 대한 목회적 돌봄을 줄이고 너무나 자주 심리학자나 상담자에게 의뢰한다. 물론 그러한 배려도 중요하지만, 본회퍼가 우리에게 상기시키는 것처럼 그것만이 유일한 대응이 될 수 없다.

우리는 치료뿐만 아니라 용서가 필요하다. 은혜가 필요하다. 용서와 은혜는 고급 학위를 가진 사람에게 얻을 수 있는 것이 아니며, 안식처인 십자가로 피하는 죄인들에게 얻을 수 있다.

---

15 Bonhoeffer, *Life Together*, 111.
16 Bonhoeffer, *Life Together*, 115. 기독교 심리학자들이 최선을 다해 이 비판을 피해야 한다는 점에 유의하라. 다음을 참조하라. Mark R. McMinn, *Why Sin Matters: The Surprising Relationship Between Our Sin and God's Grace* (Wheaton, IL: Tyndale House, 2004); 그리고 그의 *Sin and Grace in Christian Counseling: An Integrative Paradigm* (Downers Grove, IL: IVP Academic, 2008).

인생 경험이 아니라 십자가 경험이 죄 고백을 올바르게 듣게 한다.[17]

십자가 아래 머무는 것은 죄의 심각성을 아는 것이다. 그래야 어떤 고백을 듣더라도 균형을 잃거나 충격을 받지 않을 수 있다. 고백을 듣는 사람은 "하나님의 은총이 없었다면, 나도 그렇게 되었을 것"을 안다. 십자가 아래 머무는 죄인들이 고백을 들을 수 있고, 구주의 이름으로 하나님의 은혜와 사랑을 정말 필요한 자에게 전할 수 있다. 오직 이런 은혜와 사랑을 경험한 사람들만이 진심으로 다른 사람에게 이런 선물을 줄 수 있다.

나는 안수를 받은 장로들에게 하는 공식적인 고백에 관해 이야기하겠지만, 그리스도인의 우정과 사랑을 무시하지 말아야 한다. 여기에 성부의 사랑과 성자의 은혜 안에서 우리가 서로 제공할 수 있는 선물이 있다. 왜냐하면, 성령 안에서 교통(fellowship)하기 때문이다(고후 13:14).

3) 그런 고백은 무슨 유익이 있는가?

우리는 용서, 정화, 치유, 회복이 필요하기 때문에 고백해야 한다. 물론 신자들은 이미 이 모든 것을 가지고 있다(cf. 눅 5:20; 엡 1:7; 4:32; 요일 2:12). 예수님의 죽음은 하나님과 우리의 관계를 보장한다. 예수님이 이미 다 이루었다(요 19:30; 히 9:11-28). 만약 우리가 죄 고백으로 용서, 정화, 치유, 회복을 할 수 있다면, 우리가 고백한 모든 죄를 알고 있는 하나님 백성 사이에 더 큰 불안감을 조성할 위험이 있다. 여기서 강조하고 싶은 것은 단

---

[17] Bonhoeffer, *Life Together*, 115. 나는 단순히 서로에게 고백하는 고등학생이나 대학생과 같은 젊은이들에게 몇 가지 주의를 당부하고 싶다. 또래 젊은이는 실제로 서로에게 은혜를 제공할 수 있지만, 복잡한 상황에서 유익을 실현하기 위해 더 지혜가 있는 연장자나 경험이 많은 신자의 도움이 필요하다. 고백의 심각성에 따라, 젊은이들은 자신들이 듣고 있는 것을 문맥에 맞게 전후 사정을 제대로 살피지 못할 수 있다. 이런 경우에 고백하는 사람이나 고백을 듣는 사람에게 아무런 도움이 되지 않고 오히려 마음을 아프게 할 수 있다.

순히 용서의 선언이 아니라 용서의 경험이다. 즉, 회복을 경험하고 회복된 삶을 유지하는 기독교 투쟁에 관한 것이다(cf. 미 7:18; 골 2:12-13).

다른 사람에게 고백하는 것은 개인적 형벌의 개념에서 우리의 고통을 해소하는 데 도움을 준다. 여기서 우리는 고통 속에서도 용서와 은혜를 알 수 있다(요일 1:9). 여기서 우리는 세상의 파탄(brokenness)과 우리 마음의 실패를 정직하게 고백할 수 있다. 우리는 죄 고백을 할 때, 형제자매를 통해 예수님에게 이끌린다(마 18:20; 고후 2:10). 우리의 고백을 듣는 사람들의 눈을 보고, 목소리를 듣고, 그들의 손길을 느끼면서, 우리는 "당신의 죄가 용서되었다"라는 예수님의 약속을 받을 수 있다.

우리는 육체적 고통을 없애지 못할 수도 있지만, 서로에게 언젠가 완전히 치유해 줄 예수님을 가리킬 수 있다. 지금 우리는 회복의 약속에 매달리고, 우리 몸을 회복하는 능력을 갖춘 예수님에게 매달릴 수 있다.

예수님은 만물을 새롭게 할 것이다(계 21:5). 우리는 죄, 고통, 눈물에서 자유로울 것이다(사 65:19; 계 21:4). 우리는 고립, 자책, 어둠, 공포, 분노에서 자유로울 것이다(cf. 사 35:10; 51:11; 계 21:22-27). 우리는 창조주와 우리 이웃을 완전히 자유롭게 사랑할 것이다. 우리가 지금은 그 자유를 충분히 경험하지 못할 수도 있지만, 현재 우리가 우리 죄와 분투 중인 경우에도 샬롬의 참된 맛을 경험할 수 있도록 서로 도울 수 있다.

어떻게 사용하든 고백에는 고통스러운 정직이 필요하다. 다른 신자에게 자기 죄를 인정하는 것은 엄청난 용기가 필요하며, 상처받을 수 있다는 것을 감수해야 한다.

> 실제 죄를 고백함으로써 옛 자아는 다른 그리스도인의 눈앞에서 고통스럽고 굴욕적으로 죽는다.[18]

---

[18] Bonhoeffer, *Life Together*, 111.

우리는 자존심 때문에 그런 굴욕을 감당하지 못한다. 그래서 죄 고백 후 해방되었을 때, 우리는 너무나 자주 놀란다. 왜냐하면, 비록 자존심에 큰 타격을 입었지만, 방어막을 잠시 내려놓을 수 있기 때문이다. 다른 사람들이 우리가 정말로 누구인지 그리고 우리에 대해 진실한 것이 무엇인지 알도록 숨지 않을 수 있다.

죄 고백을 하면 육체적 고통이 아닌 수치심과 정죄에서 해방된다. 여기에서 시각 장애인이 볼 수 있는 바리새인들을 가르칠 수 있는 것처럼, "건강한" 사람들은 약하고 병든 사람에게서 배울 수 있다(cf. 요 9:31-10:41). 이것은 하나님 백성이 항상 가난한 자, 고아와 과부, 소외된 자들을 염두에 두어야 한다는 성경적 강조와 일치한다.

왜 그런가?

부분적으로 우리는 그들과 함께 있고, 그들을 사랑하고 또한 그들에게 사랑받고 있으므로, 우리 역시 가난하고 궁핍하다는 것을 기억하며, 우리를 향한 하나님 은혜의 깊이를 재발견한다.[19] 다른 사람이 없다면 우리는 자급자족하고, 통제할 수 있으며, 우리가 가진 모든 것에 매우 충실할 것이라고 상상하기 시작한다. 이런 환상에 빠지면, 우리의 필요에 대한 진실을 보지 못할 뿐만 아니라 하나님의 아름다움과 장엄함을 잊어버린다.

예수님이 나병 환자 열 명을 치료했지만, "병이 고쳐진 것을 알았던 사람 중" 단 한 사람만이 돌아왔다. 그 사람은 예수님에게 돌아와서 감사하며 절했다. 예수님은 치료받은 다른 사람들이 어디 있느냐고 물었다. 예수님은 돌아온 이 사람에게만 "일어나 가라 네 믿음이 너를 구원하였느니라"(눅 17:11-19)라고 선언한다.

열 명이 치료받았지만, 아홉 명은 예수님의 용서를 받으러 돌아오지 않았다. 따라서 나병이 없어진 것은 그들의 믿음이 아니라는 것을 알 수 있

---

19 이 논쟁 체계를 충분히 이해하려면 다음을 참조하라. Kelly M. Kapic, *A Little Book for New Theologians* (Downers Grove, IL: IVP Academic, 2012), 80-92.

다. 오히려 감사하는 사람의 믿음이 "구원받은" 것과 연결된 것 같다. 열 명 중 한 명만 주님 앞에 무릎을 꿇고 치유되었다.

즉, 자아도취가 아닌 예배가 진정한 치유를 가져왔다. 열 명이 정결하게 되었는데, 오직 한 명만 구원받았다. 오직 한 명만 육체적 치유뿐만 아니라 그리스도의 은혜를 경험했다. 오직 한 명만 예수님의 말을 온전히 듣고 죄를 용서받았다. 지금 우리가 육체적으로 예수님을 만나는 것은 예수님의 몸 된 교회를 만나는 형태로 이루어진다. 따라서 그리스도 앞에 엎드리는 우리의 고백은 일반적으로 하나님 백성과 함께 하는 예배에서 발생한다. 즉, 하나님 백성은 성스러운 고백의 장소이다. 왜냐하면, 우리가 여기서 예수님을 만나기 때문이다.

5. 타인 안에 있는 그리스도 만나기

논의를 계속 이어가기 전에, 나는 그리스도인들이 마음에 상처 입은 사람들에게 피해를 주는 것을 포함하여, 권력을 자주 남용할 수 있고 실제로 남용했다는 것을 인정한다. 지금까지 지도자와 교인은 서로 해를 끼치고, 교묘하게 조종하며 무감각했다. 이것은 부인할 수 없는 비극적 사실이며, 명백하게 가슴 아픈 일이다.

하나님이 자비를 베푸시기를!

그런데도 본회퍼가 일깨워주듯, 우리가 교회 지체가 되는 유일한 방법은 우리 자신을 죄인으로 고백하는 것이다. 그런데 우리가 교회 지체가 된다고 해서 즉시 죄짓기를 멈추지 않는다. 대신, 우리는 죄의 고백을 시작한다. 그런데 죄 고백하기를 가로막는 잠재적 남용을 경계해야 한다. 그러나 잠재적 남용의 가능성 때문에 죄 고백하기를 멈추지 말고, 오히려 다른 사람을 신뢰하고 다른 사람의 고백을 충실히 들을 수 있도록 배워야 한다. 이 친밀한 경험으로 다른 사람과 더 가까워지고 하늘의 자비를 경험할 수 있다.

다른 사람에게 겸손히 죄를 고백할 때, 우리는 하나님의 임재와 치유에 직면한다(cf. 마 18:20; 25:40, 44-45; 고전 5:4; 골 3:12-17). 우리가 죄와 함께 있을 때, 오직 어둠만을 보고 느낄 수 있다. 그러나 우리가 동료 신자와 함께할 때, 빛이 어둠을 뚫고 들어온다. 우리는 더 이상 죄와 함께하지 않는다. 이제 예수의 이름으로 듣고, 죄를 인정하고 모든 이름 위에 뛰어난 예수의 이름으로 사죄를 선언하는 사람들과 함께 있다.

> 다른 그리스도인 앞에서 죄를 고백하는 사람들은 자신들이 더 이상 혼자가 아니라는 것을 안다. 그들은 다른 사람의 현실에서 하나님의 임재를 경험한다.[20]

우리가 고백할 때, 그들은 우리가 스스로 찾을 수 없는 것을 준다. 그들은 예수님을 가져다준다.

우리는 함께하는 동료 신자를 통해 하나님의 말씀, 감동, 용납, 사랑을 받는다. 빛은 어둠을 극복한다. 우리는 동료 신자를 통해 정죄, 저주, 하나님에게 버림받거나 저주받았다는 끔찍한 불안감에서 자유롭게 된 신적 축복과 확신을 얻는다(롬 8:1). 우리 동료들은 우리가 구주의 사랑 안에서 "고백을 굳게 지킬 수 있도록" 도와준다.

> 우리가 믿는 고백을 굳게 잡을지어다 우리에게 있는 대제사장은 우리의 연약함을 동정하지 못하실 이가 아니오 … 그러므로 우리는 긍휼하심을 받고 때를 따라 돕는 은혜를 얻기 위하여 은혜의 보좌 앞에 담대히 나아갈 것이니라 (히 4:14-16).

---

20 Bonhoeffer, *Life Together*, 113.

우리 형제자매는 우리에게 복음의 예수를 생각나게 한다. 즉, 예수님은 우리를 알고 사랑하고 자신을 위해 우리를 회복시킨다. 우리 자신이 너무나 연약한 것을 발견하는데, 예수님은 자기 사랑 안에 살라고 형제자매를 통해 우리에게 요청한다. 이것이 기독교 순종의 핵심이다(요일 3:23). 이렇게 살기 위해 우리는 서로가 필요하다.

6. 주의 만찬에서 먹고 마시기

죄 고백은 우리를 주의 만찬으로 이끈다. 여기서 어떤 사람은 우리를 식탁으로 부르고 우리 구주의 몸과 피를 제공한다. 그리고 다른 사람은 그리스도의 말씀을 전한다.

"이것은 너희를 위해 상한 내 몸이다. … 이것은 너희를 위해 흘린 내 피다."

우리의 고백은 두려움이나 당혹감을 만들지 않는다. 오히려 우리를 높은 곳으로 이끌기 위해 낮은 곳으로 내려온 성자의 겸손한 은혜를 받아들이게 한다. 그리스도는 우리 고백을 듣고 우리를 조롱하거나 부끄러워하지 않는다. 오히려 용서와 은혜로 우리를 해방하는데, 이것이 하나님 나라의 표지이다.

야고보는 병든 자를 위한 장로들의 특별한 역할을 기록한다(약 5:14). 이 "장로들"이 반드시 안수받은 성직자라는 것에 항상 동의하는 것은 아니다. 예를 들어, 마틴 루터는 이 구절이 나이가 많고 경험이 많은 사람을 가리키지만, 반드시 안수받은 사람은 아니라고 해석한다.[21] 칼빈 역시 "속삭이는 고해성사"가 아니라 동료 신자들의 고백과 기도를 포함한 상호관계

---

21 Martin Luther, "The Babylonian Captivity of the Church", in *Word and Sacrament* 2, ed. Abdel Ross Wentz, Works of Martin Luther 36 (Charlottesville, VA: Fortress, 1959), 120.

를 강조한다.[22]

그런데 대부분은 아니지만, 많은 사람은 "장로들"을 지역 회중의 안수 받은 지도자로 본다. 교회가 선택한 장로들은 복음을 신실하게 반영할 정도로 권위 있게 전하는 대변자이다. 교회는 회개를 외치고, 예수의 이름으로 용서와 은혜를 베풀며, "묶고 푸는" 선지자와 사도의 메시지에 충실하도록 부름을 받았다(마 16:19; 18:18).

예수님은 제자들에게 말한다.

> 너희가 누구의 죄든지 사하면 사하여질 것이요 누구의 죄든지 그대로 두면 그대로 있으리라 하시니라(요 20:23).

교회는 예수의 이름으로 안수받은 지도자들을 통해 가장 분명하게 용서와 확신의 말씀을 제공한다. 그러나 하나님 백성이 하나님 자신보다 더 정의롭거나 더 은혜롭게 될 위험은 없다. 다시 말해, 장로들이 하나님을 사랑하거나 친절하게 만드는 것이 아니다. 오히려 그들은 단지 하나님의 자비와 은혜를 나타낼 뿐이다. 믿음, 회개, 사랑을 위한 기회를 몸으로 구현한다. 최선을 다해 하나님의 환대, 동정심, 생명을 나타낸다.

요한은 우리에게 "사랑 안에 두려움이 없고 온전한 사랑이 두려움을 내쫓나니"라고 말한다. 그리고 이어서 자신이 말하고 있는 두려움을 "형벌과 관련된 두려움"으로 명확히 밝힌다(요일 4:18). 우리는 하나님 백성을 통해 그리스도 안에서 하나님의 저주와 형벌에 대한 두려움에서 자유롭게 되는 것을 기억한다.

우리는 십자가 그늘에서 쉰다. 우리는 왕의 자녀들이다. 우리는 아버지 같은 하나님의 준비, 돌봄, 은혜, 약속 안에서 안식할 수 있다. 우리는 하

---

22 David B. Gowler, *James Through the Centuries* (West Sussex, UK: Wiley Blackwell, 2014), 304.

나님의 영광을 실제로 충분히 경험하지 못할 수도 있지만, 빵과 포도주, 하나님 백성의 공동체, 고백과 용서의 행위를 통해, 샬롬의 진정한 맛을 알 수 있다. 그러한 경험은 삶과 죽음의 차이가 될 수 있으며, 특히 매일 육체적 고통을 겪는 사람들에게는 더욱더 그렇다.

7. 결론

고통과 죄는 둘 다 우리를 다른 사람들에게서 떨어져 소외되게 한다. 우리의 고통과 죄에 대한 다른 사람들의 반응을 고려할 때, 이것은 놀라운 일이 아니다. **함께하는 것**이 우리 자신을 살펴서 고치거나 고통과 죄에 대한 원인을 규명하는 것보다 더 중요하다. 우리와 함께 있는 사람들은 우리 고백을 듣고 복음이 우리에게도 적용된다는 것을 확신시킬 것이다. 안타깝게도 함께하는 이들을 찾기는 쉽지 않다. 함께하는 것은 십자가 그늘에 있는 평화와 확신을 보여 주는 어려운 실천이지만, 고통을 겪고 있는 사람들에게 고통이 형벌이 아니라는 것을 알게 할 것이다.

우리가 하나님 백성으로서 사랑 안에서 서로 돌보게 하소서. 우리가 진실로 그리스도의 몸이 되게 하소서. 우리의 죄를 서로 고백하고 정직, 은혜, 변화된 삶을 허락하소서. 은혜와 진리 안에서 서로 사랑하게 하소서. 우리는 죄인입니다. 우리는 십자가 아래 있습니다. 여기에 우리의 소망이 있습니다. 그렇게 되기를 간구합니다.

제11장

신실하신 하나님
(Faithful)

고통은 사랑처럼 자제력의 환상을 무너뜨린다.
… 고통에서 회복하는 것은 질병에서 회복하는 것과 다르다.
많은 사람이 치유되지 않을 수 있다. 다르게 나타난다.
- 데이비드 브룩스(David Brooks),
『인간의 품격』(The Road to Character).

가장 심오한 불신의 형태 중 하나는
설명할 수 없는 우리 고난과 고통을 인정하지 않는 것이다.
- 스탠리 하우어워스(Stanley Hauerwas),
『침묵으로 부르기』(Naming the Silences).

오라 우리가 굽혀 경배하며
우리를 지으신 여호와 앞에 무릎을 꿇자
그는 우리의 하나님이시오
우리는 그가 기르시는 백성이며
그의 손이 돌보시는 양이기 때문이라
(시 95:6-7).

고통 가운데 신실함에 대한 마지막 성찰에서, 나는 고통을 겪는 사람들뿐만 아니라 고통을 겪는 사람들을 사랑하는 믿음의 공동체가 중요하다는 것을 실제로 제시하려고 한다. 이를 위해 핵심 용어인 **위임**, **증언**, **동정심**, **개별성**, **사명**, **확신**을 중심으로 이야기해 보자.

1. 위임

퓰리처상(Pulitzer Prize)을 수상한 소설가 앨리슨 루리(Alison Lurie)는 오랜 시간에 걸쳐 육체적 고통과 한계에 대한 복잡한 사항들을 잘 설명한다. 소설의 등장인물인 몰리(Molly)는 곰곰이 생각한다.

> 만성적인 질환을 앓고 있는 몰리는 침략당한 것 같다고 생각했다. 미시간(Michigan)으로 돌아온 몰리의 할머니는 응접실에 들어온 젖소 한 마리를 내보내느라 너무 끔찍했던 때를 말하곤 했다. 몰리의 관절염이 정확히 그랬다. 마치 어떤 큰 소가 집에 들어왔는데, 나가지 않는 것처럼 말이다. 관절염은 몰리에게 들어와 자리를 차지하고 모든 상황을 더 힘들게 했다. 때때로 '음매' 하며 시끄럽게 하고, 쇠똥이 철퍼덕철퍼덕 널려 있는데, 몰리가 할 수 있는 것이라곤 소 주변을 둘러보며 참고 견디는 것뿐이었다.
> 다른 사람들은 처음 관절염이라는 소를 알게 되었을 때, 걱정과 염려를 표현했다. 몰리의 응접실을 차지하고 있는 소를 쫓아내는 방법으로 의사와 치료에 대해 어떤 이는 전통적인 방법을, 다른 이는 새로운 방법을 제안했다. 그들은 어떤 방법이든 소를 제거한 친구들의 경험담을 소개했다. 그러나 얼마 후 그들의 모든 제안은 효과가 없었다. 그러자 그들은 소가 없는 척하기 시작했고, 심지어 몰리가 그렇게 행동해 주기를 원했다.[1]

---

[1] Alison Lurie, *The Last Resort: A Novel* (New York: Henry Holt, 1998), 156-157.

육체적 고통을 다루는 그리스도인들은 루리의 설명을 어설프게 적용한 자신들의 경험을 내게 이야기했다.

선의를 가지고 도움을 주려는 사람들은 동정심을 가지고 자신 있게 시작하지만, 항상 좋은 결과가 있는 것은 아니다. 예를 들어, 만약 당신이 적당한 때에 만성적인 질병으로 고통 중에 있는 사람들에게 언제 기분이 좋아지는지 물어본다면, 그들은 신청하지 않았는데 제품이 배달되었다거나 제안받은 운동과 식이요법이 효과가 있다거나 약물 치료에 관해서 말할 것이다.

창세기나 레위기의 몇 구절을 읽은 것에 근거해서 영양이 듬뿍 담겨 있는 애리조나(Arizona)산 선인장 주스를 이야기할 수도 있다. 하지만 루리가 설명하는 것처럼, 그들의 제안이 소진했을 때, 아픔을 겪고 있는 사람들의 고통을 인식하는 능력 또한 사라진다. 그들은 해결할 수 없는 문제에 직면하게 되면, 해결할 수 있는 문제로 넘어가려고 한다.

솔직히 말하면, 고통을 겪고 있는 사람 또한 해결할 수 있는 문제로 넘어가려고 한다. 불행히도 고통을 겪고 있는 사람들은 다른 선택권이 없다. 의문과 감정적 투쟁이 그러하듯, 고통은 다음 날 아침에도 여전히 남아 있다. 그래서 이제 어쩔 수 없다고 스스로 위로한다. 고통을 겪고 있는 사람들은 더 많은 관심을 받기 원하지 않기 때문에, 아프지 않은 것처럼 가식에 동조하곤 한다. 그러나 일반적으로 이것은 고립이나 소외만 자초할 뿐이며, 고통을 겪고 있는 사람들이 내적으로 느끼는 것과 자신에 관해 외적으로 보는 것 사이의 괴리감만 증폭시킨다.

육체적 고통과 고통의 복잡한 특성을 다룰 때, 여기에는 빠른 해결책이나 공식이 없다는 것을 깨닫게 된다. 고통 중에 있는 사람에게 필요한 것은 몇 번이고 정답을 말하는 것이 아니라 지속해서 위임하며 애정 어린 마음으로 함께하는 것이다.

고통을 겪는 사람과 그들을 돌보는 사람들은 **지속적인 고통**을 위임받는다. 심지어 난관에 부딪혀도 하나님에 대한 믿음으로 이겨내고, 서로에게 충실하도록 부름을 받았다. 십자가에 매달리고 부활한 그리스도를 서로 신실하게 가르치는 순간에도, 고통과 어려움에 대해 진실을 말하도록 부름을 받았다. 이를 위해서 우리는 서로가 필요하다. 항상 격려하는 것은 돌보는 사람만의 것은 아니다.

오히려 자주 고통을 겪고 있는 사람이 돌보는 사람에게 용기와 인내심을 가져다준다. 분명히 일방통행이 아니며, 선물을 서로 주고받는다. 오랜 기간 진정한 사랑과 보살핌이 지속하려면, 이러한 역동성을 인정하고 존중해야 한다. 일반적으로 이것은 단거리 경주가 아니라 심신을 지치게 하는 마라톤과 같다.

위임은 오늘날 인기 있는 단어가 아니며, 달갑지 않은 의무, 고된 일, 지루함, 선택권을 제한하는 부정적 이미지이다. 그러나 위임은 정반대 방향으로 작용하기도 한다. 위임은 결정을 내리는 데 따르는 어려움을 없앨 수 있다. 즉, 한번 결정이 내려지면 그 결정을 계속해 나간다. 고통을 겪는 사람과 그 동료, 더 큰 공동체의 위임에는 어떤 방식으로든지 신실함이 필요하다.

고통은 실재이며, 해결책의 부족은 엄연한 현실이다. 하지만 가장 중요한 것은 그리스도 안에 있는 것이다. 고통을 겪는 사람들은 십자가에 못 박히고 부활한 그리스도 예수 안에서 하나님의 보살핌을 받는다. 그들은 나약하지만, 하나님의 보살핌을 받고 있다는 것을 서로 생각나게 할 필요가 있다. [남은 인생에서 분리할 수 없는] 고통에 대한 감정적 고뇌의 상당 부분은 다른 사람에 대한 짐에서 비롯된다. 앨리슨 루리에 따르면, 도우려는 사람들(would-be helpers)은 고통을 치료해야 한다는 부담감을 가지기에, 치료하지 못할 때 낙담해버린다.

그러나 그리스도가 우리에게 주는 멍에, 참된 짐은 무엇인가?
하나님을 사랑하고 서로 사랑하는 것이다.
이것은 우리 짐만이 아니라 다른 사람의 짐까지도 짊어지는 것이다.
그래서 고통을 겪고 있는 사람과 동료의 진실한 위임은 **이 고통 속에서** 일하시는 하나님 역사를 지속해서 묵상하는 것이다. 이것은 지속적인 고통을 동반하며, 몇 년 또는 평생 지속할 수 있다. 유진 피터슨(Eugene Peterson)이 말한 것처럼, 우리는 "같은 방향으로의 지속적인 순종"(long obedience in the same direction)에 관해 이야기하고 있다.²

2. 증언

앞에서 설명한 위임을 고려한다면, 우리는 고통을 겪는 사람에게 어떻게 반응해야 하는가?

고통은 다양한 방법으로 경험될 수 있다. 즉, 고통은 네팔에서 발생한 대지진으로 인한 고통에서 폭력이나 학대 또는 일상의 육체적 고통까지 여러 형태로 나타날 수 있다. 각각의 경우는 구별되는 형태이며 각기 적절한 대응이 필요하다.

하지만 어떠한 경우든지 실제 트라우마가 발생하는데, 사람마다 다르게 대처하게 된다. 즉, 어떤 사람은 침묵하고, 어떤 사람은 분노하고, 어떤 사람은 슬픔을 극복하려고 운동에 전념하고, 어떤 사람은 수치심을 느끼고, 심지어 극도로 냉담해지기도 한다. 도와주려는 사람이 항상 인식하지 못하는 것은 특별한 경험을 통해서 다른 사람과 함께 걷는 것만으로도 실제적인 힘이 된다는 것이다.

하나님 때문에 혼란스럽거나 화가 나거나 실망하는 것은 실제로 믿음의 행위일 수 있다.

하나님에게 정말로 분노할 수 있는 사람은 하나님이 실제로 존재하는 것을 믿는 사람들이다!

---

2   Eugene H. Peterson, *A Long Obedience in the Same Direction: Discipleship in an Instant Society* (Downers Grove, IL: InterVarsity Press, 2000).

신자들은 주님을 부인하지 않으면서 절망적인 고통에 반응한다. 한나에서 예레미야까지, 에스겔에서 에스더에 이르기까지, 명백히 개인의 죄가 원인이 아닌 고통에 짓눌려 살아가는 신자들을 성경 여기저기서 발견할 수 있다.[3] 예를 들어, 룻기에 나오는 나오미는 고통과 가슴앓이 속에서 하나님과 씨름하면서 쓰라린 고통을 경험한다.

그러나 나오미는 여전히 하나님의 공급에서 소망에 대한 길을 찾고(룻 1:6), 자비와 은혜의 하나님이 자신을 다시 찾아올 것이라는 소망을 붙잡는다. 캐롤린 커스티스(Carolyn Custis)가 묘사하는 것처럼, 나오미는 여성 욥이다.[4] 이런 식으로, 나오미의 명백한 절망은 하나님께 매달리는 끈질긴 믿음과 매우 가까이 있다. 우리는 믿음과 고통이 서로를 형성하는 방식을 간과해서는 안 된다. 더욱이, 여기서 중요한 것은 나오미가 혼자가 아니었다는 점이다. 룻은 나오미가 가라고 세 번 요구했을 때도 떠나지 않으며 이런 비극을 함께 겪었다. 분명히 룻은 나오미와 그 가족을 통해 믿음을 가졌지만(룻 1:4, 16-17), 사면초가와 같은 지금 상황에서 나오미는 룻을 의지했다. 나오미와 룻은 고통 속에서 함께 하나님의 놀라운 섭리를 찬양했다(룻 4:13-17). 나오미와 룻은 인생의 재난과 시련 속에서도 서로에게 하나님의 신실하심을 바라보도록 했다.

증언(witness)은 기독교 전통에서 중요한 위치를 차지한다. 요즘 기독교 증언에 대해 듣는다면, 거의 불가피하게 불신자에게 그리스도를 증언하는 신자들을 생각할 것이다. 이것이 우리가 전도 간증이라고 부르는 것이다. 그러나 잊고 있는 것이 있는데, 특히 어려운 시기에 기독교 공동체 안에서 증언이나 간증은 매우 중요하다는 사실이다.

---

3 폴 R. 하우스(Paul R. House)는 명단을 "요셉, 여호수아, 한나, 다윗, 예레미야, 에스겔, 많은 시편 기자, 욥 … 이후에 에스더, 다니엘, 다른 사람들"로 시작한다. Paul R. House, *Old Testament Theology* (Downers Grove, IL: IVP Academic, 1998), 457-458. 룻에 대한 하우스의 논의는 이 단락에 도움이 된다.

4 격려가 되는 깊은 성찰에 관해서는 다음을 참조하라. Carolyn Custis James, *The Gospel of Ruth: Loving God Enough to Break the Rules* (Grand Rapids: Zondervan, 2009).

이 증언은 항상 이중적이다. 왜냐하면, 우리가 겪는 고난이 실재라는 것과 하나님은 여전히 신실하다는 것을 인정하기 때문이다. 미국 흑인 교회의 역사를 알고 있거나 그런 교회를 개인적으로 경험한 사람이라면 누구나 이 실천의 힘을 인정한다. 오늘날까지 예배에서 설교자가 "증언이 필요하다"라고 선언하는 것을 듣거나 회중이 "간증해 주세요"라고 부탁하곤 한다.

이와 같은 문구는 그들이 고통스러운 상황을 겪고 있거나 하나님을 고난 속에서 만났던 기묘하고 영광스러운 방식을 말할 때 들을 수 있다. 고통과 응답에는 모두 증언이 필요하다. 왜냐하면, 다른 사람의 증언은 당신이 제정신을 차리도록 돕기 때문이다.

> 흑인 교회의 예배는 하나님의 활동을 목격하고 삶의 현실에 대한 인식과 관심을 보여 주며, 공동 연대 그리고 목회적 인식과 반응의 형태로 자양분을 제공하는 양육 활동이 된다.[5]

여기서 나는 주로 백인 개신교 교회가 흑인 교회 전통의 형제자매에게서 많은 것을 배울 수 있다고 생각한다. 다른 사람이 "그래 이건 정말 끔찍해"라고 말하는 것을 들을 수 있어야 한다. 그들은 어둠의 위협 속에서도 하나님의 친절한 손길을 본다고 생각할 때, 그것은 단지 환상이 아니라고 격려하기 때문이다.

하나님은 우리와 함께한다.

그들은 하나님의 은혜와 임재를 본다!

나는 고난과 하나님의 관심 중에서 고를 필요가 없다. 하나님을 신뢰하고 계속 신뢰할 수 있지만, 나 홀로 하나님을 신뢰하지 않는다. 나는 고독

---

[5] Stacey Floyd-Thomas et al., *Black Church Studies: An Introduction* (Nashville: Abingdon, 2007), 184.

한 개인으로가 아닌 하나님의 백성과 함께 하나님을 신뢰한다.

또한, 고통을 서로 고백함으로 우리는 안식을 찾을 수 있다. 예를 들어, 만약 내가 어떤 것에 대해 정말로 화를 내면, 아내는 그것을 듣고 좌절감을 느끼며 비슷한 우려의 목소리를 낸다. 이때 재미있는 일이 생기곤 한다. 즉, 나는 평온해진다. 이제 나는 상대방이 나의 고통을 느끼며 나의 좌절감을 알고, 무언가 잘못되었다는 것을 인식하기 때문에, 더 화를 내지 않아도 된다. 아내가 나의 분노를 공유하면, 나는 실제로 조용해진다.

아내가 내 염려를 떠맡았기 때문에, 나는 휴식을 취할 수 있다. 그러나 아내가 만약 "그건 별거 아니야"라고 반응하지만 내가 실제로 이것이 큰 문제라고 확신한다면, 짜증과 좌절은 줄어들기보다는 오히려 커진다. 나에게 필요한 것은 누군가가 모든 것이 괜찮다고 말하는 것이 아니다. 나는 무언가 잘못되었거나 진짜 문제가 가까이 있다는 것을 인정받기를 원한다.

누군가 이것을 믿고, 알고 느낄 때, 나는 진정된다. 나는 증언을 받아들였다. 증언은 실제로 고통을 없애지 못하며, 모든 것을 고치지도 않는다. 그러나 나는 더 이상 고립감을 느끼지 않는다. 나는 더 이상 다른 사람들이나 나 자신에게 제정신이라는 것을 설득할 필요가 없다. 아내는 "그것은 틀렸다"라거나 "그것은 엄청나게 고통스러운 것 같다"라고 말했다. 그렇다. 아멘. 이제 우리 고통의 지리적 측면에서 우리는 전혀 다른 새로운 곳에 있다. 우리는 더 이상 섬처럼 고립되어 있지 않고 공동체 안에 머문다.

여기에는 위험이 있다. 즉, 고통을 겪고 있는 사람은 다른 사람을 악용하지 않도록 조심해야 한다. 만약 상처받은 사람이 다른 사람을 헐뜯기만 하고 전혀 격려하지 않는다면, 만약 소란만 일으키고 감정적으로 다른 사람을 도와주지 않는다면, 만약 다른 사람을 혼란스럽게 하면서 자신의 삶에 균형을 이루려고 한다면, 문제는 해결되지 않는다.

증언의 후반부는 실패한 것이다. 왜냐하면, 고통뿐만 아니라 그리스도, 구속, 소망에 관해 말하지 않았기 때문이다. 그러나 이런 위험을 인정한다고 해도, 다른 사람을 위한 증언이나 우리를 위한 증언은 여전히 필요하다.

3. 동정심

제6장에서 감정이 있는 예수님의 삶을 논의했듯이, 동정심(compassion)은 틀림없이 예수님에게 속한 가장 일반적인 감정을 나타내는 용어이다. **동정심**은 "**고통**"(pati)과 "**함께**"(com) 또는 다른 사람들과 함께하는 것이다. 우리가 십자가의 삶을 살며 그리스도를 본받는 한 가지 방법은 동정심을 기르는 것이다. 즉, 다른 사람의 상처, 고통, 실망, 심지어 죄까지도 기꺼이 함께하는 것이다.

그들의 고통으로 들어가서 십자가 아래로 그들과 그들의 고통을 이끌고 가는 것이다. 동정심은 또한 비참함을 유일한 실재로 두지 않는다. 노화에 대한 헨리 나우웬(Henri Nouwen)과 월터 개니(Walter Ganney)의 유용한 성찰을 소개한다.

> 동정심은 우리를 고통 가운데서 아름다움을 보게 하고, 고통의 한복판에서 소망을 보게 한다. 동정심은 철조망을 둘러친 동토에서 꽃을 발견하게 한다. 동정심은 머리가 벗어지고 이가 썩은 것을 알아차리게 하고, 약해진 손아귀와 주름진 피부를 느끼게 하며, 희미해져 가는 기억과 균형 잃은 생각을 감지하게 한다. 동정심은 모순된 삶이 아니며, 오히려 다음의 말씀을 생각나게 한다.
>
> 한 알의 밀이 땅에 떨어져 죽지 아니하면 한 알 그대로 있고 죽으면 많은 열매를 맺느니라(요 12:24).[6]

---

6   Henri Nouwen and Walter J. Ganney, *Aging: The Fulfillment of Life* (New York, Doubleday, 1976), 103.

이 세상은 동정심을 원천적으로 거부하곤 한다. 즉, 서로를 경쟁자나 위협적인 존재로 본다. 다시 말해 상호 돌봄을 목표로 하지 않고 오히려 승리 혹은 적어도 무관심을 조장한다. 우리는 이런 방식으로 **샤덴프로이데(schadenfreude)**를 경험한다. 이 독일어 단어는 '남의 불행에 대해 갖는 쾌감'을 의미한다. 사실 샤덴프로이데는 생각보다 많은 사람이 가지는 감정이다.[7] 그러므로 샤덴프로이데가 아닌 동정심을 우리의 지향점으로 삼으려면, 은혜의 경험이 필요하다.

다른 한편으로 디트리히 본회퍼는 슈텔페어트레퉁(stellvertretung) 즉, "대리적 대표 행위"의 개념을 제시한다. 이것은 특히 본회퍼의 미완성 저서인 『윤리학』(Ethics)에 나온다.[8] 본회퍼에게 기독교 생활과 윤리적 삶의 목표는 일련의 규칙을 배우고 따르는 것이 아니라 다른 사람을 위해 사는 것이다. 진정으로 인간이 되는 것은 다른 사람을 위해, 다른 사람을 대표하여 사는 것이다. 예수님은 이러한 대리적 삶과 행위를 통해 우리의 위대한 대표자가 되었다.[9] 고통에 대한 기독교 이해에 관한 한 이 개념은 매우 중요하다.

찰스 윌리엄스(Charles Williams)는 상상력이 풍부한 작가이며, C. S. 루이스(C. S. Lewis)와 J. R. R. 톨킨(J. R. R. Tolkien)의 친구인데, "상호 내재"(co-inherence)나 "교환방식"(way of exchange)과 비슷한 것을 주장했다.

앨런 제이콥스(Alan Jacobs)가 단순화했듯이, 상호 내재는 "그리스도가 제자들에게 보낸 성령의 통일되게 하는 능력을 통해 서로의 삶에서 온전히 머물 수 있게 하는 그리스도인의 능력이다."[10] 이것은 실제로 다른 사람의

---

7   Richard H. Smith, *The Joy of Pain: Schadenfreude and the Dark Side of Human Nature* (Oxford: Oxford University Press, 2013).

8   Dietrich Bonhoeffer, *Ethics*, in Dietrich Bonhoeffer Works 6 (Minneapolis: Fortress, 2005).

9   본회퍼의 견해에 대한 입문자용 요약은 다음을 참조하라. Lawrence's helpful *Bonhoeffer: A Guide for the Perplexed* (London: T&T Clark, 2010), 29-32.

10 Alan Jacobs, *The Narnian* (New York: HarperCollins, 2005), 284. 윌리엄스의 신학과 그의 상호 내재의 적용에 대한 정당한 우려가 있다는 것을 주목할 필요가 있다. 예를 들어 다음을 참조하라. Barbara Newman, "Charles Williams and the Companions of the

고통을 받아들임으로써 나타날 수 있다.

　루이스는 이 개념에 대해 다소 망설였지만, 1957년에 자신의 아내 조이(Joy)가 그것을 경험했다고 믿는다. 조이는 몇 주밖에 살지 못하는 것처럼 보였는데, 갑자기 빠르게 진행되던 암이 멈추는 것처럼 보였다. 루이스는 페넬로페(Penelope) 자매에게 편지를 보내 설명했다.

> 반전이 일어났다. [환부가] 사라졌다. 새로운 뼈가 만들어졌다. 침대에서 거의 움직일 수 없었던 조이는 이제 지팡이를 짚고 조금씩 절뚝거리며 집 주위와 정원을 걸을 수 있다.

설명을 이어가던 루이스는 이렇게 덧붙인다.

> 나 역시 뼈 질환에 걸린 것을 말했었나?[11]

　루이스는 후에 자신이 얼마 동안 조이의 고통을 겪었고, 부분적으로 조이의 몸이 회복된 것을 다른 사람에게 설명했다. 결국, 암이 재발하여 조이는 죽었지만, 루이스는 잠깐 동안이나마 어떤 신비한 방법으로 자신이 조이의 고통으로 들어가서 어쩌면 그녀의 처지에서 실제로 그녀의 고통을 겪은 것으로 생각했다. 초대 교회에서도 병자와 죽어가는 사람을 돌볼 때, 비슷한 일들이 있었다.[12]

Co-inherence", *Spiritus: A Journal of Christian Spirituality* 9, no. 1 (Spring 2009): 1-26.

11　다음을 참조하라. Walter Hooper, *C. S. Lewis: A Complete Guide to His Life & Works* (San Francisco: Harper Collins, 1996), 85-86.

12　알렉산드리아의 주교 디오니시우스(Dionysius)는 그리스도인이 어려움에 부닥친 사람을 돌보는 과정에서 죽음에 이르기까지 어떤 종류의 대리적 고통이 일어났다고 믿었다. 즉, "[그리스도인들은] 다른 사람들에게 감염되어 이웃의 병을 끌어와서 기꺼이 고통을 받아들였다. 다른 사람을 간호하고 치료하는 많은 사람은 이웃의 죽음을 자신에게로 옮기고 대신 죽음으로써, 일반적으로 공허한 공식을 현실로 바꾸어 놓았다." Dionysius, Gerald L. Sittser, *Water from a Deep Well: Christian Spirituality from Early*

최근 휘튼대학(Wheaton College)의 필 라이켄(Phil Ryken) 총장은 다른 사람의 짐을 짊어진 자신의 극적인 경험을 나누었다. 2014년 졸업식 설교에서, 자신의 이야기를 좀처럼 하지 않던 라이켄 총장은 다음의 내용을 공개적으로 밝혔다.[13]

라이켄이 아끼는 사람이 있었는데, 그녀는 몸이 불편했고, 너무 심각하고 절망적인 상황이었다. 자신이 살만한 가치가 있는지 회의하고 고통과 두려움에 직면해 있었다. 걱정과 사랑으로 가득 찬 라이켄은 하나님에게 그녀의 짐 중 일부를 제거하여 자신에게 옮길 수 있는지를 물었다. 그 결과 다음 몇 주 동안 그녀의 짐은 실제로 점점 더 가벼워졌지만, 라이켄은 갑자기 깊고 어두운 생각으로 가득 차서 예기치 못한 절망에 빠져들기 시작했다.

이전에 라이켄은 자신에 대한 하나님의 사랑과 관심을 결코 의심하지 않았고, 자신의 가치를 결코 의심하지 않았는데, 이제 뚜렷한 이유 없이 자살을 고려할 정도로 악화되었다. 라이켄은 직접적인 관련이 있는지 모르지만, 연관성이 없다고 믿기는 어려웠다.

가장 심오하고 신비로운 방법으로, 라이켄은 이제 사랑하는 사람과 함께 그리고 어쩌면 그녀를 대신해서 고통을 겪었다.

하나님은 라이켄에게 그녀의 대리자(Stellvertreter or proxy) 역할을 하게 해서 그녀의 슬픔과 고통을 어느 정도 받아들이게 했던 것일까?

라이켄은 그녀의 메시아가 되려고 한 것이 아니다. 그것은 라이켄에게나 루이스의 경우에 일어난 일에 대한 오해일 것이다. 즉, 하나님은 지칠 대로 지친 사람에게 메시아가 아닌 깊이 연결된 사랑하는 친구를 통해 안도의 기회를 주셨다.

Martyrs to Modern Missionaries (Downers Grove, IL: InterVarsity Press, 2007), 64에서 재인용. 전염병이 퍼진 방식이든 아니든, 디오니시우스는 때때로 이것을 윌리엄스가 말한 "교환방식"의 예로 보는 것 같다.

13 Phil Ryken, "Nobody Knows the Trouble I've Seen", Wheaton College, August 27, 2014, www.youtube.com/watch?v=_yVQ8xVp7kA(27분 37초의 설교 중 3분 7초부터 저자가 소개하는 부분이 시작된다. 역자 주).

"교환방식"과 슈텔페어트레퉁을 어떻게 생각하든지, 우리가 다른 그리스도인에게 위임하고 그들이 겪는 고통 속에서 함께 걸을 때, 우리 또한 고통을 겪을 것이다. 이것은 "소가 없으면 구유는 깨끗하려니와"(잠 14:4)라는 말씀을 떠올리게 한다.

소가 없으면 똥도 없다!

배설물로 인한 엉망진창을 피할 수 있는 유일한 방법은 소를 없애는 것이다. 만약 다른 사람의 고통을 느끼고 싶지 않다면, 쉬운 답이 있다.

모든 관계를 피하라!

소를 없애면 된다. 그러나 그것은 당신이 혼자라는 것과 어느 사람도 당신을 위해 존재하지 않는다는 것을 의미한다. 루이스는 이렇게 결론을 내린다.

> 모든 것을 사랑하는 것은 연약하다는 것이다. 무엇이든 사랑하라. 그러면 당신 마음은 반드시 짓눌리고 상처를 입을 것이다. 만약 당신 마음이 계속 다치지 않기를 원한다면, 어느 사람에게도 심지어 동물에게도 마음을 주지 말아야 한다. 취미와 약간의 사치품으로 당신 마음을 조심스럽게 감싸라. 그러면 모든 곤란을 피할 수 있는 이기심의 관(coffin of your selfishness)에 보관할 수 있을 것이다. 그러나 그 안전하고 어둡고 움직이지 않고, 공기가 통하지 않는 그 관 안에서 당신의 마음은 변할 것이다. 당신의 마음은 무너지지 않을 것이다. 더 완고해지며 구제 불능이 될 것이다.[14]

우리는 동정심으로 다른 사람들과 함께 그들의 고통을 겪고 그들을 사랑해야 한다. 이것은 위험이 따른다. 거의 필연적으로, 당신은 비록 사소한 방식일지라도 다른 사람들과 함께 고통을 겪을 것이다. 그러나 이 공동 순례(shared pilgrimage)에서 하나님의 은혜와 친절을 새롭게 발견할 것이다.

---

[14] C. S. Lewis, *The Four Loves* (Glasgow: Fount, 1977), 111.

4. 개별성

각 사람은 다른 사람들과 연결되어 있지만, 독특한 자신만의 이야기를 가지고 있다. 이 개별성은 존중되어야 하는데, 그러기 위해서는 지혜가 필요하다.

아내 다비다가 아침 일찍 암 수술을 받은 후, 나는 병실에서 앉아 있었다. 가족과 친구들은 우리에게 휴식을 취하며 회복할 수 있도록 도와주었다. 그런데 어떤 여자가 들어오는 것을 어렴풋이 알아챘다. 그녀는 싱싱한 꽃을 들고 병실에 들어와서 나와 이야기 나누기를 원했다. 그녀는 다비다가 입원한 일 때문에 자신이 겪은 일이 생각나서 찾아왔다고 했다. 그녀는 사실 가까운 친척도 아니었다. 나는 튜브를 끼고 있는 다비다를 보는 것이 과거의 고통을 어떻게 불러일으키는지에 대해 그녀와 말하고 싶지 않았다. 그녀가 상처를 주려고 의도하지는 않았지만, 나는 정말로 마음이 상했다. 그래서 나는 고통에 직면한 사람들에 대한 몇 가지 조언이 유용하다는 것을 믿게 되었다.

멋진 이디시어(Yiddish, 원래 중앙 및 동부 유럽에서 쓰이던 유대인 언어-역자 주) 단어 **크베치(kvetch)**는 기본적으로 '불평하다'를 의미한다. 수잔 실크(Susan Silk)와 배리 골드만(Barry Goldman)은 「로스앤젤레스 타임즈」(*Los Angeles Times*) 기사인 "나쁜 것을 말하지 않는 방법"에서 특히 위기를 견디고 있는 사람들을 대할 때, 불평하는 것에 대해 조언을 한다.[15] 유방암과 싸우고 있는 수잔은 자신의 경험을 바탕으로 골드만과 함께 글을 쓴다.

그들은 이른바, "고리 이론"(Ring Theory)을 제안하면서, 이와 같은 상황에서 어떻게 관여해야 하는지 간단한 조언을 제공한다. 고통을 겪는 모든 사람이 불만을 토로하고 위로를 받아야 하는데, 이를 위한 좋은 방식이 있다.

---

[15] Susan Silk and Barry Goldman, "How Not to Say the Wrong Thing", *Los Angeles Times*, April 7, 2013.

크기가 다른 고리 묶음이 있다고 상상해 보라. 즉, 큰 고리는 작은 고리의 바로 바깥에 있다. 가장 작은 고리 중심에는 트라우마 한복판에 있는 사람이 있다. 고리의 가장 가장자리에 상처 입은 사람과 친분이 거의 없는 사람이 있다. 고통받는 사람과 가까울수록 중앙에 있는 고리에 더 가까워진다.

간단히 말해서, 당신보다 중앙에 가까운 사람을 위로해 주는 것은 항상 적절하며, 당신보다 바깥쪽 고리에 있는 사람에게 불만을 토로하는 것은 때때로 적절하다. 고통을 겪고 있는 사람의 배우자는 좀 더 바깥쪽 고리에 있는 다른 가족 구성원이나 직장 동료에게 때때로 불평할 수 있다. 그러나 먼 친척은 고통을 겪고 있는 사람의 배우자에게 이러한 상황에 대해 불만을 토로해서는 안 된다.

실크와 골드만은 이렇게 설명한다.

> 당신이 비명을 지르거나 울거나 불평하고 싶다면, 당신이 얼마나 충격을 받고 불쾌했는지 최근에 일어난 일들이 얼마나 끔찍했는지 투덜대고 싶다면, 그것은 문제 되지 않는다. 지극히 정상적인 반응이다. 다만 자신보다 더 큰 고리에 있는 사람에게 하라.

이 간단한 조언을 따르면, 의도하지 않은 상처를 피할 수 있으며, 사람들은 우리의 염려를 진심으로 알게 될 것이다.

그뿐만 아니라 고통을 겪고 있는 사람과 그들을 돌보는 사람 모두 비교에 대한 위험성을 인식해야 한다. 시어도어 루즈벨트(Theodore Roosevelt)는 한번 자신의 삶을 돌아보며 "비교는 기쁨을 훔친다"라고 말했다. 적어도 루즈벨트에게는 정말 그랬다. 한 친구가 루즈벨트의 말을 인용하며, 자기 고통의 경험과 어떻게 관련이 있는지 설명했다. 비교적 젊은 그 친구의 아빠는 심장 수술에 들어갔는데, 예상치 못한 합병증으로 수술실에서 나오지 못했다. 그 친구는 당시 겨우 스무 살이었고, 아빠의 죽음으로 큰 충격을 받았다. 게

다가 다른 사람들이 자신들의 경험을 그 친구의 경험과 비교하는 것을 들을 때, 예상치 못한 상처를 받곤 했다. 그 친구는 이렇게 설명한다.

> 비슷한 고통을 겪고 있는 그리스도인은 동료에게 위로를 건넬 수 있다. 그러나 한 사람의 고통이 다른 사람의 고통보다 커서 진정한 위로를 주는 것보다 오히려 낙담시키는 경우가 많다. 즉, 고통의 비교가 또 다른 고통의 원인이 된다.
>
> 아빠가 돌아가신 직후 있었던 평범한 대화이다.
> "정말 유감이다. 아빠는 좋은 분이었어."
> "예, 정말 좋은 분이었어요."
> "얘기하고 싶은 거 있으면 하려무나."
> "고마워요, 정말 고마워요."
> "알다시피, 내 아버지도 몇 년 전에 돌아가셨어. …"
> 그리고 뒤따르는 것은 암, 노환 또는 비극적인 사고로 세상을 떠난 사랑하는 아빠에 관한 이야기다.
> 나는 이야기를 다 들은 후, 내 상심과 그들의 상심을 비교하면서 내 안에 분노가 치밀어 오르곤 했다.
> '적어도 당신은 미리 알고 있었잖아.
> 적어도 당신 아빠는 당신이 대학을 졸업하는 걸 보셨잖아.
> 당신 아빠는 당신이 결혼하는 걸 보셨잖아.
> 적어도 당신은 작별 인사할 기회가 있었잖아.'
> 다른 사람의 이야기를 들었지만 아무런 소망을 얻지 못해서, 나는 온종일 울었다.
> 왜 그랬을까?
> 사람들이 선의로 위로하는데, 왜 나는 끔찍한 생각을 계속했을까?
> 그들은 단지 도와주려고 노력했을 뿐이다. 죽음은 어느 나이에서나 고통스러운 것이다.

왜 아빠를 잃은 경험을 나누는데 위로가 되지 않는 것일까?

나는 고통이 경쟁이 아니며, 비교가 종종 죄책감과 쓰라린 아픔을 줄 수 있다는 것을 발견했다. 우리가 오직 그리스도의 고통과 비교할 때, 참된 빛으로 고통을 볼 수 있다. 그리스도가 완성한 사역에 초점을 맞추는 것은 우리를 자기연민에서 벗어나게 하며, 고통을 넘어 더 위대하고 영광스러운 구속의 그림을 바라보도록 한다.

우리가 다른 사람의 슬픔에 직면했을 때, 구속하는 복음의 능력에 연결하며 함께 이야기를 나누는 것은 좋다. 나는 젊은 시절에 아빠를 잃은 몇 명의 여성을 만났고, 서로에게 큰 힘이 되었다. 그러나 매우 비슷한 상황에서도, 우리는 고통을 그리스도께 전달하도록 해야 한다. 이러한 방식으로 우리는 고통 중에도 다른 사람을 위로할 수 있었으며, 우리 고통뿐만 아니라 그리스도의 위로도 함께 나눌 수 있었다(고후 1:3-5).

고통을 겪는 사람은 자신의 고통과 동일시하는 어떤 노력도 환영한다. 다른 사람과 비교당하는 것은 아무리 사소하더라도 불편하게 한다. 고통의 바다를 항해하는 방법을 아는 지혜가 필요하다. 중요한 것은 다른 사람이 겪는 고통의 개별성을 존중하는 것이다. 즉, 우리는 독특한 시련과 고통을 겪는 사람들이 주님의 돌보심과 관심을 알고 느끼고 새롭게 경험하도록 격려하면서 그리스도에게 인도해야 한다.

5. 사명

서로를 돌보는 것은 일종의 사명이다. 그러나 고통은 우리의 회복과 외부 관심을 가로막는다. 우리의 모든 대화는 항암 치료 업데이트로 귀결된다. 우리의 모든 생각은 미래에 대한 두려움에 사로잡혀 있다. 우리의 모든 에너지는 몸 상태를 끌어올리는 데 소비된다. 나는 제10장에서 고백의 역할을 고려할 때, 이것을 의미했다.

그렇다면 어떻게 해야 상황에 끌려가기보다는 능동적으로 주도할 수 있을까?

엄청나게 많은 고통을 겪는 사람은 자기중심적 삶을 피하고 이웃 사랑을 위해 노력해야 한다. 의도적으로 해야 한다. 사명에 집중해야 한다. 이렇게 고통을 다루어야만 생명을 줄 수 있다.

이 책의 주요 작동 원리는 실재주의(realism)이다. 즉, 복잡한 실재로서 고통을 계속 추적하며, 사람들 사이의 다양한 상호작용의 실제 효과를 조사하고, 예수 그리스도 안에서 성취된 실제적 구원의 의미를 고찰한다. 따라서 우리는 고통을 하찮게 여기거나 가볍게 다루는 것을 거부한다. 또한, 실재주의는 아픔을 겪는 사람들의 고통을 감정적으로 접근하는 것을 경계한다. 사명은 아무리 작은 고통이라도 그 고통을 겪고 있는 사람들이 자기 고통을 넘어서 다른 사람에게까지 확장되는 하나님의 은혜와 사랑을 경험하게 한다.

내 친구 중 한 명은 말기 암 환자이다. 그가 처음 암 진단을 받았을 때, 그와 그의 아내는 필연적으로 매우 친밀하게 될 것을 알았다고 한다. 암은 시간을 많이 잡아먹고, 활력을 잃게 하여 불가피하게 마음을 애끓게 한다. 부부는 마지막 몇 달이나 몇 년을 다른 사람의 문제를 위임받고자 했다. 이 부부는 영웅이 되려고 한 것이 아니라 죽음에 직면하더라도 이웃 사랑의 경험이 필수적이라는 것을 알았기 때문에, 자신들의 밖을 보려고 한 것이다.

그들의 작은 보살핌은 그들을 통해 다른 사람에게 흘러갈 하나님 사랑의 생수를 계속 마실 수 있게 하였다. 그들은 자신들의 위임을 세 단어 즉, **환대**(hospitality), **관용**(generosity), **호기심**(curiosity)으로 단순화했다. 작은 보살핌을 실행하는 것은 사명이다. 이 부부는 다른 사람에게 관심을 가지고 질문을 하고, 이야기를 듣고 새로운 농담을 배우는 것을 멈추고 싶지 않았다.

그들은 한계가 있음에도 불구하고 재정이나 시간 또는 기도를 통해서 자유롭게 헌신하고 싶었다. 집을 완벽하게 꾸미고 훌륭한 식사를 준비할 여력이 충분하지 않았지만, 기꺼이 다른 사람을 초대하고 호의를 베풀었다. 때때로 손님은 식사나 보드게임을 준비해 오고 가슴 아픈 이야기를 나누었다.

이 부부가 모든 것을 제공하지 않았다. 그들은 방문한 사람들이 하나님의 평화를 경험할 수 있는 공간을 제공했을 뿐이다. 이것은 팬으로 공연장을 가득 메우는 것과 다르며, 단지 거실에 두세 명을 채울 뿐이었다. 이 부부는 다른 사람의 질문, 연약함, 위임을 통해 자기연민의 막다른 골목에서 해방되었다.

한편, 이 부부와 은혜로운 시간을 가진 사람들은 이 부부에게 돌봄을 받았다는 것을 간증한다. 사명은 우리 각자에게 조금 다르게 보일 수 있다. 그러나 동일한 것은 하나님과 이웃에 대한 사랑에 참여하는 관심이다. 질병과 고통은 우리 생활 방식을 바꾸지만, 사랑에 대한 필요는 변함이 없다.

6. 확신

신자는 강한 체력이나 정신력 또는 지혜가 아니라 자비로운 하나님을 확신해야 한다. 그리스도인은 성부의 사랑, 성자의 은혜, 성령의 교통 안에서 안전하다. 즉, 삼위일체 하나님 품에서 안전한 그리스도인이 확신을 가지고 시련과 고통을 맞설 수 있다.

신자들은 고통과 난관 속에서 슬퍼하고 탄식하며 악전고투하더라도 진정한 기쁨, 사랑, 안식을 경험할 수 있다. 여기에서 긴장이 있을 수 있는데, 왜냐하면, 우리는 눈물, 상처, 슬픔을 좋은 것으로 보지 않기 때문이다. 하나님은 언젠가 우리를 이 문제들로부터 해방하겠다고 약속하신다. 물론 하나님은 끔찍한 상황 가운데서도 선을 이루실 수 있다(창 50:20).

역설적으로 "다양한 종류의 시련"은 "기쁨"으로 여겨질 수 있다. 고통이 본질에서 좋은 것이기 때문이 아니라 어려움을 겪으면서 이전에 생각하지 못한 방식으로 하나님의 친절과 사랑을 맛보고 경험할 수 있기 때문이다. 이것이 "믿음이 인내를 만드는" 방식이다(약 1:2-3).

어떻게 가능한가?

우리는 하나님이 신실하다는 것과 결코 우리를 떠나거나 버리지 않는다는 것을 발견하기 때문이다. 다니엘의 친구 사드락, 메삭, 아벳느고가 발견했듯이, 하나님의 신실함은 반드시 우리가 풀무 불에 직면하지 않는 것을 의미하지 않는다. 오히려 **하나님이** 화염 가운데서 자기 백성과 **함께한다**는 것을 의미한다(단 3:8-20).

사도 바울은 이 역동성을 잘 표현한다. 현재의 고통은 명백하지만, 최종적인 것이 아니므로, 그리스도인들은 하나님의 은혜 안에서 인내할 수 있다. 바울은 고린도에 보내는 편지에서 다음과 같이 선언한다.

> 우리가 사방으로 우겨쌈을 당하여도 싸이지 아니하며 답답한 일을 당하여도 낙심하지 아니하며 박해를 받아도 버린 바 되지 아니하며 거꾸러뜨림을 당하여도 망하지 아니하고 우리가 항상 예수의 죽음을 몸에 짊어짐은 예수의 생명이 또한 우리 몸에 나타나게 하려 함이라(고후 4:8-10).

바울은 스스로 지속적인 육체적 곤란을 잘 알고 있었기 때문에, 균형 있게 바라보았다. 바울은 이런 비전을 품고 예수님의 분명한 음성을 들었다.

> 내 은혜가 네게 족하도다 이는 내 능력이 약한 데서 온전하여짐이라
> (고후 12:9).

바울은 자신의 한계와 싸우면서, 고난과 위기 속에서 그리스도의 능력을 경험하고 안식을 얻었다(고후 11:30-31; 12:10).

호주에 사는 친구 크리스(Chris)의 경험은 이 구절에 대한 적절한 해설이 될 수 있다. 크리스는 신학교에 다니는 동안, 경비원으로 아르바이트를 했다. 어느 날 아침 직장에서 그는 히브리어로 창세기를 읽고 있었는데, 그때 갑자기 오른쪽 눈 뒤에 날카로운 통증을 느꼈다. 크리스는 나에게 "마치 오른쪽 안구 뒤가 칼에 찔리는 느낌이었다"라고 말했다.

얼마 후 신경과 전문의는 크리스에게 단순한 편두통이 아니라 군발성 두통(cluster headache)이라고 설명했다. 크리스는 어제 일처럼 기억하면서, 의사가 자신에게 말할 때 그 어조를 잊지 못했다.

"군발성 두통은 출산과 신장 결석에 이어 세 번째로 최악인 자연 발생적 통증이다. 매우 유감스럽지만, 우리가 할 수 있는 것은 정말 아무것도 없다."

나는 크리스의 통증 이야기와 그의 깊은 성찰을 나누고 싶다.

> 매일 아주 심한 통증이 반복되었다. 머지않아 나에게 문제가 생겼다. 나는 야간 근무를 하던 어느 날 이 이런 두통이 사라지지 않으리라는 것을 깨달았다. 아무도 없을 때, 엎드려서 하나님께 부르짖었다. 나는 숨기지 않고 하나님께 악담을 퍼부었다. 그러나 그 순간 내 몸에 하나님의 평화가 밀려오는 것을 느꼈다. 하나님은 내가 분노하고 있을 때도, 나를 보호했다. 그 순간 나는 하나님의 조건 없는 임재와 은혜를 경험했다.
>
> 그 후 두통은 곧 멈췄지만, 내가 훨씬 더 중요한 치유를 경험한 것은 그 이후의 일이었다. 나는 적극적인 사람으로 변하기 시작했다. 즉, 잠을 자고, 운동하고, 밥을 먹고, 성경을 읽고 이해하고, 아내를 사랑하고, 나 자신을 이해하는 것 등에서 모든 것이 변했다. 아내에 따르면, 내가 전에도 '그리스도인'이었지만, '새 변화'는 '기독교 회심'보다 훨씬 더 의미심장했다. 나는 전인격적인 변화를 경험했다.
>
> 이 모든 경험은 내가 야곱이 얍복강 가에서 하나님과 씨름하는 것에 관한 석사 논문을 끝냈을 때 또 다른 차원이 되었다. 그 이후로 나는 야곱처럼, 결코 완벽한 평화 속에 살지 못했다. 그러나 나는 내 몸에 대해 훨씬 더 주

의를 기울인다. 만약 내가 과로를 하고 분개하거나 지나치게 열정적으로 경쟁하면, 나는 잠깐 통증의 암운이 내 오른쪽 눈 뒤로 다시 한번 밀려오는 것을 느낄 수 있다.

하나님은 계속 전진한다!

나는 아브라함, 이삭, 야곱의 하나님이 진정한 평화와 치유의 하나님이라는 것을 알기 때문에 하나님께 감사한다.

군발성 두통이 좋은 것은 아니지만, 하나님은 고통을 통해서도 자기 백성을 돌보신다. 모든 사람이 크리스처럼 긍정적인 경험이 있는 것은 아니지만, 하나님이 결코 자기 백성을 떠나거나 버리지 않으실 것이라는 약속은 사실이다.

사도 바울에게 다시 돌아와서 로마서 8장에 나오는 바울의 놀라운 약속으로 결론을 내리기 전에, 바울이 시편 44편을 인용하는 것을 잠깐 살펴보자. 바울의 신뢰에 대한 근거를 온전히 이해하려면 문맥을 알아야 한다. 탄식과 몸부림으로 가득 찬 이 시편은 소망을 강하게 보여 준다.

> 우리가 종일 주를 위하여 죽임을 당하게 되며 도살당할 양 같이 여김을 받았나이다[롬 8:36 인용] 주여 깨소서 어찌하여 주무시나이까 일어나시고 우리를 영원히 버리지 마소서 어찌하여 주의 얼굴을 가리시고 우리의 고난과 압제를 잊으시나이까 우리 영혼은 진토 속에 파묻히고 우리 몸은 땅에 붙었나이다 일어나 우리를 도우소서 주의 인자하심으로 말미암아 우리를 구원하소서 (시 44:22-26).

여기에 진짜 고통이 있다. 시편은 사람들이 다음과 같은 이야기를 들었다고 주장한다.

> 하나님이여 주께서 우리 조상들의 날 곧 옛날에 행하신 일을 그들이 우리에게 일러 주매 우리가 우리 귀로 들었나이다(시 44:1).

문제는 하나님의 침묵이 길어지고 고통이 계속되며, 하나님의 임재와 관심이 명확하지 않고 흐려진다는 것이다. 하나님의 백성은 여전히 하나님을 믿었지만, 점점 어려워지고 있었다. 하나님 백성은 투쟁과 고통으로 인해 하나님을 잊거나 하나님의 관심을 상실할 수 있다.

바울이 로마서 8장에서 시편을 인용할 때, 메시아 예수를 고려하여 인용한다. 바울은 독자들에게 **하나님 사랑에서 우리를 끊을 수 있는 것이 아무것도 없다**는 것을 이 구절을 사용하여 확신시킨다. 즉, 바울은 환난, 곤고, 박해, 기근, 적신, 위험, 칼과 같은 불안한 상황 중에도 하나님의 사랑을 분별하도록 권면한다(롬 8:35).

우리 삶에서 일이 잘 풀리고 있을 때, 하나님이 '우리를 위해' 계신다는 것은 믿기 쉬운 일이다.

그러나 인생의 난관 속에서는 어떨까?

바울은 여기서 시편 44편을 인용하며 그리스도의 오심에 비추어 의미를 수정했다.

원래 시편 44편은 거절과 죽음에 직면한 이스라엘 백성을 이야기했다. 바울의 청중과 우리에게 던지는 질문은 여전히 같다.

즉, 하나님이 자신의 얼굴을 영원히 숨기겠는가?

오직 예수의 삶, 죽음, 부활에서만 이 질문이 최종적으로 해결된다. 예수님이 폭력과 상처에 맞서기 위해 우리 자리에 들어오셨기 때문에, 이것은 우리의 마지막 또는 전체 이야기가 될 수 없다. 물론 우리는 여전히 고통과 어려움에 직면해 있다. 바울은 고통과 어려움을 회피하지 않는다. 고통과 어려움은 전체 이야기(full story)가 아니며, 고통 중에 있는 사람들의 정체성을 규정하지 않는다. 왜냐하면, 그들은 그리스도 안에서 안전하게 보호되고 있기 때문이다.

> 그러나 이 모든 일에 우리를 사랑하시는 이로 말미암아 우리가 넉넉히 이기느니라 내가 확신하노니 사망이나 생명이나 천사들이나 권세자들이나 현재

일이나 장래 일이나 능력이나 높음이나 깊음이나 다른 어떤 피조물이라도 우리를 우리 주 그리스도 예수 안에 있는 하나님의 사랑에서 끊을 수 없으리라 (롬 8:37-39).

구속 이야기 전체를 아는 사람들은 고통 중에도 기쁨을 경험할 수 있다. 그러나 그 이야기를 모르는 사람들은 고통으로 절망에 낙담하든지 자기 계발로 고통에서 벗어나려고 한다.

하나님의 아들 예수 안에서 우리는 하나님이 우리와 연대하는 것을 발견하는데, 이것은 동료의 느낌뿐만 아니라 **구속의 연대**이다. 예수님은 우리의 죄와 고통을 잘 이해할 뿐만 아니라 극복하기 위해, 육체적 고통과 심지어 죽음까지 포함하여 우리 죄와 고통을 받아들인다.

우리는 그리스도 안에서 안전하다. 우리 자신의 신실함이 아니라 삼위일체 하나님의 신실하심에 근거하여 확신할 수 있다. 우리 안에 착한 일을 시작하신 하나님은 결코 우리를 버리지 않는다(빌 1:6). 대적, 마귀, 우리의 고통이나 악몽 그 어떤 것도 하나님의 손에서 우리를 빼앗지 못할 것이다(요 10:28-29). 성령의 능력으로 우리는 성자와 연합하여 성부의 은혜와 사랑 안에서 살 수 있다.

삶의 시련과 고통 속에서도 우리 자신이나 노력이 아닌 하나님을 확신하게 하소서. 하나님은 그리스도 안에서 오셨고, 죄, 죽음, 마귀를 이기셨습니다. 죽음의 그림자를 통과하는 동안 우리 하나님의 사랑, 은혜, 동정심이 더욱 실재가 되게 하소서. 하나님이 어려움에 처한 사람을 만나 주시는 것처럼, 우리는 교회로서 하나님 은혜의 사역에 참여하게 하소서.

감사의 말

신학은 공동체 안에 있을 때, 가장 바람직하다.
이 책이 누군가에게 도움이 되기를 바라며 나는 많은 사람에게 감사를 전한다. 감사의 마음을 기록하는 것을 매우 좋아하기에 간략하게 쓰는 것이 마음처럼 쉽지 않다.

지난 8년 동안 큰 힘이 되어 준 커버넌트대학(Covenant College)에 감사하다. 가족 같은 우리 학교를 사랑한다. 모든 교수진, 직원, 학생, 동문은 기도하며 세심하고 진심 어린 격려를 해 주었다. 또한, 우리를 매우 사랑해 준 교회에 감사한다. 기독교 신앙이 너무 쉽게 경시되는 시대에 살고 있지만, 뉴시티펠로우십(New City Fellowship)과 룩아웃마운틴장로교회(Lookout Mountain Presbyterian Church)는 "나는 거룩하고 보편적 교회를 믿는다"라는 고대 교회의 신앙고백을 계승하였다.

이 두 교회는 교회가 특정한 건물이 아니라 어려움에 부닥친 이웃에 대한 사랑과 복음을 앙양시켜서 거룩함을 추구하는 보편적 교회라는 좋은 본을 보여 준다. 교회는 완전하지 않지만, 하나님이 일하겠다고 약속하신 곳이다. 따라서 우리는 교회에서 성부의 사랑, 성자의 은혜, 성령의 교통 안에서 함께 안식할 때, 우리의 연약함 가운데 아름다움을 발견할 수 있다.

나는 얼마 동안 고통의 현실과 씨름하고 있었지만, 이 주제에 관한 책을 쓸 계획이 없었다. 그런데 하나님은 갑자기 이 프로젝트를 시작하도록 인도하고 격려하셨다. 감사하게도, 나는 2014년 봄 바이올라대학교(Biola

University)의 기독교사상연구센터(Center for Christian Thought)에서 방문 연구원직을 제의받았다. 이 책에서 표현된 의견은 내 의견이며, 존 템플턴 재단이나 CCT의 견해를 반드시 반영한 것은 아니지만, 이 책은 존 템플턴 재단의 연구 지원금을 통해 만들어졌다.

우리 가족이 5개월 동안 캘리포니아로 이사하는 것을 도와주신 모든 분에게 감사드린다. 스티브 포터(Steve Porter), 토마스 크리스프(Thomas Crisp), C. 스티븐 에반스(C. Stephen Evans), 데이비드 호너(David Horner), 윌리엄 스트루더스(William Struthers), 제임스 윌호이트(James Wilhoit) 벳시 바버(Betsy Barber), 크리스토퍼 카초르(Christopher Kaczor), 존 코(John Coe), 그레그 피터스(Greg Peters), 제임스 K. A. 스미스(James K. A. Smith), 로버트 에몬스(Robert Emmons), 피터 힐(Peter Hill), 제랄드 시트서(Gerald Sittser), 레이첼 디(Rachel Dee), 에반 로사(Evan Rosa), 엘렌 채리(Ellen Charry), 데이브 스트로볼라코스(Dave Strobolakos), 크리스프 부부(Oliver and Claire Crisp), 맷 젠슨(Matt Jenson), 프레드 샌더스(Fred Sanders), 우체 아니조르(Uche Anizor), 그 밖의 모든 분과 함께 한 시간은 매우 부요했고, 그들은 많은 도움을 주었다.

나는 이 책을 출판하기까지 도움을 준 모든 분을 구체적으로 쓰고 싶지만, 지면상 하지 못해서 아쉽다. 그러나 이분들에게 감사의 마음을 전하고 싶다. 밥 하버트(Bob Harbert), 캐롤라인 베리(Caroline Berry), 랜디 나보스(Randy Nabors), 조 노벤슨(Joe Novenson), 토드 빌링스(Todd Billings), 존 예이츠(John Yates), 한나 코헨(Hannah Cohen), 케빈 스미스(Kevin Smith), 짐 피케트(Jim Pickett), 페이지 허드슨(Paige Hudson), 칼 버로스(Cal Boroughs), 렌더 케인스(Render Caines), 에릭 영블러드(Eric Youngblood), 허핀 부부(Sarah and Mark Huffines), 홀 부부(Lynn and Jeff Hall), 데릭 할버슨(Derek Halverson), 놀라 스티븐스(Nola Stephens), 폴 모튼(Paul Morton), 엘리사 바이치브로트(Elissa Weichbrodt), 브라이언 솔터(Brian Salter), 자레드 허프만(Jared Huffman), 테일러 부부(Kyle and Shannon Taylor), 파스콜 부부(Kelly and David Paschall), 스콧 존스(Scott Jones), 허브 와드(Herb Ward), 한스 마두엠(Hans Madueme), 단

맥두걸(Dan MacDougall), 켄 스튜어트(Ken Stewart), 크리스티나 피츠페트릭(Christiana Fitzpatrick), 그랜트 로우(Grant Lowe), 매트 보스(Matt Vos), 안 그랜베리(Ann Marie Granberry), 매튜 오헌(Matthew O'Hearn), 크리스토퍼 그린(Christopher Green), 안나 클락(Anna Clark), T. C. 햄(T. C. Ham), 맥기본 부부(Heather and Kenny McGibbon), 케이티 램지(Katie Jo Ramsey), 랜달 라우저(Randal Rauser), 색인을 준비한 지미 마이어즈(Jimmy Myers), 에린 프레이(Erin Fray). 이들 모두는 시간, 이야기, 지혜, 삶을 나눠주고 편집 기술을 제공해 주었다. 그들은 다양한 방식으로 나에게 통찰력을 주고, 격려와 위로를 주었다. 또한, 원고를 읽고 귀중한 피드백으로 도와준 "믿음과 고통"(Faith and Suffering) 과정 학생들에게 감사하다.

친구는 집이 무너지는 것을 막아주는 기둥과 같다. 내 영혼을 위한 세 개의 기둥이 있다. 제이 그린(Jay Green)과 제프 모턴(Jeff Morton)은 가장 친한 친구이며, 지난 16년 동안 하나님이 주신 정말 멋진 선물이었다. 두 사람은 때때로 남성의 나약함을 두려워하는 문화에 살고 있지만, 은혜, 진정성, 개인적 사랑의 귀감이 된다. 이들은 나에게 보물과 같고, 웃게 하는 능력이 있고, 기꺼이 나의 가족과 함께 울고, 아파하고 소망하는 마음을 가지고 있다. 또한, 내가 많이 의지하는 대니 카픽(Danny Kapic)에게 감사한다. 그의 끊임없는 기도, 한결같은 공감, 구체적인 후원은 우리를 행복하게 한다. 우리가 더 가까이 살았으면 좋았겠지만, 멀리 떨어져 있어도 그의 사랑을 느낄 수 있다.

올해와 내년은 나의 부모인 개리(Gary)와 린다(Linda), 아내 다비다의 부모인 존(John)과 린(Lynne)의 결혼 50주년이다.

두 부부의 결혼생활을 합치면 백 년이다!

어려웠던 때에도 흔들림 없이 신실함을 보여 준 것에 너무 감사하다. 나와 다비다는 미처 깨닫지 못할 때에도 두 가정의 도움을 받았다. 신실함의 모범을 보여 주었을 뿐만 아니라 우리가 어려운 시기를 지나는 동안에도 돌보아 주고, 끊임없이 격려와 지지를 보내 준 것에 감사하다. 가족인 제니퍼(Jennifer)와 밍(Ming), 대니(Danny)와 에밀리(Emily), 데이비드(David)와 젠(Jen)은 우리와 함께 이 여정을 함께했고, 비행기 표에서 개인적 노트에 이르기까지 셀 수 없이 많은 지원을 해 주었다. 사랑의 표현과 실제적인 도움에 감사한다.

사람들은 종종 자녀들이 부모를 존경하도록 해야 한다고 말하지만, 나는 여러 가지 면에서, 우리 아이들을 존경한다. 조나단(Jonathan)과 마고(Margot)는 동정심, 인내, 용기뿐만 아니라 정말로 어려운 시기에도 하나님을 신뢰하는 마음으로 나를 놀라게 한다. 실제적 고통과 고난이 우리 자녀에게 있었다.

하나님의 은혜로, 우리 아이들은 우리 마음이 굳어지는 것을 막았고, 하나님의 친절과 우리가 감사해야 할 모든 것을 기억나게 했다. 우리 자녀는 둘 다 독특하고 뚜렷한 재능이 있으며, 달콤한 우정과 신실함은 우리 영혼의 향유와 같이 위안이 된다. 우리를 빨리 용서하고, 웃게 하고, 우리가 하나님 세계의 경이로움을 볼 수 있도록 도와준 것에 고맙다. 얘들아, 너희를 너무 사랑한다.

내 아내인 다비다에 대한 감사와 사랑을 어떻게 전해야 할까?

만약 당신이 다비다를 모른다면, 나를 잘 안다고 할 수 없다. 다비다와 내가 23년 넘게 결혼생활을 했기 때문에 그런 말을 하는 것이 아니다. 나는 그녀 없이 내가 누구인지 알지 못한다고 생각하기 때문이다. 어떤 사람들은 나의 고백에 당황하며, 개인으로서 정체성이나 오직 그리스도 안에서 정체성을 찾으라고 독촉하면서 나를 교정하려고 할지도 모른다. 그러나 내가 하고 싶은 말은, 하나님은 고립된 개인이 아니라 순례 대부분을 다비다와 함께 걸어온 하나님의 자녀로서 내가 누구인지를 이해하도록 도와주었다는 것이다.

다비다는 총명한 마음, 재치, 사려 깊은 지혜뿐만 아니라 아픔을 동반하는 정직, 정의에 관한 관심과 어려움 속에서도 전진하는 놀라운 의지로 내가 하나님, 하나님의 나라, 다른 사람, 심지어 나 자신을 이해하는 데 수많은 방법으로 도와주었다. 다비다를 아는 사람들은 그녀가 매우 독특하고 재능이 뛰어난 사람이라는 것을 솔직하게 말할 수 있다.

다비다는 우리 가족의 정신적 지주이며, 가상 세계가 아닌 **이 세상에서** 그리스도를 따르도록 우리를 끊임없이 격려한다. 삶의 도전을 부인하거나 보기 좋게 꾸미지 않고, 오히려 고난 중에 하나님의 은혜를 보도록 도와주었다. 그리스도가 자신의 백성에 대한 소망을 몸으로 구현한 것처럼, 다비다는 나와 수많은 사람이 정직하고 아름다운 방법으로 그 소망을 이해하도록 도와주었다. 다비다와 같은 사람은 그 어디에도 없을 것이다. 다비다, 당신은 충분히 사랑받고 있다.